Alles über Fonds

Stefanie Kühn, Markus Kühn

Alles über
Fonds

Inhaltsverzeichnis

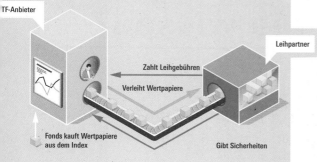

77 ETF, ja oder nein? Das sind die Vor- und Nachteile.

TF-Anbieter

Leihpartner

Zahlt Leihgebühren

Verleiht Wertpapiere

Fonds kauft Wertpapiere aus dem Index

Gibt Sicherheiten

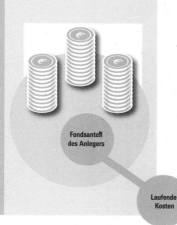

145 Welche Kosten und Gebühren bei der Fondsanlage entstehen können.

Fondsanteil des Anlegers

Laufende Kosten

...utschland-Pantoffel
Staatsanleihen
Aktien Deutschland

Wachstums-Pantoffe...
Staatsanleihen
Europäische Wachst...

160 Bequem anlegen: Das Pantoffel-Portfolio von Finanztest gibt es für unterschiedliche Anlegertypen.

Was wollen Sie wissen?

Sie wollen für Ihren Ruhestand vorsorgen oder für ein anderes persönliches Ziel sparen? Dann können Fonds das Richtige für Sie sein. Hier können Sie sich einen ersten Überblick darüber verschaffen, worauf es ankommt, wenn Sie in Fonds investieren möchten.

> **Ich möchte 5 000 Euro anlegen. Kommen Fonds dann für mich infrage?**

Egal ob Sie Geld in Fonds oder in andere Anlagen investieren: Zuallererst sollten Sie sich einen Überblick über Ihre bestehenden Anlagen verschaffen. Haben Sie eine ausreichende Notfallreserve? Können Sie eventuell Kredite ablösen, was meist die höchste Rendite verspricht? Danach können Sie überlegen, wie lange Sie auf Ihr investiertes Geld verzichten können. Wenn Sie es kurzfristig benötigen, sind Fonds nicht die passende Möglichkeit. (Mehr dazu siehe „Der erste Überblick", S. 22.) Für eine längere Anlagedauer sind Fonds hingegen hervorragend geeignet, da sie gute Renditechancen bieten. Je nachdem, wie risikobereit Sie sind, können Sie in Aktien- und/oder Rentenfonds investieren. Fonds bündeln das Kapital vieler Anleger und verteilen es auf diverse Einzelanlagen. Die breite Streuung über verschiedene Branchen, Märkte und Länder senkt das Wertschwankungsrisiko im Vergleich zu einzelnen Anlagen. Sie können sich an Fonds schon mit relativ geringen Anlagesummen ab 500 Euro je Einmalanlage beteiligen. (Mehr dazu siehe „Breite Anlagestreuung – geringeres Risiko", S. 54.)

Wir möchten bauen. Können wir mit Fonds fürs Eigenheim sparen?

Wenn Sie sich den Traum vom Eigenheim in den nächsten Jahren erfüllen möchten, kommen Fonds nicht für Sie infrage. Fondsanleger sollten mindestens sieben Jahre auf ihr Geld verzichten können. Denn Fonds schwanken im Wert. Trotz einer breiten Streuung über viele Einzelanlagen können sie sich einer schlechten Marktentwicklung nicht entziehen. Gibt es einen Crash oder fallen die Aktienkurse über einen längeren Zeitraum, sind auch Aktienfonds davon betroffen. Müssen Sie in dieser Phase Ihre Fondsanteile verkaufen, um Ihr Eigenheim zu finanzieren, machen Sie Verluste. Wollen Sie hingegen erst langfristig ein Eigenheim erwerben, können Sie zunächst mit Fonds sparen. Sie sollten dann aber rechtzeitig in schwankungsarme Geldanlagen umschichten. (Mehr dazu siehe „Welche Anlagen für welchen Anlegertyp?", S. 28.)

Was sind ETF?

Exchange Traded Funds (ETF) sind noch eine relativ neue Spielart von Fonds. Es gibt sie erst seit Anfang des Jahrtausends. Man spricht auch von „passiv gemanagten" Fonds oder „Indexfonds". Bei den klassischen „aktiv gemanagten" Fonds entscheidet ein Manager, in welche Anlagen der Fonds investiert. Bei ETF ist das anders. Sie haben keinen Fondsmanager, der bestimmt, welche Aktien oder Anleihen der Fonds kauft. Stattdessen kopieren ETF die Entwicklung von Indizes (siehe „Indizes schaffen Vergleichbarkeit", S. 50) und entwickeln sich analog zu diesen – nicht besser, aber auch nicht schlechter. Aktien-ETF orientieren sich an der Wertentwicklung von Aktienindizes wie dem MSCI World oder dem Dax. Renten-ETF hingegen kopieren Anleihen-Indizes. ETF können in der Regel jederzeit an der Börse gekauft und verkauft werden. Sie sind im Vergleich zu Fonds mit einem Fondsmanager sehr kostengünstig und transparent. (Mehr dazu siehe „ETF – die besseren Fonds?", S. 77.)

Ist es nicht riskant, in Fonds zu investieren?

Investmentfonds unterliegen strengen gesetzlichen Vorgaben. Das Fondsvermögen ist als „Sondervermögen" vor einer Insolvenz der Fondsgesellschaft oder einer Veruntreuung durch das Fondsmanagement geschützt. Dennoch sind Fonds nicht ohne Risiken: Neben dem allgemeinen Marktrisiko (zum Beispiel längere Verlustphasen am Aktien- oder Rentenmarkt) gibt es weitere Risiken, die sich auf die Wertentwicklung ei-

nes Fonds negativ auswirken können. Dazu gehört beispielsweise bei aktiv gemanagten Fonds, dass der Fondsmanager die „falschen" Aktien oder Anleihen aussucht. Auch Währungsverluste können die Rendite von Fonds negativ beeinflussen. Ein Totalverlust mit Fonds ist aufgrund der breiten Streuung über viele Einzelanlagen hingegen sehr unwahrscheinlich. (Mehr dazu siehe „Die Risiken von Fonds", S. 65).

Was ist der Unterschied zwischen Aktien- und Rentenfonds?

Aktienfonds investieren ihr Kapital – wie der Name sagt – in Aktien. Anleger haben die Wahl zwischen aktiv gemanagten Fonds und Aktien-ETF, die einen Index kopieren. Aktienfonds sind die größte Fondsgruppe, das Angebot ist riesig. Die Anlageschwerpunkte und Strategien der einzelnen Fonds sind sehr unterschiedlich. Für Einsteiger eignen sich vor allem weltweit anlegende Aktienfonds. Fonds, die nur in bestimmten Ländern investieren, sind deutlich riskanter. Das Gleiche gilt für Fonds, die sich auf be-

stimmte Branchen und Anlageideen konzentrieren. (Mehr dazu siehe „Aktienfonds", S. 104). Rentenfonds investieren in erster Linie in Anleihen (auch als Renten bezeichnet). Auch hier gibt es aktiv gemanagte Fonds und ETF. Als besonders sicher gelten Rentenfonds, die Staatsanleihen aus dem Euroraum halten, während Fonds, die Unternehmensanleihen kaufen, höhere Risiken aufweisen. (Mehr dazu siehe „Aktien- und Anleihen-ETF", S. 94 sowie „Rentenfonds", S. 115.)

Was sind eigentlich Fonds-Sparpläne?

Vielleicht haben Sie keinen größeren Betrag übrig, um in Fonds zu investieren, möchten aber gerne regelmäßig für Ihre Altersvorsorge sparen? Dann können Sie einen Sparplan einrichten und monatlich oder quartalsweise mit geringeren Beträgen automatisch in Fonds investieren. Bei manchen Banken geht das schon mit Raten ab 25 Euro, meist aber ab 50 Euro. Die geringsten Gebühren verlangen in der Regel Direktbanken. Den Sparplan können Sie jederzeit ändern oder stoppen und bleiben so flexibel. Die kontinuierlichen Einzahlungen in einen Sparplan haben auch den Vorteil, dass Sie nicht über den richtigen Einstiegszeitpunkt in eine Fondsanlage nachdenken müssen. Ihr Geld wird einfach zu festen Terminen investiert. (Mehr dazu siehe „Sparpläne", S. 155).

Mein Bankberater empfiehlt mir Immobilienfonds. Ist das eine gute Idee?

Offene Immobilienfonds investieren in Wohn- und Gewerbeimmobilien und erwirtschaften ihre Erträge vor allem mit Mieteinnahmen und Gewinnen aus dem Wiederverkauf von Immobilien. Durch die Finanzkrise sind zahlreiche offene Immobilienfonds in Schieflage geraten. Viele Anleger wollten gleichzeitig aus den Fonds aussteigen. Die Geldreserven der Fonds reichten nicht aus, um alle Anleger auszuzahlen. Einige Fonds mussten abgewickelt werden. Daher müssen Anleger seit 2013 zwölf Monate vorher kündigen und eine Mindesthaltedauer von zwei Jahren einhalten, wenn sie ihre Fondsanteile an die Fondsgesellschaft zurückgeben möchten. Für Anleger, die ihr Geld breit streuen möchten, sich aber keine eigenen Immobilien zur Geldanlage leisten können, sind offene Immobilienfonds eine Alternative. Sie sollten sich aber bewusst sein, dass offene Immobilienfonds keine Basisanlage sind und kein Ersatz für Tagesgeld. Sie sind nur dann eine Option, wenn Sie Ihr Geld langfristig anlegen möchten und auch dann nur als Beimischung. Mehr als 10 Prozent Ihres Anlagevermögens sollten Sie nicht in Immobilienfonds stecken. (Mehr dazu siehe „Offene Immobilienfonds", S. 125.)

Ich hätte es gern bequem. Geht das mit Fonds?

Wenn Sie möglichst bequem in Fonds investieren möchten, bieten sich dafür marktbreite ETF an. Sie müssen dann nicht lange aussuchen, welcher Fondsmanager besonders geschickt ist oder welche Anlagestrategie Ihnen zusagt. Wollen Sie beispielsweise nur im Aktienbereich investieren, geht das einfach mit ETF, die den Weltindex MSCI World oder die europäischen Indizes MSCI Europe und Stoxx Europe 600 nachbilden.

Wer Aktien- und Zinsanlagen bequem kombinieren will, kann auf die von Finanztest entwickelten Pantoffel-Portfolios zurückgreifen. Jedes Portfolio besteht aus einem sicheren und einem chancenreichen Teil. Der sichere Teil wird durch Rentenfonds Euro abgedeckt, für den chancenreichen Teil stehen mehrere Aktien- und ein Rohstoff-ETF zur Auswahl. (Mehr dazu siehe „Einfache Anlageideen mit ETF", S. 160.)

Wie kann ich herausfinden, welche Fonds gut sind?

Es gibt zahlreiche Kriterien und Kennzahlen, mit denen die Qualität sowie die Chancen und Risiken eines Fonds gemessen werden können. Zwar lässt sich auch mit ihrer Hilfe nicht vorhersagen, wie sich ein Fonds in der Zukunft entwickeln wird, sie können aber eine Prognose über die zukünftigen Renditechancen des Fonds unterstützen. Mit der Fondsbewertung von Finanztest können Sie gezielt Fonds suchen, die zu Ihrem Anlegertyp passen und chancenreiche oder risikoarme Fonds auswählen. Finanztest bewertet

regelmäßig rund 6 000 aktiv gemanagte Fonds und ETF und stuft diese nach einem leicht verständlichen Punktesystem ein. Weitere Kennzahlen von Finanztest wie die „Glücks- und Pechrendite" oder die „Marktnähe" helfen Ihnen, den für Sie passenden Fonds zu finden. (Mehr dazu siehe „Informationsquellen nutzen" S. 140.) Wie Sie Fonds, die bereits in Ihrem Depot liegen, regelmäßig überprüfen können, erfahren Sie im Abschnitt „Ein regelmäßiger Check ist wichtig" ab S. 174.

Wo bekomme ich Fonds? Muss ich dafür an die Börse gehen?

Sie können Investmentfonds direkt bei der Fondsgesellschaft oder über die Börse kaufen. Als Privatanleger brauchen Sie dafür aber einen Zwischenhändler, der Ihnen den Zugang verschafft. Das kann Ihre Hausbank, eine Direktbank im Internet oder ein freier Fondsvermittler sein. Wenn Sie den Kauf von aktiv gemanagten Fonds selbst über die Ordermaske Ihrer Direktbank im Internet in Auftrag geben, können Sie unter „Handelsplatz" wählen, ob Sie die Fondsanteile bei der Fondsgesellschaft oder über eine Börse (zum Beispiel Frankfurt, München oder Stuttgart) kaufen wollen. ETF können nur über eine Börse geordert werden. Eine weitere Alternative ist der sogenannte Direkthandel. Hier können Anleger Fonds zu Festpreisen kaufen, müssen jedoch den Spread beachten. (Mehr dazu siehe „So kaufen Sie günstig Fonds", S. 150.)

Wie kann ich beim Fondskauf sparen?

Vor allem beim Kauf von aktiv gemanagten Fonds können Sie viel Geld sparen und damit Ihre Rendite erheblich verbessern. Wenn Sie Ihrer Hausbank den Auftrag erteilen, einen Fonds für Sie zu kaufen, wird meist ein Ausgabeaufschlag fällig, der bei Aktienfonds oft 5 Prozent der Anlagesumme beträgt. Der Kauf von Rentenfonds ist etwas günstiger, aber auch hier werden oft 3 Prozent Ausgabeaufschlag berechnet. Bei Direktbanken im Internet müssen Sie häufig nur den halben Ausgabeaufschlag zahlen. Freie Fondsvermittler verlangen meist keinen Ausgabeaufschlag, sondern leben von einer Bestandsprovision auf die über sie gekauften Fonds. Den Ausgabeaufschlag können Sie vermeiden, wenn Sie Fonds bei Ihrer Direktbank über die Börse kaufen. Die Kaufgebühren richten sich hier nach dem Gebührenmodell der Bank. Dazu kommen noch die Börsengebühren. (Mehr dazu siehe „So kaufen Sie günstig Fonds", S. 150.)

Die ersten Schritte

Der Erfolg Ihrer Geldanlagen hängt entscheidend davon ab, dass diese zu Ihren Zielen passen. Besonders wichtig ist, dass ihre Zusammensetzung stimmt. Wenn Sie das berücksichtigen, können Fonds ein wichtiger Bestandteil Ihres Vermögensaufbaus sein.

Das ist wichtig bei der Geldanlage

Der Erfolg der Geldanlage hängt in erster Linie davon ab, wie gut sie geplant ist. Die Auswahl der Einzelprodukte ist erst der zweite Schritt.

Investmentfonds sind ideal für Kleinanleger. Aber auch wer größere Summen investieren möchte, kommt an Fonds quasi nicht vorbei. Ihr großer Vorteil: Sie bieten gerade im Zinstief deutlich höhere Renditechancen als sichere Anlageformen wie beispielsweise Tagesgelder und Festgelder oder gar ein Sparbuch. Dennoch sollten Sie Ihr Geld nicht willkürlich in irgendwelche Fonds investieren, die hohe Renditen versprechen. Fonds eignen sich zwar für eine breite Palette von Anlagezielen – aber nicht für alle. Auch gibt es sehr unterschiedliche Arten von Fonds. Um beurteilen zu können, ob Fonds zu Ihren persönlichen Zielen passen und welche Fonds für Sie infrage kommen, benötigen Sie ein solides Grundwissen darüber, wie Geldanlage funktioniert. Zudem sollte eine genaue Analyse Ihrer persönlichen Ausgangssituation am Anfang jeder Anlageentscheidung stehen. Wo stehen Sie heute finanziell? Wofür wollen Sie sparen, wann benötigen Sie das Geld wieder, wie sicher sollen Ihre Anlagen sein, und welche Rendite streben Sie an?

All diese Fragen zu klären und dann die richtigen Entscheidungen zu treffen, erfordert einen gewissen Aufwand. Aber schließlich arbeiten Sie hart für Ihr Geld, und das Gleiche sollte Ihr Geld für Sie tun. Wenn Sie noch kein Anlageprofi sind, sollten Sie daher mit diesen ersten Schritten beginnen, bevor Sie sich in den folgenden Kapiteln über die Details zur Fondsanlage informieren. Starten wir also mit einem kleinen Crashkurs zur Geldanlage.

Das magische Dreieck der Geldanlage

Die ideale Geldanlage brächte eine hohe Rendite, wäre absolut sicher und könnte jederzeit wieder ohne Verlust zu Geld gemacht werden. Leider gibt es diese eine Geldanlage nicht. Sie können zwar aus einer unüberschaubaren Anzahl an Finanzprodukten auswählen. Aber bei keiner Anlageform sind optimaler Ertrag, maximale Sicherheit und jederzeitiger Zugriff gleichzeitig zu erreichen. Sonst hätte man die eierlegende Wollmilchsau der Geldanlage gefunden.

Ein bekanntes Modell, um diese Zielkonflikte zu beschreiben, ist das „Magische Dreieck der Geldanlage". Dieses hat nichts mit Zauberei zu tun, sondern veranschaulicht, dass bei jeder Anlage grundsätzlich drei verschiedene Ziele verfolgt werden. Diese sind Rendite, Sicherheit und Verfügbarkeit einer Anlage, Fachleute sprechen von Liquidität. Sie bilden die

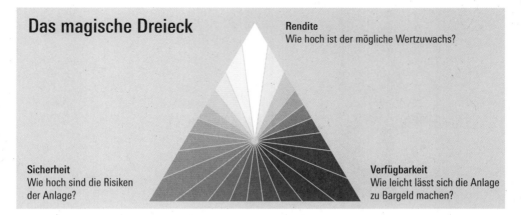

Das magische Dreieck

Rendite
Wie hoch ist der mögliche Wertzuwachs?

Sicherheit
Wie hoch sind die Risiken
der Anlage?

Verfügbarkeit
Wie leicht lässt sich die Anlage
zu Bargeld machen?

Eckpunkte des magischen Dreiecks. Oft muss man bei einer Anlage Abstriche bei einem Ziel machen, wenn ein anderes stärker im Vordergrund steht. So besteht beispielsweise zwischen den Zielen Rendite und Sicherheit regelmäßig ein Konflikt, da der Preis für höhere Renditechancen fast immer ein höheres Risiko und damit eine weniger sichere Anlage ist.

Man könnte das magische Dreieck noch um weitere Eckpunkte erweitern. So können weitere wichtige Kriterien bei der Geldanlage sein:

▶ Bequemlichkeit. Wie viel Aufwand möchten Sie mit der Auswahl und Verwaltung einer Geldanlage in Kauf nehmen?

▶ Ethische Gesichtspunkte. Das können Fragen sein wie „Welche Auswirkungen hat das Investment auf die Umwelt, zukünftige Generationen oder die Menschen eines Landes?".

▶ Steuern. Auch Steuersparmöglichkeiten werden vereinzelt als Eckpunkt eines magischen Vielecks angesehen.

Diese Zielkonflikte zeigen, dass es bei der Auswahl der richtigen Anlageform vor allem auf eines ankommt: Sie muss zu Ihren Anlagezielen passen. Sie müssen wissen, zu welchem

Zweck und wie lange Sie Ihr Geld anlegen wollen. So haben unter anderem Ihr Alter, Ihr Familienstand und Ihre persönlichen Lebensumstände Einfluss auf die Wahl der für Sie passenden Geldanlagen.

Ihre persönlichen Anlageziele können zum Beispiel sein:

▶ Ich möchte die Familie absichern
▶ Ich möchte für bestimmte Anschaffungen sparen
▶ Ich möchte fürs Alter vorsorgen
▶ Ich möchte Geld für die Ausbildung meiner Kinder zurücklegen
▶ Ich benötige Eigenkapital, weil ich ein Haus oder eine Wohnung kaufen möchte
▶ Ich möchte Rücklagen für Notfälle bilden
▶ Ich möchte vorzeitig in den Ruhestand gehen
▶ Ich plane eine Weltreise
▶ Ich möchte ein Unternehmen gründen

Wenn Sie sich im Klaren über Ihre Spar- und Anlageziele sind, wissen Sie auch, welcher Eckpunkt des magischen Dreiecks für Sie Priorität hat und wo Sie bereit sind, Einschränkungen in Kauf zu nehmen. So ist beispielsweise beim Ziel „Altersvorsorge" die Verfügbarkeit der An-

30
SEKUNDEN FAKTEN

Riskantere Aktienanlagen bieten höhere Renditechancen als ein sicheres Sparbuch. Das zeigen auch Zahlen **der letzten 20 Jahre.**

7 %

jährliche Rendite konnten **Aktien** trotz des Zusammenbruchs der New Economy Anfang des Jahrtausends und der Finanzkrise erzielen.

4,8 %

Plus im Jahr brachte ein Portfolio aus je einem **Aktien- und Renten-ETF.**

1 %

Zinsen hätten Sie mit einem **Sparbuch** im Jahr erzielt.

Quelle https://index.fmh.de/fmh-index/zinsentwicklung/de tailversion/.

lage nicht so wichtig, wohl aber die Rendite und die Sicherheit.

Die Rendite einer Anlage

Die Rendite oder auch Rentabilität einer Anlage zeigt ihren Erfolg. Vereinfacht gesagt ist dies der Ertrag, den das eingesetzte Kapital innerhalb einer bestimmten Zeit erwirtschaftet. Die Rendite wird üblicherweise auf ein Jahr umgerechnet und in Prozent angegeben.

Je nachdem, um welche Art der Anlage es sich handelt, kann die Rendite schon von Anfang an feststehen, oder sie ergibt sich erst mit der Veräußerung der Anlage. Bei den meisten festverzinslichen Produkten lässt sich die Rendite vorab berechnen, wenn Anleger sie bis zum Laufzeitende halten. Denn die für die Renditeberechnung notwendigen Angaben wie Rückzahlungstermin und jährliche Ausschüttungen sind von Anfang an festgelegt. Anders sieht es im Aktien- und Fondsbereich aus. Diese haben keine feste Laufzeit, sodass die Rendite nur zu einem bestimmten Stichtag oder beim Verkauf rückwirkend bestimmt werden kann. Die Rendite einer Fondsanlage hängt insbesondere von der Wertentwicklung und den Ausschüttungen der vom Fonds gehaltenen Anlagen ab.

Aktienfonds erhalten Ausschüttungen in Form von Dividenden. Das sind Zahlungen, die Aktienunternehmen an ihre Anteilseigner auszahlen und die vom Jahresgewinn des Unternehmens abhängig sind. Rentenfonds erhalten Ausschüttungen in Form von Zinszahlungen auf die vom Fonds gehaltenen festverzinslichen Wertpapiere.

Generell gilt: Je größer die Renditechancen, desto größer das Risiko. Bei Anlagen, bei denen auch die Substanz an Wert gewinnen kann – wie zum Beispiel bei Aktien –, sind höhere Erträge möglich als bei festverzinslichen Wertpapieren. Daher bieten Aktienfonds höhere Renditechancen als Rentenfonds. Das liegt daran, dass der Wert einer Aktie und häufig auch die Dividendenzahlung steigen, wenn sich das jeweilige Aktienunternehmen gut entwickelt. Bei festverzinslichen Anlagen stehen hingegen der Rückzahlungsbetrag am Laufzeitende und die Zinszahlungen fest. Aktien können dafür aber auch stärker an Wert verlieren, wenn es bei den Unternehmen schlecht läuft. Suchen Sie eine sehr sichere Anlage, bei der Verluste ausgeschlossen sind, müssen Sie auf Renditechancen verzichten. Kommt es Ihnen hingegen auf hohe Ertragschancen an, müssen Sie mögliche Verluste in Kauf nehmen.

Im Zweifel für die Verfügbarkeit

Bei zwei Anlagen mit annähernd gleicher Sicherheit und gleichen Ertragschancen sollten Sie grundsätzlich die mit der höheren Liquidierbarkeit wählen, also diejenige, die Sie schneller wieder zu Geld machen können.

Ein häufig anzutreffender Glaubenssatz ist: „Ein Prozent mehr oder weniger Rendite – was macht das schon?" Wenn Sie Ihre Erinnerung an Zinseszins-Berechnungen, die Sie sicherlich im Mathematikunterricht gemacht haben, hervorholen und anwenden, werden Sie sehen, dass ein Prozent mehr Rendite eine ganze Menge ausmachen kann. Auch ohne Rechenkünste können Sie den Zinseszins einer Anlage leicht mit Rechentools im Internet berechnen, wie zum Beispiel unter www.zinsen-berechnen.de/zinsrechner.php.

Einen Überblick über die Bedeutung des Zinseszinses gibt Ihnen die Siehe Tabelle „Das bringt der Zinseszinseffekt", S. 18. Tabelle „Das bringt der Zinseszinseffekt bei Einmalanlagen". Sie sehen daraus, dass Sie bei einer Anlagesumme von 10 000 Euro schon nach zehn Jahren leicht mehr als 1 000 Euro extra verdienen können, wenn Sie nur ein Prozent mehr Rendite erzielen. Legen Sie noch länger an, kann sich der Zinseszinseffekt besonders gut auswirken. Legen Sie 20 Jahre lang an und erzielen jährlich 4 Prozent Rendite, erhalten Sie insgesamt 11 911 Euro Zinsen. Bei 3 Prozent Rendite wären es nur 8 061 Euro. Bezogen auf Ihr eingesetztes Kapital von 10 000 Euro würden Sie bei 4 Prozent Verzinsung 38,5 Prozent (3 850 Euro) – nicht nur 1 Prozent – mehr Geld zurückbekommen, als wenn Sie nur für 3 Prozent anlegen würden. Deshalb unterscheiden Fachleute zwischen Prozent und Prozentpunkt. Genau genommen beträgt der Unterschied zwischen 3 und 4 Prozent Rendite nicht ein Prozent, wie man gern umgangssprachlich sagt, sondern einen Prozentpunkt. Und ein Prozentpunkt mehr oder weniger Rendite macht eine ganze Menge aus – eben weit mehr als ein Prozent.

Wenn Sie wissen wollen, wie rentabel Ihre Anlagen wirklich waren, dürfen Sie nicht nur auf die Erträge, die sogenannte Bruttorendite,

Das bringt der Zinseszinseffekt bei Einmalanlagen

So viel Euro haben Sie bei einer Anlagesumme von 10 000 Euro nach … Jahren Laufzeit bei einem Zinssatz von … Prozent.

Laufzeit in Jahren	Anlageergebnis einer Einmalanlage von 10 000 Euro bei einem Zins von						
	1,0 %	2,0 %	3,0 %	4,0 %	5,0 %	6,0 %	7,0 %
1	10 100	10 200	10 300	10 400	10 500	10 600	10 700
2	10 201	10 404	10 609	10 816	11 025	11 236	11 449
3	10 303	10 612	10 927	11 249	11 576	11 910	12 250
4	10 406	10 824	11 255	11 699	12 155	12 625	13 108
5	10 510	11 041	11 593	12 167	12 763	13 382	14 026
6	10 615	11 262	11 941	12 653	13 401	14 185	15 007
7	10 721	11 487	12 299	13 159	14 071	15 036	16 058
8	10 829	11 717	12 668	13 686	14 775	15 938	17 182
9	10 937	11 951	13 048	14 233	15 513	16 895	18 385
10	11 046	12 190	13 439	14 802	16 289	17 908	19 672
11	11 157	12 434	13 842	15 395	17 103	18 983	21 049
12	11 268	12 682	14 258	16 010	17 959	20 122	22 522
13	11 381	12 936	14 685	16 651	18 856	21 329	24 098
14	11 495	13 195	15 126	17 317	19 799	22 609	25 785
15	11 610	13 459	15 580	18 009	20 789	23 966	27 590
16	11 726	13 728	16 047	18 730	21 829	25 404	29 522
17	11 843	14 002	16 528	19 479	22 920	26 928	31 588
18	11 961	14 282	17 024	20 258	24 066	28 543	33 799
19	12 081	14 568	17 535	21 068	25 270	30 256	36 165
20	12 202	14 859	18 061	21 911	26 533	32 071	38 697

schauen. Denn einen Teil der Bruttorendite zehren Kosten (zum Beispiel Depotgebühren, Kauf- und Verkaufsgebühren, Provisionen) wieder auf. Auch das Finanzamt will in Form von Steuern an Ihrem Anlageerfolg beteiligt werden. Was Ihnen danach verbleibt, ist die Nettorendite Ihrer Anlagen nach Steuern. Ist diese niedriger als die allgemeine Steigerung der Lebenshaltungskosten (Inflation), haben Sie letztlich sogar Geld verloren.

Das bleibt von Ihrer Investition nach Abzug der Inflation – ein Beispiel:

Anlagebetrag	10 000,00 €
minus Kaufgebühren	− 50,00 €
Tatsächliche Anlage	**9 950,00 €**
3 % Zinsen auf 9 950 Euro	298,50 €
minus Abgeltungsteuer auf Zinsen	−78,73 €
minus Verkaufsgebühren von 0,5 % auf die tatsächliche Anlage	−49,75 €
minus Kaufkosten	−50,00 €
Ertrag nach Kosten und Steuern	**120,02 €**
Nettorendite nach Steuern in Prozent	1,2 %
Inflationsrate	−0,8 %
Ergebnis nach Inflation	**0,4 %**

Das Beispiel zeigt, dass es wichtig ist, auch Anlagen mit höheren Renditechancen, wie zum Beispiel Aktienfonds, in Ihre Überlegungen mit einzubeziehen

Manchmal schreiben Banken und Finanzdienstleister in ihren Werbebroschüren von der „durchschnittlichen Wertentwicklung" einer Anlage. Diese ist grundsätzlich höher als die Rendite. Hier wird der Zinseszinseffekt zur Beschönigung der Ertragsstärke des angebotenen Produktes missbraucht.

Sie sollten auch nicht den Fehler machen, bei mehrjährigen Anlagen die Wertentwicklungen einfach zu addieren. Hat beispielsweise ein Aktienfonds im ersten Jahr eine Wertentwicklung von 20 Prozent erzielt und im zweiten Jahr einen Verlust von 10 Prozent, beträgt die Gesamtperformance nur 8 Prozent – nicht, wie viele meinen (20 Prozent minus 10 Prozent =) 10 Prozent. Denn bei einem angenommenen Kaufkurs von 100 Euro stieg der Wert auf 120 Euro im ersten Jahr und fiel dann auf 108 Euro, was einer Wertsteigerung von 8 Prozent entspricht.

Sicherheit und Risiken

Unter Sicherheit verstehen die meisten Anleger die Wahrscheinlichkeit, das eingesetzte Kapital am Ende der Laufzeit oder bei einem Verkauf wieder vollständig zurückzubekommen. Einige Beispiele aus der jüngeren Vergangenheit zeigen, dass scheinbar sichere Anlagen wertlos werden können. So hat etwa niemand gedacht, dass eine große amerikanische Bank wie Lehman Brothers pleitegehen könnte und deshalb von ihr begebene Zertifikate wertlos werden könnten. Auch Zahlungsausfälle bei europäischen Staatsanleihen hielt bis zum Ausbruch der Euro-Krise keiner für möglich.

Kapitalverluste können auch andere Gründe haben, die je nach Anlageklasse (Aktien, Festzinsanlagen, Immobilien etc.) unterschiedlich ausgeprägt sind. So kann vielleicht nicht der gesamte Kapitaleinsatz gefährdet sein, dafür besteht möglicherweise die Gefahr, dass die Erträge geringer ausfallen als erwartet (Ertragsrisiko). Das kann beispielsweise der Fall sein, wenn die Gewinne und damit die Dividende bei einem Aktienunternehmen zurückgehen oder eine Immobilie nur zu einem geringeren Mietpreis weitervermietet werden kann. Bei börsennotierten Wertpapieren müssen Sie einkalkulieren, dass diese im Wert schwanken können (Kursrisiko). Daneben besteht bei Anlagen in fremder Währung ein Währungsrisiko. Ändert sich der Wechselkurs der fremden Währung zum Euro, beeinflusst das den Wert Ihres Investments.

Ein Währungsrisiko stellt aber auch gleichzeitig eine Währungschance dar und Ihre Rendite steigt, wenn der Euro-Wechselkurs nach dem Kauf einer ausländischen Aktie fällt. Sie erhalten dann beim Verkauf in Euro mehr Euros für Ihre Aktie.

Sie müssen bei jeder Geldanlage genauer hinschauen, welche Risiken (und damit auch Chancen) diese aufweist, und abwägen, ob Sie lieber mehr Sicherheit oder mehr Rendite haben wollen.

Verfügbarkeit – Liquidität

Die größten Zielkonflikte im magischen Dreieck der Geldanlage bestehen in der Regel zwischen den Ertragsaussichten und der Sicherheit einer Anlage. Daneben spielt aber auch die Liquidität eine entscheidende Rolle bei der Suche nach der individuell passenden Anlageform. Je liquider Ihre Geldanlagen sind, umso schneller können Sie wieder über sie verfügen. Der Haken dabei ist, dass liquidere Anlagen oft niedrigere Renditen erwarten lassen. Zum Bei-

spiel erhalten Sie grundsätzlich höhere Zinsen bei Festzinsanlagen, je länger Sie Ihr Geld festlegen. Für das höchst liquide Girokonto erhalten Sie in der Regel keine Zinsen.

Einen Teil Ihres Vermögens müssen Sie liquide halten, um Ihre täglichen Rechnungen und auch die außerplanmäßigen bezahlen zu können. Dafür benötigen Sie eine ⬈ Notfallreserve. Wenn Sie nicht liquide genug sind, weil Sie Ihr gesamtes Geld in langlaufende Anlagen gesteckt haben, besteht die Gefahr, dass Sie sich für ungeplante Ausgaben Geld leihen und dafür Verzugs- und Überziehungszinsen zahlen müssen, die höher sind als die Renditen Ihrer Geldanlagen. Achten Sie daher auf eine Balance zwischen Liquidität und Renditechancen Ihrer Anlagen.

Mehr dazu siehe „Eine Notfallreserve ist Pflicht", S. 26.

Neben Anlagen, bei denen Sie von vornherein wissen, dass Sie erst nach einer bestimmten Zeit wieder an Ihr Geld kommen, gibt es Anlagen, die Sie zwar täglich verkaufen und zu Geld machen können, aber es ist ungewiss, zu welchem Preis. Ein Aktienfonds ist sehr liquide, da er börsentäglich verkauft werden kann – der Preis in der Zukunft ist jedoch unbekannt. Es kann daher sein, dass der Fonds gerade tief im Minus steckt, wenn Sie das Geld zu einem bestimmten Zeitpunkt in nicht allzu ferner Zukunft brauchen. Möchten Sie beispielsweise liquide bleiben, weil Sie nach einer Immobilie für sich und Ihre Familie suchen, wäre ein Aktienfonds daher nicht die für Sie passende liquide Anlage.

Wie bequem soll es sein?

Für manchen Anleger sind ein geringer Aufwand sowie die leichte Verständlichkeit wichtige Faktoren bei der Entscheidung für eine Geldanlage. Das magische Dreieck der Geldanlage wird sozusagen um den Punkt „Bequemlichkeit" zum Viereck erweitert. Eine bequeme Geldanlage zeichnet sich grundsätzlich dadurch aus, dass Sie diese und das Marktumfeld während der Laufzeit kaum beobachten müssen. Beispiele für solche Anlagen sind Festzinsanlagen bei Banken und Sparkassen. Diese kann ein Anleger nach dem Abschluss grundsätzlich einfach bis zum Ende der Laufzeit liegen lassen. Würde er mit seinem Geld hingegen ein Portfolio aus Einzelaktien aufbauen, sollte er dieses regelmäßig beobachten, um auf Marktveränderungen oder Unternehmensnachrichten reagieren zu können.

Anleger müssen bei bequemen Produkten meist bereit sein, teilweise erhebliche Abstriche bei der Rendite in Kauf zu nehmen. Auch bei Fonds gibt es in diesem Punkt durchaus Unterschiede: Manche sind bequemer – es reicht, einmal im Jahr nach ihnen zu schauen –, andere verlangen intensivere Pflege.

Nicht alle Eier in einen Korb

Vorsichtige Sparer und Anleger, die mit riskanteren Anlageformen einmal Verluste erlitten haben, neigen dazu, ihr Kapital ausschließlich in eine Anlageform zu stecken, die sie für sicher halten. Doch wer sein ganzes Geld auf einem Sparbuch oder in deutschen Staatsanleihen parkt, begeht womöglich einen schweren Anlagefehler. Will er beispielsweise für sein Al-

ter vorsorgen, könnte die erwirtschaftete Rendite viel zu niedrig sein, um im Ruhestand davon leben zu können.

> 66 **Viele Untersuchungen haben bestätigt, dass Anleger das Risiko senken können, wenn sie „nicht alle Eier in einen Korb legen".**

Viele Untersuchungen haben bestätigt, dass Anleger das Risiko ihrer Geldanlagen senken können, wenn sie „nicht alle Eier in einen Korb legen". Fällt der Korb runter, sind alle Eier kaputt. Hat man die Eier (das zur Verfügung stehende Geld) auf mehrere Körbe (Anlageklassen und -produkte) verteilt, ist das Verlustrisiko wesentlich geringer. Das ist der Kern der modernen Portfoliotheorie, für die Harry Markowitz 1989 den Nobelpreis für Wirtschaftswissenschaften erhielt. Markowitz wies nach, dass eine vernünftige Streuung des Kapitals auf verschiedene Anlageformen und -länder das Verlustrisiko eines Portfolios vermindern und dabei sogar die Renditechancen erhöhen kann. Auch wenn es verschiedene Kritikpunkte an der Portfoliotheorie gibt und Teile davon sogar als überholt gelten, ist diese Kernaussage weiterhin richtig.

Bei der Anlagestreuung können Investmentfonds einen entscheidenden Vorteil ausspielen: Sie erlauben es Anlegern, mit geringem Aufwand eine breite Streuung zu erreichen.

Der erste Überblick

Bevor Sie Geld in Fonds stecken, sollten Sie wissen, was Sie schon besitzen und wie viel Sie überhaupt zum Anlegen übrig haben. Starten Sie mit einer Bestandsaufnahme und einer Notfallreserve.

Bevor Sie mit dem Investieren in Fonds beginnen, müssen Sie erst einmal herausfinden, wie viel Geld Ihnen dafür überhaupt zur Verfügung steht. Haben Sie eine bestimmte Summe geerbt und wollen diese jetzt anlegen, kennen Sie den Anlagebetrag natürlich. Im ersten Schritt sollten Sie überlegen, ob Sie eventuelle Kredite ablösen können. Meist bietet das die höchste Rendite. Das ziehen Sie vom zur Verfügung stehenden Geld ab, der Rest ist Ihr Anlagebetrag.

Anders ist es, wenn Sie auf ein Ziel hin sparen. Wollen Sie beispielsweise für die Altersvorsorge regelmäßig sparen, ist es sinnvoll, sich zunächst darüber klar zu werden, wie viel Sparen Sie sich leisten können. Eines der wichtigsten Hilfsmittel dazu ist ein Haushaltsbuch. In dieses schreiben Sie über ein paar Monate alle Ihre Ausgaben und Einnahmen. Das, was am Monatsende regelmäßig übrig bleibt, ist Ihr möglicher Sparbetrag.

Das Führen eines Haushaltsbuches hat aber meist noch den zusätzlichen Effekt, dass Sie herausfinden, wo „Geldfresser" in Ihrem Alltag versteckt sind. Das können beispielsweise Abonnements für Zeitschriften sein, die Sie gar nicht mehr lesen, oder Beiträge für Vereine, die Sie schon lange nicht mehr besuchen. Durchforsten Sie Ihre Ausgaben kritisch danach, auf welche Posten Sie verzichten oder welche Ausgaben Sie senken könnten.

Haushaltsbücher finden Sie im Buch- und Schreibwarenhandel. Es muss nicht das klassische Buch sein. So finden Sie im Internet kostenlose Haushaltsbuch-Programme. Mit diesen können Sie sich dann unter anderem auch grafische Auswertungen Ihres Einnahme-/Ausgabeverhaltens erstellen lassen.

> 66 **Sie sollten sich einen Überblick darüber verschaffen, welche Anlagen Sie schon besitzen.**

Es reicht aber nicht, zu wissen, wie hoch Ihr monatliches Sparpotenzial ist, um mit der Geldanlage loszulegen. Sie sollten sich auch einen Überblick darüber verschaffen, welche Anlagen Sie schon besitzen. Häufig schließen Sparer bei ihrer Bank einfach neue Produkte ab, wenn sie mal wieder etwas Geld übrig haben, ohne sich darüber im Klaren zu sein, wie sich dies auf ihre Gesamtvermögensverteilung und die persönliche Risikoeinstellung auswirkt. Um Chancen und Risiken Ihres vorhandenen Vermögens richtig beurteilen und anschließend optimieren zu können, sollten Sie daher zunächst eine Bestandsaufnahme machen.

Größere Unternehmen sind gesetzlich verpflichtet, regelmäßig Bilanzen über ihre Vermögenswerte und Verbindlichkeiten aufzustellen. Dabei werden die Vermögensgegenstände und Darlehen geordnet erfasst und bewertet. Das Gleiche können und sollten auch Privatanleger tun.

So bringen Sie Ordnung in Ihre Kapitalanlagen

Tragen Sie alle Ihre Vermögensgegenstände zusammen und ordnen Sie sie nach den folgenden Anlageklassen:

▶ 1. Liquidität
  a. Girokonto
  b. Tagesgeldkonto
  c. Geldmarktfonds

▶ 2. Festverzinsliche Anlagen
  a. Festgelder/Sparbriefe
  b. Anleihen (Staatsanleihen, Unternehmensanleihen, Pfandbriefe)
  c. Bausparverträge
  d. Rentenfonds

▶ 3. Aktieninvestments
  a. Einzelaktien
  b. Aktienfonds/ETF
  c. Zertifikate auf Aktien und Aktienindizes

▶ 4. Immobilien
  a. Vermietete Immobilien
  b. Offene Immobilienfonds

▶ 5. Sonstige Vermögenswerte
  a. Kapitallebensversicherungen
  b. Private Rentenversicherungen

▶ 6. Beteiligungen
  Zum Beispiel geschlossene Immobilienfonds, Schiffsfonds, Containerfonds, Bürgerbeteiligungen

▶ 7. Rohstoffanlagen
  a. Goldanlagen
  b. Rohstoffzertifikate/ETC

Nicht aufzuführen brauchen Sie Vermögenswerte, die Sie nicht zur Kapitalanlage besitzen. Dazu gehört insbesondere das Eigenheim. Denn dieses besitzen Sie in der Regel nicht als Kapitalanlage, sondern weil Sie sich darin wohlfühlen wollen. Sie werden Ihr Familienheim wohl kaum veräußern, um das Geld in andere Kapitalanlagen umzuschichten.

Ebenfalls nicht in die Vermögensbilanz aufnehmen sollten Sie Vermögenswerte, die sich kaum bewerten oder nur zu einem niedrigen Preis veräußern ließen, wie Antiquitäten oder Briefmarkensammlungen. Auch der Hausrat oder das Auto gehören nicht in die Bilanz, diese sind kein Kapitalanlagevermögen, sondern Dinge, die Sie zum täglichen Leben benötigen.

Wenn Sie gerade dabei sind, Ihr Vermögen zu ordnen, bietet es sich an, dass Sie Ihre Unterlagen in Ordnern zusammenfassen, die Sie entsprechend den Anlageklassen unterteilen und beschriften. Sortieren Sie unwichtige Schreiben wie Werbung aus und legen Sie sich eine Systematik zu, auf die Sie jederzeit zurückgreifen können. Ordnen Sie zukünftig alle wichtigen Unterlagen in diese Ordner (neueste Schreiben immer nach oben), und Sie behalten stets den Überblick über Ihre Finanzanlagen.

So bewerten Sie Ihre Anlagen

Grundsätzlich sollten Sie alle Ihre Anlagen mit deren aktuellen Werten ansetzen. Dazu können Sie bei Aktien, Fonds und Anleihen einen aktuellen Depotauszug heranziehen. Für sonstige Bankanlagen nutzen Sie die entsprechenden Kontoauszüge. Haben Sie Kapitallebens- oder Rentenversicherungen, erhalten Sie gewöhnlich eine jährliche Mitteilung über die aktuellen Rückkaufswerte. Wenn nicht, fordern Sie diese an.

Bei Immobilien ist es naturgemäß schwieriger, den aktuellen Verkehrswert zu bestimmen. Hier können Sie vorsichtig schätzen, welchen Preis Sie bei einem Verkauf erzielen könnten. Dazu können Sie vergleichbare Immobilien heranziehen, die bei den großen Immobilienportalen im Internet zum Verkauf stehen. Oder Sie nutzen die dort angebotenen Immobilienbewertungen, die kostengünstig einen recht guten Orientierungswert finden. Natürlich könnten Sie auch einen Sachverständigen oder Makler mit der Bewertung beauftragen, was entsprechend teurer wäre.

Auch Beteiligungen sind während der Laufzeit schwer zu bewerten, da sie sich vor Ende der Laufzeit kaum veräußern lassen. Manchmal gibt es Nachfrage nach bestimmten „gebrauchten" geschlossenen Fonds. Im Internet (www.zweitmarkt.de) führt die von den Börsen Hamburg und Hannover initiierte „Fondsbör-se Deutschland" als größte Handelsplattform auf dem Zweitmarkt für geschlossene Fonds Anbieter und Käufer zusammen. Die Kaufpreise liegen meist weit unter den ursprünglichen Investitionssummen. Sollte Ihre Beteiligung hier geführt werden, können Sie den Kurs, mit dem sie gehandelt wird, als Grundlage für Ihre Bewertung nehmen. Wird beispielsweise ein Anteil an dem geschlossenen Fonds zum Kurs von 30 Prozent gehandelt, multiplizieren Sie Ihre Investitionssumme mit 30 Prozent und tragen diesen Wert in Ihre Bilanz ein.

Ihre Vermögensbilanz

Alle Ihre Anlagen und deren Werte tragen Sie auf der linken Seite Ihrer Bilanz bei den Aktiva ein. Hier steht, wie Ihr Vermögen derzeit angelegt ist. Wie eine Bilanz aussehen kann, zeigt die ⊼ Grafik „Die Bilanz: Ein Beispiel".

Um neben Ihrem Brutto-Gesamtvermögen auch Ihr Netto-Gesamtvermögen (Eigenkapital) darstellen zu können, müssen Sie noch Ihre Verbindlichkeiten in die rechte Seite der Bilanz eintragen. Diese Seite zeigt, wo Ihr Vermögen herkommt. Setzen Sie auch hier die aktuellen Darlehensstände an. Aus der Differenz von Aktiva und Verbindlichkeiten errechnet sich Ihr Nettovermögen.

Wenn Sie die einzelnen Anlageklassen, zum Beispiel Ihre Aktieninvestments, ins Verhältnis zur Summe Ihrer Aktiva setzen, können Sie anhand der Prozentwerte leicht erkennen, wie Ihre Vermögensverteilung, die sogenannte Asset-Allocation, aussieht. In unserem Beispiel machen die Aktieninvestments rund 10 Prozent aus ((21 000 Euro / 204 000 Euro) x 100).

Die Bilanz: Ein Beispiel

Auf der linken Seite unter „Aktiva" finden Sie die Vermögensverwendung,
auf der rechten unter „Passiva" die Vermögensherkunft.

Wie ist das Vermögen angelegt? (Aktiva)

	in Euro	in %
Liquidität	**8 000**	**4%**
Girokonto	3 000	
Tagesgeldkonto	5 000	
Festverzinsliche Anlagen	**30 000**	**15%**
Rentenfonds	20 000	
Festgeld	5 000	
Bundesanleihe	5 000	
Aktieninvestments	**21 000**	**10%**
Aktienfonds	17 000	
Einzelaktien	4 000	
Immobilien	**110 000**	**54%**
Vermietete Eigentumswohnung	110 000	
Sonstige Vermögenswerte	**19 000**	**9%**
Kapitallebensversicherung	19 000	
Beteiligungen	**0**	**0%**
Schiffsfonds etc.	0	
Rohstoffanlagen	**16 000**	**8%**
Rohstoffzertifikat	5 000	
Goldbarren/-münzen	11 000	
Summe	**204 000**	

Wo kommt das Vermögen her? (Passiva)

	in Euro	in %
Verbindlichkeiten	**30 000**	**15%**
Darlehen ETW	30 000	
Nettovermögen (Eigenkapital)	**174 000**	**85%**
Summe	**204 000**	

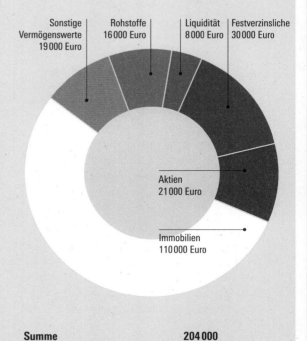

Sonstige
Vermögenswerte
19 000 Euro

Rohstoffe
16 000 Euro

Liquidität
8 000 Euro

Festverzinsliche
30 000 Euro

Aktien
21 000 Euro

Immobilien
110 000 Euro

Passen Ihre Anlagen noch zu Ihnen?

Ihre Anlagen müssen zu Ihnen und Ihrer Lebenssituation passen. Wichtige Kriterien dabei sind:

- ☐ **Ihre Ziele:** Wie viel Geld wollen Sie langfristig anlegen und über welche Summen möchten Sie schon in den kommenden Jahren verfügen?

- ☐ **Ihre Einstellung:** Entscheiden Sie, wie viel Zeit und Energie Sie in Ihr Geld stecken möchten, und suchen Sie entsprechende Anlageprodukte aus.

- ☐ **Ihre Risikomentalität:** Wie riskant dürfen Ihre Anlagen sein? Beachten Sie dabei aber, dass Sie bei der Beurteilung von Risiken nicht nur auf mögliche Wertschwankungen, sondern auch auf die Geldwertstabilität schauen müssen.

Wenn Sie mit Excel oder OpenOffice Calc arbeiten, können Sie sich mit der Diagramm-Funktion ein anschauliches Kuchendiagramm Ihrer Vermögensverteilung darstellen lassen.

Eine Notfallreserve ist Pflicht

Bevor Sie aber mit der Umschichtung Ihrer Geldanlagen oder dem Sparen anfangen, sollten Sie sicherstellen, dass Sie eine ausreichende Notfallreserve besitzen. Denn nicht immer läuft alles im Leben nach Plan. Arbeitslosigkeit, eine längere Krankheit oder aber auch mehrere teure Haushaltsgeräte, die ausgerechnet zur gleichen Zeit ihren Dienst versagen, können für Ihre Finanzen ganz schön Stress bedeuten.

Bilden Sie für solche Fälle eine Notfallreserve, auf die Sie jederzeit zugreifen können. Sonst müssten Sie im Notfall Ihr Girokonto überziehen oder gar einen Kredit aufnehmen. Und dafür zahlen Sie meist viel höhere Zinsen, als Sie mit Ihren Geldanlagen verdienen können. Oder sie müssten unter Umständen einen Fonds in einer ungünstigen Marktlage verkaufen.

Als Faustregel für die Höhe der Notfallreserve können Sie die Summe veranschlagen, die Sie benötigen, um drei bis fünf Monate ohne Einkommen bewältigen zu können.

❝ Als Faustregel für die Höhe der Notfallreserve können Sie die Summe veranschlagen, die Sie benötigen, um drei bis fünf Monate ohne Einkommen bewältigen zu können.

Es ist nicht empfehlenswert, die Notfallreserve auf Ihrem Girokonto zu parken. Denn dort ist das Geld zum einen mit Ihren normalen Ein- und Ausgaben vermischt. Es ist dann schwieriger, den Überblick zu behalten, wie hoch Ihre Reserve genau ist. Zum anderen sind Girokonten meist unverzinst. Nutzen Sie daher für Ihre Notfallreserve besser ein Tagesgeldkonto. Dort ist es ebenfalls jederzeit verfügbar und Sie bekommen Zinsen, auch wenn sie derzeit eher mager ausfallen.

Wenn Sie noch nicht über eine Notfallreserve verfügen und diese erst ansparen müssen, machen Sie sich am besten einen Plan. Sie wissen ja bereits, wie viel Sie monatlich sparen können. Würde es mit dieser Sparrate länger als sechs bis zwölf Monate dauern, die erforderliche Reserve aufzubauen, überlegen Sie, ob demnächst vielleicht Anlagen fällig werden, die Sie auf dem Notfallkonto anlegen können. Ist eine solche Umschichtung nicht möglich, weil Sie gerade am Anfang Ihrer Sparerkarriere stehen, versuchen Sie (mithilfe Ihres Haushaltsbuches) weitere Sparpotenziale auszuloten.

Jetzt können Sie weitere Anlagen planen

Ist die Notfallreserve unter Dach und Fach, können Sie Ihre weiteren Geldanlagen planen. Oft sind Anleger, die das erste Mal eine Bilanz ihres Vermögens erstellen, überrascht, welches Übergewicht einzelne Anlagen im Verhältnis zum Gesamtvermögen haben. So kann zum Beispiel ein Anleger, der sich für sehr risikoscheu hält, feststellen, dass er eine sehr hohe Aktienquote hat oder dass diese gar nicht so hoch ist und es keinen Grund gibt, sich Sorgen zu machen.

Wie Sie bereits wissen, verringert eine sinnvolle Streuung der Anlagen das Gesamtrisiko des Anlagevermögens eines Investors. Erinnern Sie sich an das magische Dreieck der Geldanlage? Je höher die Renditechancen einer Anlage, umso höher grundsätzlich das Risiko. Im folgenden Abschnitt „Welche Anlagen für welchen Anlegertyp" erfahren Sie, wie eine sinnvolle Aufteilung des Vermögens je nach Risikoeinstellungen und Lebenssituation aussehen kann. Stellen Sie nach der Lektüre fest, dass Sie zu viele riskante Anlagen haben, sollten Sie eine Umschichtung in Betracht ziehen – also überlegen, ob Sie riskante Anlagen verkaufen und dafür sicherere Anlagen kaufen.

Möglicherweise reicht es aber für Sie aus, zukünftig mehr in sicherere Anlagen zu investieren, sodass sich deren prozentualer Anteil erhöht. Ebenso kann es sein, dass Sie feststellen, dass Sie zukünftig mehr in renditeträchtigere Anlagen investieren sollten. Den Betrag, den Sie zum regelmäßigen Sparen einsetzen können, haben Sie ja bereits ermittelt, oder Sie sind mithilfe eines Haushaltsbuches gerade dabei.

Welche Anlagen für welchen Anlegertyp?

Es gibt eine Vielzahl von Anlageformen. Umso wichtiger ist es zu überlegen, welche zu Ihnen passen, bevor Sie sich an die Auswahl der einzelnen Produkte machen.

Auch wenn sich die Anlageziele des magischen Drei- oder Vielecks nicht alle in einer Anlageform vereinigen lassen, können Sie natürlich verschiedene Anlagen so kombinieren, dass Ihr Gesamtportfolio Ihren Anlagezielen möglichst nahe kommt. Ihre Risikotragfähigkeit und Ihre Risikobereitschaft bestimmen dabei die Zusammenstellung Ihrer Anlagen wesentlich.

Ihre Risikotragfähigkeit als objektives Risikomaß

Ihre Risikotragfähigkeit wird maßgeblich davon bestimmt, wie viel Zeit Sie noch für das Erreichen Ihrer Ziele haben, wie hoch Ihr Einkommen und wie hoch Ihr Gesamtvermögen bereits ist. Je mehr Vermögen Sie schon besitzen, umso größere absolute Verluste können Sie in der Regel wegstecken, ohne dass Ihre Existenz oder Ihr Lebensstandard gefährdet sind. Sind Sie noch nicht in der glücklichen Lage, finanziell weitgehend ausgesorgt zu haben, spielt Ihr Anlagehorizont, also der Zeitraum, für den Sie investieren können und wollen, eine wesentliche Rolle bei der Beurteilung, welches Risiko Sie mit Ihren Anlagen eingehen können.

Stehen Sie beispielsweise am Anfang Ihrer beruflichen Karriere und wollen für Ihr Alter vorsorgen, können Sie größere Schwankungen Ihrer Geldanlagen aussitzen oder Verluste im Laufe Ihres Arbeitslebens noch ausgleichen. So könnten Sie beispielsweise auch zu einem höheren Anteil in Aktienfonds investieren, die in ihrer Wertentwicklung schwanken. Denn selbst wenn die Börsen einige Monate oder gar Jahre schlecht laufen würden, könnten Sie eine solche Phase überbrücken und Ihre Anlagen erst verkaufen, wenn diese sich wieder auf einem ordentlichen Niveau eingependelt hätten.

Wenn Sie hingegen bereits den Ruhestand vor Augen haben, können Sie mögliche Verluste und Wertschwankungen nicht mehr so einfach aussitzen. Dann brauchen Sie die Gewähr, dass in wenigen Jahren der benötigte Geldbetrag vorhanden ist. Der Schwerpunkt Ihrer Anlagen muss dann eher auf Investments liegen, bei denen der Zahlungszeitpunkt und die Höhe der Auszahlungen feststehen. Wie Sie bereits wissen, bieten Anlagen, die diese Kriterien erfüllen, aber geringere Renditechancen.

Typische Beispiele unterschiedlicher Anlage-horizonte sind:

▶ **Kurzer Anlagehorizont:** Sie sind bei-spielsweise gerade auf der Suche nach ei-ner Immobilie, die Sie selbst nutzen möchten. Sobald Sie das richtige Objekt gefunden haben, möchten Sie es kaufen. Dann muss das Geld sofort zur Verfügung stehen. In einem solchen Fall steht die Li-quidität einer Anlage bis zu diesem Zeit-punkt klar im Vordergrund.

▶ **Mittlerer Anlagehorizont:** In wenigen Jahren sind Ersatzinvestitionen oder Sa-nierungsarbeiten fällig, wie ein neues Au-to, eine neue Küche oder eine Dach- oder Heizungssanierung. Auch hier können Sie sich kaum schwankungsreiche Anlagen leisten, die zum Zeitpunkt der notwendi-gen Anschaffung oder Reparatur mögli-cherweise nur mit Verlust flüssig gemacht werden können. Aktienfonds kommen als Anlage gar nicht, Rentenfonds nur im Ein-zelfall infrage.

▶ **Langfristiger Anlagehorizont:** Beginn-en Sie mit der Geburt Ihrer Kinder mit dem Sparen für deren Ausbildung, haben Sie noch lange Zeit, Schwankungen der er-tragreicheren Anlagen auszusitzen und gegebenenfalls in sicherere Anlagen um-zuschichten.

Checkliste

Wie schätze ich meine Risiko-tragfähigkeit ein?

☐ Welcher Verlauf meiner Geldanla-gen (zum Beispiel mehrjähriger Börsenabschwung um x Prozent würde meine Existenz gefährden?

☐ Welcher Verlauf meiner Geldanla-gen würde meine persönlichen Ziele (zum Beispiel Hausbau, Aus-bildungsfinanzierung, Ruhestand) gefährden?

☐ Hätte ich im Verlustfall genügend Zeit, den Verlust durch sonstiges Einkommen (zum Beispiel Arbeits-einkommen, Mieteinnahmen, Erb-schaft) zu verkraften und wieder auszugleichen?

Ihre Risikobereitschaft ist subjektiv

Auch wenn Sie bereits ein beträchtliches Ver-mögen angespart oder geerbt haben oder Ihr Anlagehorizont noch viele Jahre umfasst, möchten Sie möglicherweise dennoch keine größeren Schwankungen mit Ihren Invest-ments hinnehmen. Die Bereitschaft eines An-legers, Risiken bei der Geldanlage einzugehen, ist immer ganz individuell und wird unter an-derem von der Erziehung, den Einstellungen und den Erfahrungen mit Geldanlagen beein-

Checkliste

Wie groß ist meine Risikobereitschaft?

- ☐ Welche Erfahrungen habe ich in der Vergangenheit mit meinen Anlagen gemacht?

- ☐ Habe ich schon einmal größere Verluste erlitten?

- ☐ Was war der Grund für diese Verluste (zum Beispiel ein Börsencrash, Aktienverkäufe zum falschen Zeitpunkt, zu hektisches Agieren, unüberlegter Kauf eines Finanzproduktes oder: mangelnde Streuung – die Hauptursache für schlechte Erfahrungen)?

- ☐ Wie habe ich mich dabei gefühlt, als die Verluste eingetreten sind?

- ☐ Auch wenn ich es mir leisten könnte: Ab welchen zwischenzeitlichen Verlusten (zum Beispiel Schwankungen bei Aktienkursen) könnte ich „nachts nicht mehr schlafen"?

- ☐ Ziehe ich es vor, höhere Renditechancen zu haben, auch wenn es dann nicht sicher ist, dass ich mein Anlageziel erreiche, oder ist es mir wichtiger, mein Ziel ganz sicher zu erreichen, auch wenn ich dafür auf Renditechancen verzichten muss?

- ☐ Welchen Aufwand kann und will ich mit der Auswahl und Kontrolle meiner Geldanlagen betreiben?

flusst. Hat ein Anleger schon einmal viel Geld mit Aktien verloren, zum Beispiel nach dem Platzen der New-Economy-Blase Anfang des Jahrtausends oder beim Börsencrash im Rahmen der US-Immobilien- und Finanzkrise 2008, hat er vielleicht für sich die Entscheidung getroffen, dass Aktien und Aktienfonds nichts für ihn sind. Hat er hingegen mit guten Aktientipps innerhalb kurzer Zeit hohe Gewinne eingefahren, ist er eventuell eher bereit, für seine Altersvorsorge oder die Ausbildung der Kinder in risikoreichere Anlagen zu investieren.

Ihre Risikobereitschaft können nur Sie bestimmen

Denken Sie immer daran: Während Ihnen ein Berater helfen kann, die objektive Risikotragfähigkeit zu ermitteln, können nur Sie selbst Ihre Risikobereitschaft benennen. Sätze wie „Das Risiko können Sie schon eingehen" sind fehl am Platz, wenn es um die Risikobereitschaft geht.

Schätzen Sie sich realistisch ein

Die Fragen in den beiden Checklisten können Ihnen Anhaltspunkte geben, wie hoch Ihre „Risikotragfähigkeit" und Ihre „Risikobereitschaft" sind. Ihre ehrlichen Antworten auf diese Fragen geben Ihnen ein Gefühl dafür, wie Ihr Risikoprofil in etwa aussehen könnte. Rechnen Sie bei der Einschätzung Ihrer Risikobereitschaft nicht nur in Prozent, sondern auch in absoluten Zahlen.

Beispiel: Sie wollen 50 000 Euro in einem Aktienfonds anlegen und sind der Meinung, dass Sie eine Schwankungsbreite und damit zwischenzeitliche Wertminderungen von 30 Prozent gut aushalten können. Überlegen Sie sich dann auch, was das in konkreten Zahlen bedeuten würde. Würde Ihr Aktienfonds nach dem Kauf 30 Prozent verlieren, wäre er nur noch 35 000 Euro wert. Sie hätten also – zumindest auf dem Papier – 15 000 Euro und damit den Wert eines Kleinwagens verloren. Könnten Sie in diesem Fall noch ruhig schlafen und darauf vertrauen, dass eine solche zwischenzeitliche Wertschwankung normal ist und Sie langfristig eine hohe Chance auf eine gute Rendite haben? Müssen Sie sich diese Frage ehrlicherweise mit „Nein" beantworten, sollten Sie überlegen, einen konservativeren Fonds auszuwählen oder einen geringeren Betrag in den anvisierten Fonds anzulegen und den Restbetrag auf risikoärmere Anlagen aufzuteilen.

Welche Anlagen passen zu Ihrer Risikobereitschaft?

Wichtig ist jetzt, dass Sie Ihre Anlagen passend zu Ihrer Risikobereitschaft ausrichten. Fachleute sprechen von Asset Allocation. Sie verhindert, dass Anleger wahllos Produkte kaufen, die ihnen gerade angeboten werden.

Finanztest unterscheidet drei Risikostufen: defensiv, ausgewogen oder offensiv. Defensiv bedeutet sicherheitsorientiert, offensiv risikobereit, ausgewogen liegt dazwischen und ist für viele eine gute Lösung. Überlegen Sie also anhand Ihrer Risikotragfähigkeit und Ihrer Risikobereitschaft, zu welcher Gruppe Sie zählen. Nachfolgend finden Sie einige Beispiele, welche Präferenzen Anleger in den verschiedenen Risikoklassen häufig haben. Beachten Sie, dass dies nur eine grobe Übersicht sein kann, da Geldanlage immer eine sehr individuelle Angelegenheit ist und Ihre Anlagen zu Ihren Bedürfnissen passen müssen.

▶ **Defensive Anleger**
Anleger in dieser Risikoklasse sind nicht bereit, größere Verlustrisiken einzugehen. Ihr vorrangiges Ziel ist der Kapitalerhalt. Renditeaspekte werden diesem Ziel weitgehend untergeordnet. Zur Verfügung stehende Geldmittel könnten schwerpunktmäßig in sichere festverzinsliche Sparanlagen investiert werden. Das sind insbesondere einlagengesicherte Festgelder, Sparbriefe sowie bestimmte Rentenfonds. Da eine gewisse Aktienquote das Risiko der Gesamtanlagen streuen und sogar verringern kann, können sicherheitsorientierte Anleger bis zu 25 Prozent aktienbasierte Anlagen bei-

2

mischen. Um das Risiko auszuschließen, die falschen Aktien auszuwählen, sollten sie dabei aber weltweit anlegende Aktienfonds und ETF Einzelwerten vorziehen.

▶ Ausgewogene Anleger

Sie wünschen eine Rendite ihrer Anlagen, die über dem sicheren Zinsniveau liegt. Um mittel- bis langfristig höhere Erträge zu erzielen, sind sie bereit, gewisse Verlustrisiken einzugehen. Sie wünschen eine ausgewogene Mischung zwischen ertragsorientierten Anlagen mit niedrigerem Risiko und chancenorientierten Anlagen mit höherem Risiko. Je nach Anlagehorizont können sie bis zu 50 Prozent in Aktien und Aktienfonds anlegen. Für vermögende Anleger kommen auch vermietete Immobilien in Betracht. Die Basis ihrer Anlagen bilden aber ebenfalls festverzinsliche Sparanlagen, Rentenfonds und Anleihen bonitätsstarker Schuldner.

▶ Offensive/risikobereite Anleger

Sie haben einen hohen Ertragswunsch deutlich über Zinsniveau und wollen die Chancen auf überdurchschnittliche Wertsteigerungen ihrer Anlagen wahrnehmen. Anlagen mit erhöhtem und hohem Risiko überwiegen die sicheren, festverzinslichen Anlagen klar. Offensive Anleger können Aktienquoten von um die 75 Prozent vertragen. Auch Investments in Derivate und Rohstoffe sind möglich. Offensive Anleger sollten immer prüfen, ob sie sich eine solche subjektive Risikoeinstellung leisten können, sie also die entsprechende Risikotragfähigkeit besitzen.

❝ Die Aufteilung von Aktien- und Zinsanlagen hat einen größeren Einfluss auf den Verlauf der Geldanlage als die Auswahl einzelner Produkte.

Nehmen Sie sich für die richtige Zusammenstellung Zeit. Was viele, auch Fortgeschrittene, nicht beachten: Die Aufteilung von Aktien- und Zinsanlagen hat einen größeren Einfluss auf den Verlauf der Geldanlage als die Auswahl einzelner Produkte.

Dabei sollten Sie auch bedenken: Voraussetzung für eine Anlage in Fonds und riskantere Anlagen sollte sein, dass Sie das Geld nicht kurzfristig brauchen.

Wo finden Sie Beratung und Informationen?

Selbst finanziell gebildete Anleger benötigen manchmal Hilfe von Experten oder zusätzliche Auskünfte. So finden Sie die richtigen Berater und Informationen.

Auch wenn Sie sich schon gut mit Finanzthemen auskennen, brauchen Sie vielleicht doch hin und wieder den Rat und die Unterstützung eines professionellen Finanzberaters. Eine gute Finanzberatung hilft Ihnen, Fehler bei Ihrer Geldanlage zu vermeiden und die für Ihre Ziele richtigen Finanzanlagen und Produkte zu finden. Darüber hinaus erspart Ihnen eine gute Beratung Zeit, die Sie sonst selbst in den Aufbau Ihres Finanzwissens und die Recherche nach den passenden Produkten stecken müssten.

In Deutschland gibt es eine große Vielfalt an Finanzdienstleistern, aus denen Sie auswählen können. Ein wichtiges Kriterium bei der Auswahl sollte für Sie sein, ob Sie in erster Linie eine Beratung zu Finanz- oder Versicherungsthemen suchen oder ob für Sie der Kauf konkreter Finanzprodukte im Vordergrund steht. Ihnen sollte klar sein, dass Sie im Finanzdienstleistungsbereich meist Beratern und Verkäufern von Finanzprodukten in einer Person gegenüberstehen. Verdienen solche Finanzvermittler nur dann etwas an Ihnen, wenn sie Ihnen ein Produkt vermitteln, können sie in Interessenskonflikte kommen. Denn raten sie von einem Produkt ab, verdienen sie nichts. Es besteht überdies die Gefahr, dass sie Ihnen nicht das beste Produkt empfehlen, sondern das, bei dem der Produktanbieter (zum Beispiel die Fonds- oder Versicherungsgesellschaft) die höchste Provision zahlt. Verfügen

Provisionen sind die häufigste Vergütungsart in der Anlage-, Kredit- und Versicherungsberatung. Man unterscheidet im Wesentlichen zwischen Abschluss- und Bestandsprovisionen. Die Abschlussprovision wird Kunden beim Kauf eines Produktes berechnet. Damit werden insbesondere die Kosten des Vertriebes bezahlt. Die Bestandsprovision erhalten die Vermittler des Finanzproduktes für die laufende Betreuung und Verwaltung des Produktes.

Berater und Verkäufer nur über ein eingeschränktes Angebot, müssen Sie zudem damit rechnen, dass sie Ihnen nur Produkte aus dem eigenen Haus empfehlen, obwohl andere Anbieter bessere oder besser zu Ihnen passende hätten.

Banken und Sparkassen

Die meisten, die hierzulande eine Anlageberatung suchen, wenden sich an den Berater ihrer Hausbank. Auch wenn die Zahl der Bankfilialen zurückgeht, müssen sie dafür keine weiten Wege auf sich nehmen. Verschiedene Untersuchungen von Finanztest haben aber leider immer wieder gezeigt, dass Banken und Sparkassen oft Produkte empfehlen, die nicht optimal zu den Zielen der Anleger passen. Zwar werden Bankberater in der Regel von der Bank bezahlt und verdienen somit auch etwas, wenn Kunden nach einem Beratungsgespräch kein Produkt abschließen, doch häufig erhalten sie einen vom Verkaufserfolg abhängigen Bonus.

Die Bank als Arbeitgeber des Beraters erhält Provisionen vom Produktanbieter oder verdient an den Abschluss- und Verwaltungsgebühren hauseigener Produkte und hat daher natürlich ein Interesse am Verkauf der Produkte. Regelmäßig gibt es auch Berichte über Bankberater, denen ihre Arbeitgeber Vorgaben machen, welche Produkte sie zu vermitteln haben, damit die Umsatzziele der Bank erreicht werden können. Der Bankberater ist daher meist abhängig von den Vorgaben seiner Bank und oftmals eher Verkäufer von Finanzprodukten als Finanzberater.

Gut zu wissen

Mehrere Gespräche
Anleger sollten möglichst mehrere Beratungsgespräche führen. Im Vergleich können sie oft schnell erkennen, welchen Gehalt ein solches Gespräch hatte oder ob es nur darum ging, ein bestimmtes Produkt zu verkaufen.

Finanzmakler

Makler im Finanzdienstleistungsbereich beraten je nach Schwerpunkt und entsprechender behördlicher Erlaubnis zu Finanzanlagen, Versicherungen und Finanzierungen. Sie sind rechtlich selbstständig, werden im Auftrag des Kunden tätig und sind von Produktanbietern grundsätzlich unabhängig. Makler sollten Ihnen eine umfassende und bedarfsgerechte Beratung auf der Grundlage einer breiten Markt- und Produktübersicht anbieten können. Bezahlt werden Makler über Provisionen des Produktanbieters. Das bedeutet, sie erhalten in der Regel eine Provision aus den vom Kunden gezahlten Produktpreisen (Abschlussprovision) und/oder laufenden Beiträgen (Bestandsprovision).

Vertreter

Bei den Vertretern kann man zwischen Ausschließlichkeits- und Mehrfachvertretern unterscheiden. Ausschließlichkeitsvertreter sind Versicherungsvermittler, die an ein Versicherungsunternehmen gebunden sind und nur Produkte dieser Versicherung vermitteln. Mehrfachvertreter sind Versicherungs-, Finanzanlagen- oder Kreditvermittler, die als selbstständige Gewerbetreibende Produkte verschiedener Anbieter vermitteln und dafür Provisionen erhalten. Sie bieten nur Produkte von Anbietern an, mit denen sie Vertriebsverträge abgeschlossen haben. Dadurch unterscheiden sie sich vom Makler, der prinzipiell auf den gesamten Markt an Produktanbietern zugreifen kann. Makler stehen grundsätzlich auf der Seite des Kunden, Vertreter auf der Seite des Unternehmens, das sie vertreten.

Allfinanzvertriebe

Das Besondere an Allfinanzvertrieben – zum Beispiel Deutsche Vermögensberatung, MLP, Swiss Life Select (vormals AWD), OVB – ist, dass sie alles vermitteln: Haftpflicht- und Krankenversicherungen genauso wie Rentenversicherungen und fast jede Art der Geldanlage. Viele Kunden schätzen das, weil es ihnen Wege erspart und der Finanzvermittler sie im Idealfall unter Berücksichtigung ihrer gesamten wirtschaftlichen Situation berät. Ob sie jedoch im Rahmen dieser Rundumberatung immer die günstigsten Finanzprodukte angeboten bekommen, ist fraglich. Denn die Berater sind selbstständige Gewerbetreibende. Sie leben von den Provisionen, die sie für Vertragsabschlüsse erhalten. Wie bei anderen provisionsfinanzierten Beratern auch besteht die Gefahr, dass sie unpassende Produkte empfehlen, wenn diese mehr Provision einbringen. Kunden haben zudem oft kaum eine Chance zu durchschauen, was die angebotenen Produkte sie kosten würden.

Unabhängige Beratung auf Honorarbasis

Eine Alternative zu den genannten Finanzvermittlern, -maklern und -vertretern ist eine Beratung, bei der die Berater nicht von den Anbietern bezahlt werden, sondern von den Kunden. Das leisten die Beratung der Verbraucherzentralen und sogenannte Honorarberater.

▶ **Die Verbraucherzentralen** bieten unabhängige telefonische, schriftliche und persönliche Beratungen zu verschiedenen Finanzthemen wie Geldanlage, Versicherungen, private Altersvorsorge und Finanzierung an. Jedes Bundesland hat eigene Beratungsstellen, deren Angebote sich leicht unterscheiden, ebenso wie ihre Preise. Für eine knapp zweistündige Beratung müssen Sie ungefähr mit 150 bis 200 Euro rechnen. Über die Internetadresse www.verbraucherzentrale.de gelangen Sie schnell auf die Homepage der Verbraucherzentrale Ihres Bundeslandes.

▶ **Honorarberater** sind selbstständige Berater, die sich verpflichten, keine Provisionen von Produktanbietern anzunehmen. Stattdessen werden sie ausschließlich durch ihre Kunden bezahlt. Dafür gibt es verschiedene Modelle wie zum Beispiel Stundensätze, Festpreise oder eine prozentual vom Anlagevolumen abhängige Gebühr. Der Kunde muss die Beratung

Übliche Provisionen im Finanzvertrieb

Produkte	Abschluss-provision [1]	Jährliche Be-standsprovision [1]	Kosten in Euro
Wertpapieranlagen			**Bei einer Anlage von 10 000 Euro [2] (Abschlusskosten/jährliche Bestandsprovision)**
Aktienfonds	4 – 6,5	0,25 – 0,5	400 – 650 / 25 – 50
Rentenfonds	3 – 5	0,1 – 0,25	300 – 500 / 10 – 25
Mischfonds	4 – 5	0,1 – 0,4	400 – 500 /10 – 40
Offene Immobilienfonds	4 – 5	0,25 – 0,5	400 – 500 / 25 – 50
Zertifikate	0,5 – 5	–	50 – 500
Versicherungen			**Bei einer Beitragssumme von 36 000 Euro (= 100 Euro Monatsbeitrag über 30 Jahre) [2] (Abschlusskosten / jährliche Bestandsprovision)**
Kapitallebensversicherung	1 – 4	0,1 – 2,5	360 – 1 440 / 1,20 – 30
Rentenversicherung	1 – 4	0,1 – 2,5	360 – 1 440 / 1,20 – 30
Fondspolice	1 – 4	0,1 – 2,5	360 – 1 440 / 1,20 – 30
Geschlossene Fonds/Beteiligungen			**Abschlusskosten bei einer Anlage von 50 000 Euro [2]**
Geschlossene Immobilienfonds	6 – 10	–	3 000 – 5 000
Umweltfonds	6 – 11	–	3 000 – 5 500
Schiffsfonds	8 – 15	–	4 000 – 7 500
Containerfonds	3 – 8	–	1 500 – 4 000
Infrastrukturfonds	6 – 8	–	3 000 – 4 000
Flugzeugfonds	7 – 9	–	3 500 – 4 500

1 In Prozent der Anlage-/Beitragssumme. 2 Bei höheren Anlage- beziehungsweise Beitragssummen erhöhen sich die Beträge, die an den Verkäufer/Vermittler fließen, entsprechend – unabhängig vom Beratungsaufwand.

auch dann bezahlen, wenn er der Empfehlung des Beraters nicht folgt oder dieser ihm vom Kauf eines Produktes abrät. Nur so können Honorarberater neutral beraten. Da sie nicht von Anbieterprovisionen leben müssen, haben sie kein Interesse daran, Kunden ein überteuertes oder nicht bedarfsgerechtes Produkt zu empfehlen.

Falls Sie davor zurückschrecken, für eine Finanzberatung ein Honorar zu bezahlen, weil Sie dies von Ihrem Versicherungsvertreter oder Ihrer Bank bisher nicht gewohnt sind, schauen Sie sich die Tabelle „Übliche Provisionen im Finanzvertrieb" an. Dann sehen Sie, dass eine Honorarberatung für Sie häufig um ein Vielfaches günstiger sein kann als eine scheinbar kostenlose Beratung bei einem Provisionsvertrieb. Auch wird Ihnen dann schnell klar, dass eine Honorarberatung nicht nur für Superreiche, sondern grundsätzlich für jeden geeignet ist.

Natürlich ist eine Beratung gegen Honorar kein Allheilmittel, mit der Sie garantiert immer die besten Anlagevorschläge erhalten. Eine gute Finanzberatung hängt nicht nur davon ab, wer den Berater bezahlt, sondern vor allem von dessen Kompetenz und Einstellung. Auch unter den Provisionsberatern gibt es selbstverständlich einige, die sich ausschließlich nach dem Kundeninteresse richten und gute Beratung leisten.

Das sollten Sie beim Beratungsgespräch beachten

Sie können einiges dazu beitragen, dass ein Beratungsgespräch zielführend verläuft und Sie passende Anlagevorschläge erhalten, wenn Sie folgende Regeln beherzigen:

▶ **Vorbereitung.** Bereiten Sie sich gut auf das Gespräch vor. Ihr Berater wird Sie fragen, wie viel Geld Sie anlegen wollen, wie lange, für welchen Zweck, und er will wissen, welches Risiko Sie dabei eingehen können. Zudem wird er Sie – das ist seine Pflicht – nach Ihren persönlichen und finanziellen Verhältnissen fragen. Nehmen Sie Unterlagen, aus denen sich Ihre finanzielle Lage ergibt, wie zum Beispiel Depotauszüge und Vermögensübersichten, zum Gespräch mit.

▶ **Produkte.** Der Berater sollte Ihnen die Produkte, die er Ihnen vorschlägt, genau erklären und die Vor- und Nachteile aufzeigen. Wenn Sie etwas nicht verstanden haben, fragen Sie nach. Es gibt keine „dummen" Fragen. Es ist die Aufgabe des Beraters, Ihnen alles so zu erklären, dass Sie es verstehen.

▶ **Empfehlungen.** Bei nicht ganz unabhängigen Beratern von Banken und Finanzvertrieben kommt es regelmäßig vor, dass der Berater Ihnen lieber Produkte aus dem eigenen Haus als die der Konkurrenz anbietet. Fragen Sie nach, wie hoch die Vertriebsprovisionen sind, die der Berater oder die Bank kassiert. Der Berater muss Ihnen das sagen. So können Sie Interessenkonflikte erkennen.

▶ **Auswahl.** Lassen Sie sich mehrere Empfehlungen geben. Sie sehen dann, welches Produkt Ihnen besser gefällt. Ohnehin ist es klüger, sein Geld auf mehrere Anlagen aufzuteilen.

▶ **Kosten.** Sie sollten wissen, was für Kosten auf Sie zukommen, wenn Sie eine Geldanlage abschließen. Ein billiges Produkt ist zwar nicht unbedingt besser. Die Kosten sollten aber in einem vernünftigen Verhältnis zu den Ertragschancen stehen.

▶ **Entscheidung.** Lassen Sie sich Zeit. Es gibt keinen Mangel an Geldanlagen. Ob Sie heute, morgen oder übermorgen unterschreiben, spielt keine Rolle. Ein guter Berater wird Sie nicht drängen. Kaufen Sie grundsätzlich nur Finanzprodukte, die Sie verstehen, und vertrauen Sie auf Ihren gesunden Menschenverstand, wenn Ihnen etwas komisch vorkommt.

So stufen Banken ihre Kunden ein

Wundern Sie sich nicht, wenn der Berater Ihnen sehr persönliche Fragen nach Ihrem Einkommen und Ihrem Vermögen stellt. Finanz- und Bankberater müssen bei Anlageempfehlungen zu Wertpapieren – also auch zu Fonds – die Risikotragfähigkeit und Risikobereitschaft des Anlegers ermitteln und berücksichtigen. Sie stufen dazu die Anleger in in fünf, bisweilen auch sechs oder sieben Risikoklassen ein und leiten daraus ab, welche Anlageklassen und -produkte für sie überhaupt infrage kommen. Die Bezeichnungen für diese Risikoklassen sind von Bank zu Bank unterschiedlich. Hier ein Kurzüberblick darüber, welche Produktempfehlungen sich hinter den Risikoklassen der Banken verbergen können:

▶ **Klasse 1: Sicherheitsorientiert.** Infrage kommen zum Beispiel Zinsanlagen wie Tages- oder Festgeld, kurzlaufende Euro-Rentenfonds sowie Euro-Anleihen mit sehr guter Bonität.

▶ **Klasse 2: Konservativ.** Dazu passen festverzinsliche Wertpapiere bester Qualität, deutsche Rentenfonds, kurzlaufende Fonds in Hartwährungen wie Euro, US-Dollar und Schweizer Franken, international gestreute Rentenfonds, überwiegend in Hartwährungen, sowie offene Immobilienfonds.

▶ **Klasse 3: Ertragsorientiert.** Hier finden sich beispielsweise Wandel- und Optionsanleihen, deutsche Aktienfonds, deutsche Standardaktien, international gestreute Aktienfonds sowie Länderfonds in europäischen Hartwährungen.

▶ **Klasse 4: Spekulativ.** Diese Klasse umfasst zum Beispiel deutsche Aktien-Nebenwerte, spekulative Anleihen, Optionsscheine, Optionen und Futures.

▶ **Klasse 5: Sehr spekulativ.** Das Geld kann in Investitionen ausländischer Aktien-Nebenwerte, sehr spekulative Anleihen, Optionsscheine aller Art sowie Optionen und Futures fließen.

Die Risikoklassen der Banken besagen allerdings nur, in welche Produkte die Gelder der Kunden – je nach Einstufung – fließen dürfen. Sie sagen noch nichts darüber aus, zu welchen Anteilen dies geschieht. Häufig bieten die Banken drei oder vier Standardstrategien an von sicherheitsorientiert bis spekulativ. Auch hier sind die Bezeichnungen der Geldinstitute nicht einheitlich.

Änderungen bei Wertpapiergeschäften durch Mifid II

Mit der Umsetzung der europäischen Finanzmarktrichtlinie Mifid II (Markets in Financial Instruments Directive) in deutsches Recht traten am 3. Januar 2018 neue Regelungen in Kraft. Mit Mifid II soll europaweit ein neuer rechtlicher Rahmen für das Wertpapiergeschäft zwischen Anleger und Bank vorgegeben werden und dadurch Transparenz und Anlegerschutz erhöht werden. Die wesentlichen Neuregelungen durch Mifid II sind:

- ·Das bisherige Beratungsprotokoll bei Banken wurde durch eine sogenannte Geeignetheitserklärung ersetzt. Die Unterschiede beider Dokumente sind relativ gering. Während das Beratungsprotokoll vor allem den Beratungsprozess beschrieben hat, ist die Geeignetheitserklärung ein Ergebnisprotokoll, mit dem der Berater darlegen soll, warum das empfohlene Produkt für den Anleger geeignet ist.
- ·Banken und viele andere Finanzdienstleister müssen Telefongespräche zu Wertpapiergeschäften jetzt aufzeichnen (sogenanntes Taping). Die Aufzeichnungen müssen gespeichert und in der Regel fünf Jahre aufbewahrt werden.
- ·Anleger sollen noch genauer über die bei einem Wertpapiergeschäft anfallenden

Kosten informiert werden. Dazu erhält jeder Kunde vor der Unterschrift eine genaue Aufstellung der entstehenden Kosten sowohl in absoluter Größe in Euro als auch in Prozent des Anlagebetrages. Es werden sowohl die Kosten der Dienstleistungen (zum Beispiel Transaktionskosten, Verwahrungskosten) als auch die Kosten des Finanzinstrumentes (zum Beispiel Management- und Performancegebühren) aufgelistet.

- ·Anleger erhalten vierteljährlich Aufstellungen über den aktuellen Stand der von ihnen gehaltenen Finanzinstrumente.
- ·Für alle neuen Finanzinstrumente müssen die Anbieter einen Zielmarkt bestimmen. Dieser Zielmarkt dient als Grundlage der Risiko- und Bedürfnisanalyse im Beratungsgespräch und soll sicherstellen, dass die angebotenen Finanzprodukte den Bedürfnissen der Anleger entsprechen.

Produktinformationsblatt und Wesentliche Anlegerinformationen

Kurz und verständlich, die wichtigsten Fakten auf einen Blick. So sollen verschiedene gesetzlich vorgeschriebene Informationsblätter – auch „Beipackzettel" genannt – Anleger über Finanzprodukte informieren. Seit dem 1. Juli 2011 müssen Banken und andere Finanzdienstleister Kunden neben dem Beratungsprotokoll bei Anlageberatungen zu Wertpapieren ein Produktinformationsblatt aushändigen. Dieses Dieses soll maximal drei Din-A4-Seiten umfassen und muss

- die Art des Finanzprodukts,
- seine Funktionsweise,
- die mit dem Produkt verbundenen Risiken sowie
- die mit der Anlage verbundenen Kosten beschreiben.

Produktinformationsblätter gibt es zu Aktien, Anleihen und Zertifikaten, zu Pfandbriefen und Bundeswertpapieren.

Für Investmentfonds gibt es ein eigenes Produktinformationsblatt, die „Wesentlichen Anlegerinformationen", auch „Key Investor Information Document" (KIID) genannt. Es wird von den Fondsgesellschaften erstellt und muss ebenfalls auf zwei Seiten über die wichtigsten Details wie Ziele und Anlagepolitik, Risiko- und Ertragsprofil, Kosten und die frühere Wertentwicklung des Fonds aufklären. Es muss den Kunden vor dem Kauf eines Fonds ausgehändigt werden, damit sie es in Ruhe lesen können.

Vermögensanlagen-Informationsblatt

Für geschlossene Fonds, Genussrechte und sonstige Vermögensanlagen, die seit Juni 2012 auf den Markt gekommen sind, müssen die Anbieter ein Vermögensanlagen-Informationsblatt (VIB) erstellen und bei der BaFin hinterlegen. Diese prüft allerdings den Inhalt des VIB während des Prospektprüfungsverfahrens nicht. Dieses darf höchstens drei Din-A4-Seiten stark sein und muss ohne die Lektüre weiterer Dokumente allgemein verständlich sein, damit Anleger Angebote leichter vergleichen und auswählen können. Das VIB muss während der gesamten Dauer des öffentlichen Angebots in der aktuellen Fassung auf der Internetseite des Anbieters zugänglich sein.

Hintergrund des VIB ist, dass viele Anleger die oft mehr als 100 Seiten starken Verkaufsprospekte für Beteiligungsmodelle wie Windräder, Bürotürme, Seniorenheime oder Studentenappartements nicht lesen. Die Blätter müssen den Anbieter, die Art der Vermögensanlage, die Anlagestrategie, die Anlagepolitik und die Anlageobjekte nennen. Sie müssen zudem Risiken, die Aussichten für die Kapitalrückzahlung und Erträge unter verschiedenen Marktbedingungen sowie Kosten und Provisionen aufführen. Hinzu kommen Pflichthinweise wie etwa auf die Stelle, bei der der ausführliche Verkaufsprospekt kostenlos erhältlich ist.

Aus der Qualität des Informationsblattes lässt sich zwar nicht auf die Qualität der Anlage schließen. Wenn Sie es aber nicht verstehen, können Sie sicher sein, dass die Vermögensanlage nichts für Sie ist. Bei Produkten, für die ein VIB erstellt werden muss, sollten Sie sowieso eher zurückhaltend sein, da diese die versprochenen Renditeziele oftmals nicht erreichen.

So finden Sie die richtige Bank und das passende Depot

Wenn Sie die Kosten Ihrer Geldanlagen senken, erhöhen Sie automatisch die Rendite – und das ganz ohne Risiko. Mit der Wahl der passenden Bank können Sie mitunter bis zu mehrere Hundert Euro pro Jahr sparen.

Es ist manchmal schon komisch. Da beschweren sich Anleger über die niedrigen Zinsen, die ihre Bank ihnen für Zinsanlagen wie Sparbuch und Festgeld zahlt, nehmen es aber ohne Murren hin, hohe Depotgebühren und Transaktionskosten zahlen zu müssen.

Bei den Kosten rund um Ihre Fonds und andere Wertpapiere besteht ein immenses Sparpotenzial, wenn Sie bereit sind, zu der für Sie passenden Direktbank zu wechseln oder zumindest bei Ihrer Filialbank auf Onlinebanking umzusteigen. Ein Konto bei einer Direktbank zu eröffnen macht keine große Mühe.

Egal, ob Sie Fonds, Aktien, Anleihen oder andere Wertpapiere erwerben möchten: als Privatanleger können Sie sie nicht selbst an der Börse handeln. Für den Kauf und Verkauf von Wertpapieren benötigen Sie grundsätzlich eine Bank, die als Vermittler zwischen Anleger und Börse dient. Überdies müssen Ihre Wertpapiere in einem Depot verwahrt werden, das ebenfalls von Ihrer Bank geführt wird. Beim Kauf und Verkauf stellt Ihnen Ihre Bank Trans-

Isin ist die Abkürzung für „International Securities Identification Number". Sie dient der weltweit eindeutigen Zuordnung von Wertpapieren, die an einer Börse gehandelt werden. Im Jahr 2003 wurde die Wertpapierkennnummer (WKN) durch die zwölfstellige Isin abgelöst. Die Isin beginnt mit einem Ländercode, der dem Anleger zeigt, in welchem Land das Wertpapier aufgelegt wurde. DE etwa steht für Wertpapiere aus Deutschland, FR für Frankreich, GB für Großbritannien, IE für Irland, LU für Luxemburg oder US für USA. Häufig kommen Anleger aber noch mit der kürzeren WKN weiter, wenn sie nur diese zur Hand haben.

So nagen die Kosten an Ihrer Rendite

So hoch sind Ihre Einbußen nach 20 Jahren bei einer angenommenen jährlichen Rendite von 6 Prozent – je nachdem, welcher Prozentsatz im Jahr für die Kosten abgeht.

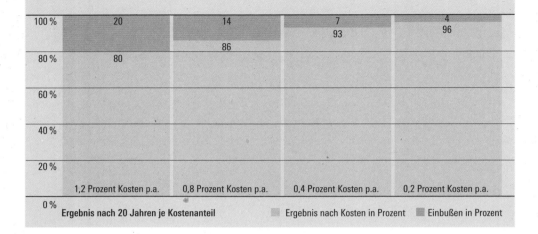

1,2 Prozent Kosten p.a.	0,8 Prozent Kosten p.a.	0,4 Prozent Kosten p.a.	0,2 Prozent Kosten p.a.

Ergebnis nach 20 Jahren je Kostenanteil ■ Ergebnis nach Kosten in Prozent ■ Einbußen in Prozent

aktionskosten, auch Orderkosten genannt, in Rechnung.

Optimieren Sie Ihre Depotgebühren

Ihre Fonds und anderen Wertpapiere – diese erkennen Sie grundsätzlich daran, dass sie eine Wertpapierkennnummer (WKN) oder Isin besitzen – müssen in einem Depot verwahrt werden, das bei Ihrer Bank geführt wird. Dafür zahlen Kunden von Filialbanken häufig über 50 Euro im Jahr, bei großen Depots mit hohen Werten von 100 000 Euro und mehr auch bis zu mehreren Hundert Euro. Wesentlich günstiger ist das Depot bei Direktbanken. Dort ist die Aufbewahrung Ihrer Fonds, Aktien, Anleihen und Zertifikate meist kostenlos. Nur manche Anbieter knüpfen die Gratisverwahrung an Bedingungen wie etwa ein Mindestdepotvolumen, die Transaktionshäufigkeit, die Eröffnung eines Girokontos oder die Nutzung des Onlinepostfaches.

Achten Sie bei den Direktbanken auch darauf, welche sonstigen Kosten dort anfallen werden, insbesondere welche Kauf- und Verkaufskosten sie in Rechnung stellen. Als Faustregel gilt: Wer viel handelt, sollte vor allem ein Auge auf die Kosten haben, die die Bank für den Kauf und Verkauf von Wertpapieren berechnet. Wer wenig handelt, sollte auf möglichst geringe Depotgebühren achten.

Ein Wechsel zu einem kostenlosen Wertpapierdepot bei einer Direktbank ist einfacher, als viele denken. Es reicht, den Antrag bei der neuen Bank auszufüllen und das alte Konto zu kündigen. Es reicht hingegen nicht, nur die Wertpapiere zu übertragen, denn auch ein leeres Depot kostet Depotgebühren. Um den Übertrag der Wertpapiere kümmert sich die neue Bank. Einige Banken bieten mit dem Depotübertrag gleichzeitig den Service an, das alte Depot abzuwickeln, dabei Fondsanteil-Bruchstücke zu verkaufen und das Depot zu löschen.

Checkliste

So eröffnen Sie ein Depot bei einer Direktbank

Ein Depot bei einer Direktbank zu eröffnen ist einfach:

☐ **Auswahl.** Auf der Homepage der Direktbank finden Sie im Bereich „Wertpapiere" einen Button oder einen ähnlichen Link für die Neueröffnung eines Depots.

☐ **Unterlagen.** Lassen Sie sich dann durch das Menü für die Neueröffnung führen. Mit dem Antrag fürs Depot eröffnen Sie meist auch ein Verrechnungskonto, über das Ein- und Auszahlungen im Zusammenhang mit dem Depot abgewickelt werden. Viele Direktbanken bieten sehr übersichtliche Masken an. Manchmal müssen Sie nur Ihre Adressdaten angeben und bekommen die Eröffnungsunterlagen dann per Post. Meist lassen Banken Sie alles direkt am PC eingeben, und Sie können mit den ausgedruckten Unterlagen den nächsten Schritt angehen, die Legitimation.

☐ **Legitimation.** Jede Bank ist gesetzlich verpflichtet, die Identität ihrer Kunden zu überprüfen. Meist bedienen sich Direktbanken dazu des Post-Ident-Verfahrens. Dazu nehmen Sie Ihre Kontoeröffnungsunterlagen sowie Ihren Personalausweis mit zu einer Postfiliale. Der Postmitarbeiter überprüft die Angaben in Ihrem Ausweis und leitet die Unterlagen an die Direktbank weiter. Manche Banken bieten alternativ eine Identitätsprüfung per Video Chat an. Dazu benötigen Sie nur einen PC oder ein Smartphone mit schneller Internetverbindung und Web Cam. Ein Mitarbeiter der Bank oder eines externen Dienstleisters führt dann die Identitätsprüfung durch, bei der Sie Ihren Ausweis in die Kamera halten müssen.

☐ **Eröffnungspaket.** Wenn die Eröffnungsunterlagen samt Identifizierung bei Ihrer neuen Bank vorliegen, wird Ihnen ein „Eröffnungspaket" mit den wichtigsten Informationen zur Bank zugesandt. Die für Sie relevanten Daten sind dabei natürlich die Depotnummer sowie die Kontonummer des Verrechnungskontos, Ihre persönliche Identifikationsnummer (PIN) und die entsprechenden Unterlagen zum gültigen TAN-Verfahren. Mit den Transaktionsnummern (TANs) geben Sie einzelne Transaktionen frei.

Checkliste

Darauf sollten Sie beim Depotübertrag achten

Die Depotbank zu wechseln ist sehr leicht. Sie müssen aber einige Feinheiten beachten, um unliebsamen Überraschungen vorzubeugen.

☐ **Handelssperre:** Der Übertrag kann je nach Anbieter zwischen ein paar Tagen und mehreren Wochen dauern. In dieser Zeit haben Sie keinen Zugriff auf Wertpapiere und Fonds, können also nichts verkaufen. Ist Ihnen das bei bestimmten Wertpapieren zu heikel, sollten Sie sich vorher von ihnen trennen.

☐ **Bestandsschutz:** Für Wertpapiere, die vor dem 1. Januar 2009 gekauft wurden, mussten Anleger bis Ende 2017 keine Abgeltungsteuer auf Kursgewinne zahlen. Der Bestandsschutz bleibt auch beim Depotwechsel erhalten. Das gilt jedoch nicht mehr für Investmentfonds. Seit 1. Januar 2018 gibt es für „Altfonds" nur noch einen Freibetrag auf Kursgewinne bis 100 000 Euro. Heben Sie daher die Kaufunterlagen Ihrer Altfonds auf, um später nachweisen zu können,

dass Sie diese vor 2009 angeschafft haben, falls diese Informationen beim Depotwechsel nicht korrekt weitergegeben wurden.

☐ **Verlustübertrag:** Sie können Verluste, die Sie bei Börsengeschäften erlitten haben, mit künftigen Gewinnen verrechnen lassen. Damit sparen Sie Abgeltungsteuer. Auch ausländische Quellensteuern können Sie anrechnen lassen. Dazu benötigen Sie einen Verlustübertrag von Ihrer alten Bank.

☐ **Freistellungsauftrag:** Denken Sie daran, den Freistellungsauftrag bei der alten Bank zu löschen und bei der neuen Bank neu zu stellen.

☐ **Investmentfonds:** Bruchstücke von gemanagten Fonds lassen sich nicht ins neue Depot übertragen. Anleger können sie aber ohne Zusatzkosten an die Fondsgesellschaft zurückgeben. Wählen Sie dafür beim Verkauf mittels Onlinebanking in der Ordermaske die Fondsgesellschaft als Handelsplatz aus.

Banken dürfen für den Übertrag einzelner Wertpapiere oder eines ganzen Depots kein Geld verlangen. Der Übertrag kann dennoch Kosten verursachen. Denn die Banken verwahren die Wertpapiere ihrer Kunden bei einer Verwahrstelle und reichen die Kosten, die ihnen die Verwahrstellen in Rechnung stellen, an die Kunden weiter. In der Praxis geschieht dies in der Regel aber ausschließlich bei ausländischen Wertpapieren.

Mehr dazu ↗ Checkliste „Darauf sollten Sie beim Depotübertrag achten".

Sparen Sie bei den Orderkosten

Wenn Sie regelmäßig Wertpapiergeschäfte tätigen, ist ein Wechsel zu einer preiswerten Direktbank ein Gebot der Vernunft – egal ob es sich um Fonds, Einzelaktien oder andere Wertpapiere handelt. Denn während Filialbanken beispielsweise für eine Aktienorder (Kauf- oder Verkaufsauftrag) durchschnittlich etwa 1 Prozent der Kauf- oder Verkaufssumme als Gebühren in Rechnung stellen, kostet dies bei den günstigsten Direktbanken nur einen Bruchteil. Bei Anleihen stellen Filialbanken in der Regel 0,5 Prozent in Rechnung. Außerdem gibt es bei Filialbanken – im Unterschied zu den Direktbanken – fast nie eine Obergrenze für die Transaktionskosten.

Beispiel: Ein Anleger zahlt um die 100 Euro Ordergebühren, wenn er in einer Bankfiliale für 10 000 Euro Aktien kauft. Investiert er 30 000 Euro, berechnet die Bank rund 300 Euro für den Auftrag.

66 **Auch für Anleger, die ihre Bank nicht wechseln wollen, gibt es häufig erhebliches Sparpotenzial, wenn sie sich für das Onlinebanking freischalten lassen.**

Auch für Anleger, die ihre Bank nicht wechseln wollen, gibt es häufig erhebliches Sparpotenzial, wenn sie sich für das Onlinebanking freischalten lassen. Sie haben dann bei jedem Wertpapierauftrag – wie dem Kauf oder Verkauf von Fondsanteilen – die Wahl, entweder den Berater in der Filiale zu beauftragen oder die Daten selbst am Computer einzugeben. Filialorders kosten bei derselben Bank mitunter ein Mehrfaches der Internetorders. Bei Sparkassen sind zudem oft die Preise im Onlinebanking im Gegensatz zur Filialorder gedeckelt.

Bei den Transaktionskosten arbeiten die Banken mit sehr unterschiedlichen Preismodellen. Vergleichen Sie daher vor einem Bankwechsel die Kosten, die bei verschiedenen Anbietern voraussichtlich auf Sie zukommen. Das ist umso wichtiger, je öfter Sie regelmäßig Wertpapiere handeln. Denn je mehr Sie handeln, umso größer ist grundsätzlich Ihr Einsparpotenzial, wenn Sie die passende Bank für Ihre Ziele wählen.

Folgende Gebührenmodelle sind verbreitet:

▶ **Feste Prozentsätze:** Die Ordergebühren berechnen sich, wie im vorigen Beispiel, als fester Prozentsatz vom Auftragsvolumen.

▶ **Preisstaffel:** Je nach Wert eines Wertpapierauftrags wird eine bestimmte Gebühr verlangt.

▶ **Prozentsätze mit Mindest- und Maximalgebühr:** Der Preis wird nach einem Prozentsatz vom Auftragsvolumen berechnet. Liegt er allerdings unter der Mindestgebühr, wird diese fällig. Hier müssen Anleger, die kleinere Summen investieren wollen, aufpassen. Beträgt die Gebühr beispielsweise 1 Prozent bei einer Mindestgebühr von 35 Euro und beträgt der Anlagebetrag 1000 Euro, zahlt der Anleger prozentual 3,5 Prozent Ordergebühren – viel zu viel.

▶ **Flatrate:** Hier zahlen die Kunden unabhängig vom Auftragsvolumen immer eine feste Gebühr pro Handel. Sie müssen also nicht lange herumrechnen, um den Orderpreis zu ermitteln. Da Flatfees außerdem meist am unteren Ende der Preisskala aller ✈Gebührenmodelle liegen, können Anleger hier kaum etwas falsch machen.

Neben den Ordergebühren, die bei einem Wertpapierauftrag an die Bank gezahlt werden müssen, fallen beim Börsenkauf in der Regel noch Fremdspesen wie

Wie Sie beim Fondskauf Gebühren sparen können, erfahren Sie unter „So kaufen Sie günstig Fonds" ab S. 149.

Börsenplatzgebühr oder Maklercourtage an. Viele Banken reichen die Fremdspesen direkt an die Anleger weiter. Manche verlangen Pauschalpreise, die aber nicht immer alle Fremdspesen enthalten. Je nach Börsenplatz und Wertpapiergattung fallen die Fremdspesen unterschiedlich aus. Bei einer 5 000-Euro-Order liegen sie meist zwischen 2 und 6 Euro.

▶ Finanztest untersucht regelmäßig die Depot- und Kaufgebühren der Banken. Welche Banken in den Tests aktuell gut abschneiden, können Sie unter www.test.de Suchwort „Depotgebühren" nachschauen.

Börsenwissen für Einsteiger

Viele Fonds werden an Börsen gehandelt. Daher sollte jeder Fondsanleger eine Vorstellung davon haben, wie eine Börse funktioniert.

Eine Börse ist im Grunde nichts anderes als ein organisierter Markt, auf dem spezielle Waren gehandelt werden. Sie lässt sich in unterschiedliche Teilmärkte gliedern: den Aktienmarkt, den Renten- oder Anleihemarkt, den Terminmarkt und die Devisenbörse – je nachdem, welches Finanzprodukt gehandelt wird. Anders als auf einem Wochenmarkt oder einem Internetmarkt wie Ebay findet der Handel an der Börse aber nicht direkt zwischen Käufer und Verkäufer statt, sondern zwischen dafür zugelassenen Händlern. Wichtig für Anleger ist vor allem der Aktien- und Anleihemarkt, also die Wertpapierbörse.

Zentrale Aufgaben der Börse

Unternehmen benötigen ausreichend Kapital für ihre Investitionen, etwa um neue Produkte zu entwickeln und zu produzieren oder um neue Standorte aufzubauen und zu expandieren. Dafür ist viel Geld nötig, das nicht allein über Darlehen von Banken zur Verfügung gestellt werden kann. Auch Banken und Staaten benötigen laufend Kapital. Auf der anderen Seite gibt es Millionen Menschen, die ihr Geld in renditeträchtige Anlagen investieren wollen. Um sich Kapital zu verschaffen, geben Unternehmen, Banken und Staaten Wertpapiere heraus, in die Anleger ihr Geld investieren können. Die Funktion einer Börse besteht nun darin, Angebot und Nachfragen nach diesen Wertpapieren an einem zentralen Ort während fester Handelszeiten zu bündeln. Dadurch ergeben sich ein liquiderer Handel sowie marktgerechtere und transparentere Preise der angebotenen Wertpapiere.

Der börsliche Handel wird durch staatliche Aufsichtsbehörden (in Deutschland: die Bundesanstalt für Finanzdienstleistungsaufsicht, Bafin) und durch Handelsüberwachungsstellen der Börsen kontrolliert. Um Marktmanipulationen zu verhindern, dürfen in Deutschland nur registrierte Börsenmakler und die Händler der Banken direkt an der Börse tätig werden.

Privatanleger dürfen nicht selbst an der Börse handeln, sondern brauchen einen Mittler. Sie kaufen die Wertpapiere bei ihrer Bank, und diese leitet die Order an die Börse weiter.

Es gibt mehr als eine Börse

Auch wenn Fachleute häufig von „der" Börse sprechen, wenn sie den Aktien- oder Anleihenmarkt meinen, gibt es weltweit natürlich zahlreiche Wertpapierbörsen. In den verschiedenen Ländern der Welt sind aber die organisierten Börsen jeweils auf wenige Standorte beschränkt. Das gewährleistet, dass die Zahl der jeweiligen Marktteilnehmer hoch ist und der Handel konzentriert werden kann. Selbst in den USA gibt es nur wenige Börsenplätze. Die

Die größten Börsenplätze

Weltweit gibt es rund 60 bedeutende Börsen mit einer Marktkapitalisierung von rund 69 Billionen Dollar. Die Spitzenreiter bilden die folgenden Börsen:

Ort	Land	Börse	Marktkapitalisierung in Mrd. US-$
New York	USA	NYSE	19 223
New York	USA	Nasdaq	6 831
London	Großbritannien	London Stock Exchange	6 187
Tokio	Japan	Tokyo Stock Exchange	4 485
Shanghai	China	Shanghai Stock Exchange	3 986
Hong Kong	China	Hong Kong Stock Exchange	3 325
Paris, Amsterdam, Brüssel, Lissabon	Niederlande (Sitz)	Euronext	3 321
Toronto	Kanada	Toronto Stock Exchange (TMX Group)	2 781
Shenzhen	China	Shenzhen Stock Exchange	2 285
Frankfurt	Deutschland	Börse Frankfurt	1 766

Quelle: The Visual Capitalist; **Stand:** April 2017

wichtigsten Finanzplätze der Welt zeigt die ⬏ Tabelle „Die größten Börsenplätze". Die nach Umsatz und Marktkapitalisierung größte Börse der Welt ist die New York Stock Exchange (NYSE).

Die weltweite Vernetzung und Verteilung der Börsen rund um den Globus führen dazu, dass Anleger Aktiengeschäfte heute praktisch rund um die Uhr abschließen können. Wenn beispielsweise der Xetra-Handel in Frankfurt um 17.30 Uhr geschlossen wird, hat in New York der Handel gerade erst begonnen (15.30 Uhr bis 22.00 Uhr unserer Zeit). Kaum ist der New Yorker Handel beendet, startet er schon wieder in Tokio (1.00 Uhr bis 7.00 Uhr unserer Zeit).

▶ **Regionalbörsen in Deutschland**

In Deutschland gibt es acht Wertpapierbörsen, eine Warenterminbörse, eine Wertpapierterminbörse und eine Devisenbörse. Die größte und wichtigste ist die Frankfurter Wertpapierbörse mit ihren Handelsplätzen Börse Frankfurt und Xetra. Außerdem gibt es noch Regionalbörsen. Die nach Frankfurt zweitgrößte ist die Börse Stuttgart, die speziell im Anleihenhandel stark ist. Eine bedeutende Stellung im Handel von Investmentfonds hat auch die Börse Hamburg, die von der Börsen AG gemeinsam mit der Börse Hannover betrieben wird. Weitere Regionalbörsen finden sich in Berlin, Düsseldorf, München. Die Tradegate Exchange in Berlin und die European Energy Exchange in Leipzig sind zwar auch (spezialisierte) Wertpapierbörsen, sie werden aber nicht als Regionalbörsen bezeichnet.

▶ **Parketthandel ist bald Vergangenheit**
Auch wenn Börsensendungen im Fernsehen gerne aus den Börsensälen übertragen werden, wo früher die Händler und Börsenmakler auf dem „Börsenparkett" untereinander schreiend und wild gestikulierend gehandelt haben, sind die meisten Börsen der Welt heute keine sogenannten Präsenz- oder Parkettbörsen mehr, sondern moderne Computerbörsen. Computerprogramme übernehmen die Berechnung der Preise der Wertpapiere und wickeln den Handel ab.

66 Wertpapiere, die in Papierform den Besitzer wechseln, gibt es kaum noch.

Ein solches System ist zum Beispiel das elektronische Xetra-System der Deutschen Börse AG, über das über 90 Prozent des gesamten Aktienhandels an deutschen Börsen abgewickelt

werden. Den „klassischen" Parketthandel, bei dem sich die Händler Preise zuriefen, hat die Deutsche Börse in Frankfurt am Main vor einigen Jahren eingestellt. Aktien, Anleihen, Fonds und andere Anlagen werden dort aber weiter im Parketthandel über Spezialisten gehandelt. Daneben gibt es in Deutschland weitere Parketthandelsplätze an den Regionalbörsen.

Weder im Computer- noch im Präsenzhandel werden heute an einer Wertpapierbörse physische Waren ausgetauscht. Wertpapiere in Papierform, die den Besitzer wechseln, gibt es kaum noch. Die Papiere werden vielmehr virtuell ausgetauscht, indem sie aus dem Depot des Verkäufers aus- und in das des Käufers eingebucht werden. Der Kaufpreis wird vom Käuferkonto abgebucht und dem Verkäuferkonto gutgeschrieben.

Angebot und Nachfrage bestimmen den Preis

Der Kaufpreis an der Börse wird nach dem Prinzip von Angebot und Nachfrage ermittelt. Je höher die Nachfrage nach einem Wertpapier ist, umso höher steigt sein Preis. Angebot und Nachfrage können sich mitunter im Sekundentakt ändern. Aufgabe der Börsenmakler und elektronischen Handelssysteme ist es, aus den verschiedenen Preisvorstellungen den Preis zu ermitteln, zu dem ein größtmöglicher Umsatz zustande kommt, also die größtmögliche Anzahl an Kauf- und Verkaufsaufträgen erfüllt werden kann. Den Preis, zu dem ein Wertpapier an der Börse gehandelt wird, nennt man auch „Kurs" oder „Börsenkurs".

Tages-Chart am Beispiel einer BMW-Aktie über 5 Jahre

Ein Kurs-Chart zeigt grafisch die Preisveränderung eines Wertpapiers
(hier: BMW-Aktie) über einen bestimmten Zeitraum.

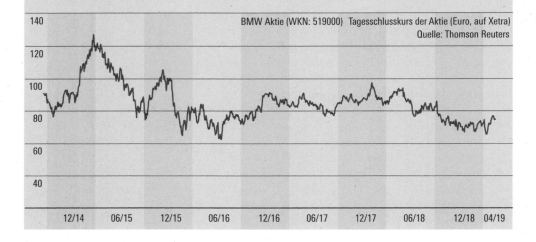

Trägt man in einem Koordinatensystem auf der y-Achse den Preis des Wertpapiers und auf der x-Achse den Zeitverlauf ein, erhält man den Kurs-Chart eines Wertpapiers. Aus diesem kann man erkennen, wie sich sein Preis in einem bestimmten Zeitablauf verändert hat.

Indizes schaffen Vergleichbarkeit

Weltweit gibt es Millionen von Wertpapieren. Wollen Anleger einen allgemeinen Marktüberblick über unterschiedliche Wertpapierbereiche und die Stimmung an den Märkten erhalten, können ihnen Indizes dabei helfen. Diese zeigen die Entwicklung einer bestimmten Anzahl von Wertpapieren über einen bestimmten Zeitraum an und können Indikator für einen Gesamt- oder Teilmarkt, eine Branche oder Region sein.

Die Grundidee eines Index ist einfach: Eine bestimmte Anzahl von Aktien oder Anleihen wird zu einem Korb zusammengefasst, die Einzelkurse werden addiert und durch die Anzahl der enthaltenen Wertpapiere geteilt. Man erhält dann einen Durchschnittskurs des Wertpapierkorbes. Dieser Kurs wird als Indexstand bezeichnet. Er ändert sich entsprechend den Kursänderungen der enthaltenen Einzelwerte ständig.

Damit ein Index ein einigermaßen realistisches Bild der Markttendenz geben kann, muss er auch die unterschiedliche Bedeutung der einzelnen Indexmitglieder widerspiegeln. Die Unternehmen an der Börse haben ein unterschiedlich großes Gewicht. In einem Aktienindex, der sowohl milliardenschwere Großkonzerne als auch kleine Unternehmen enthält, werden daher die Anteile der einzelnen Unternehmen am Index unterschiedlich gewichtet. Kriterien sind bei Aktien unter anderem der Börsenwert des Unternehmens oder die Zahl der durchschnittlich pro Tag gehandelten Anteile. Bei Anleihen-Indizes ist häufig die Höhe des Emissionsvolumens ein Ordnungsmerkmal.

Indizes lassen sich fast für jede Anlageklasse bilden. Neben Wertpapierindizes auf Aktien und Anleihen gibt es Indizes bei Immobilien und Rohstoffen. Innerhalb der einzelnen Klassen lassen sich nahezu beliebige Unterklassen bilden.

Aktienindizes werden beispielsweise nach folgenden Kriterien gebildet:

- **Regionen:** wie Afrika, Asien, Emerging Markets, Europa, Eurozone, Latein-, Nordamerika, Welt
- **Länder:** wie Brasilien, China, Deutschland, Griechenland, Japan, Russland, USA
- **Sektoren:** wie Autos, Banken, Chemie, Gesundheit, Industrie, Technologie, Versorger
- **Strategien:** wie Dividenden, Nachhaltigkeit

Anleihen-Indizes gibt es unter anderem für
- Geldmarktpapiere
- Pfandbriefe
- Staatsanleihen
- Unternehmensanleihen

Rohstoffindizes fassen einzelne Rohstoffsegmente wie Agrargüter, Energierohstoffe, Industrie- und Edelmetalle zusammen.

Wie Fonds funktionieren

Wer sich nicht dauerhaft mit Minirenditen abgeben will, sollte sich auch mit Investmentfonds beschäftigen. Fonds bieten Anlegern die Möglichkeit, sich mit wenig Aufwand und kleinen Anlagebeträgen ein breit gestreutes Portfolio aufzubauen.

Breite Anlagestreuung – geringeres Risiko

Investmentfonds bündeln das Kapital vieler Anleger und verteilen es für diese auf viele verschiedene Anlagen.

Viele Anleger können oder wollen sich nicht ständig darum kümmern, die besten Anlagemöglichkeiten an den internationalen Aktien-, Anleihen- oder Immobilienmärkten zu suchen. So mancher möchte auch gern von der Entwicklung an den Kapitalmärkten profitieren, ihm fehlt jedoch das Kapital, das nötig wäre, um mit professionellen Vermögensverwaltern und Banken mithalten zu können. Kleinanleger, die zum Beispiel gerade erst ins Berufsleben gestartet sind oder noch ein Eigenheim abbezahlen, suchen nach einer Möglichkeit, mit kleinen Summen regelmäßig rentabel für die Altersvorsorge zu sparen. Für alle diese Anlegergruppen sind Investmentfonds, kurz: Fonds, ideal. Sie bieten die Möglichkeit, sich ohne großen finanziellen und zeitlichen Aufwand an den Börsen zu engagieren.

Professionelles Investieren leicht gemacht

Das Prinzip eines Investmentfonds ist einfach: Eine Fondsgesellschaft (auch Kapitalverwaltungsgesellschaft genannt) legt einen Fonds mit einem bestimmten Anlageschwerpunkt auf. Die Anleger können Anteile am Fonds kaufen, indem sie einmalig einen größeren Betrag investieren oder über einen Sparplan re-

gelmäßig Geld einzahlen. So bündelt die Fondsgesellschaft das Kapital vieler Anleger im Fonds, und es entsteht ein großes Fondsvermögen. Um die professionelle Verwaltung und Anlage des gesammelten Geldes kümmert sich ein Profi, der Fondsmanager. Er kann je nach Schwerpunkt des Fonds Aktien, Anleihen, Immobilien, Rohstoffe oder andere Fonds damit kaufen. Beispielsweise wird der Fondsmanager eines Aktienfonds mit Schwerpunkt Deutschland in deutsche Aktien investieren; liegt der Anlageschwerpunkt des Fonds auf europäischen Anleihen, wird er hingegen am Markt für europäische Anleihen nach lukrativen Papieren suchen.

Die Fondsgesellschaft kann im Gegensatz zu einzelnen Anlegern an den Finanzmärkten als Großanleger auftreten und zum Beispiel kostengünstiger und wirtschaftlicher investieren, als es für einen Anleger allein möglich wäre. Das Fondsmanagement hat überdies häufig Wissens- und Informationsvorsprünge gegenüber Privatanlegern. So besuchen zum Beispiel viele Fondsmanager die Unternehmen, in die sie investieren wollen, und sprechen mit der Geschäftsführung über die Zukunftsaussichten. Außerdem können Fondsmanager auf einen großen Stab an Analysten und Experten

Fonds, die allen Anlegern offenstehen und deren Anteile nicht beschränkt sind, werden als Publikumsfonds bezeichnet. Hingegen sind sogenannte Spezialfonds nicht für die breite Öffentlichkeit, sondern vor allem für institutionelle Anleger wie Versicherungen und Pensionskassen konzipiert. Spezialfonds sind weniger reguliert als Publikumsfonds, da sie sich nur an einen ausgewählten Anlegerkreis wenden.

in den Anlageregionen zurückgreifen. Da sie sich täglich mit dem Marktgeschehen auseinandersetzen, können sie schneller als ein einzelner Anleger Veränderungen erkennen und entsprechend reagieren.

Die Fondsgesellschaft unterliegt den Vorgaben des Kapitalanlagegesetzbuches (KAGB). Dieses schreibt unter anderem vor, dass Fonds den Grundsatz der Risikostreuung einhalten müssen. Danach dürfen Aktienfonds grundsätzlich nur maximal 5 Prozent des Fondsvermögens in ein einzelnes Wertpapier investieren. Wenn die Vertragsbedingungen des Fonds dies vorsehen, dürfen bis zu 10 Prozent in ein einzelnes Wertpapier investiert werden, und zwar bis zu einer Obergrenze von 40 Prozent. Der Fonds muss also mindestens 16 verschiedene Werte halten (4 x 10 plus 12 x 5). Bei Offenen Immobilienfonds ist es in der Anlaufzeit ausreichend, wenn sie über nur drei Objekte verfügen, danach müssen sie aber mehr Objekte erwerben, um dem Grundsatz der Risikomischung gerecht zu werden. Dabei darf der Preis einer neuerworbenen Immobilie 15 Prozent des Fondsvermögens nicht übersteigen.

Ein großer Vorteil von Investmentfonds ist daher, dass Anleger sich mit kleinen Anlagebeträgen beteiligen und dennoch eine breite Streuung (Diversifikation) in unterschiedliche Wertpapiere und Finanzmärkte erreichen können. Am Beispiel eines Aktienfonds lässt sich das leicht verdeutlichen: So müsste in ein Depot aus Einzelaktien deutlich mehr Kapital fließen als in einen entsprechenden Aktienfonds, um eine ausreichende Streuung zu gewährleisten. Beim Fonds ist das Verlustrisiko gemessen am Gesamtvermögen erheblich niedriger als bei einem Depot, das nur aus wenigen Einzelaktien besteht. Wenn sich im Fonds einige Werte schlecht entwickeln, gibt es noch viele andere, die dies ausgleichen können. In einem Einzeldepot mit wenigen Aktien wirken sich schlecht laufende Werte hingegen prozentual deutlich stärker aus.

Der Anteilspreis eines Fonds kann dennoch stark schwanken. Das Marktrisiko bleibt: Wenn die Kurse der Märkte fallen, in denen ein Fonds laut seinen Anlagegrundsätzen investiert ist, wird auch der Wert des Fonds fallen. Anleger haben als Fondsinhaber aber nicht wie der Direktanleger das Risiko, womöglich genau die „falschen" Titel gekauft zu haben, die sich unabhängig vom Markt schlecht entwickeln.

Oft können sich Anleger schon ab einem Betrag von 250 Euro an einem Fonds beteiligen. Spätere weitere Einzahlungen in gleicher Höhe oder mit einem größeren Betrag sind grundsätzlich jederzeit möglich. Für Anleger mit kleinerem Geldbeutel bieten viele Fondsgesellschaften sparplanfähige Fonds an. Dann können Anleger mit regelmäßigen Beiträgen ab oft schon 25 Euro im Monat in den Fonds sparen, um zum Beispiel langfristig für den Ruhestand vorzusorgen.

Die Fondsgesellschaften informieren in Halbjahres- und Jahresberichten ausführlich über ihre Transaktionen. Auf ihren Homepages veröffentlichen viele Informationen über die aktuelle Aufteilung des Fondsvermögens nach Ländern, Regionen, Branchen und Anlageklassen sowie die größten Einzelpositionen. In den sogenannten Wesentlichen Anlegerinformationen werden die wichtigsten Informationen zum jeweiligen Fonds für Anleger auf zwei DIN-A4-Seiten zusammengefasst.

Die bunte Welt der Fonds

Anleger haben die Wahl zwischen vielen verschiedenen Fondsarten. Die wichtigsten sind Aktien- und Rentenfonds. Dazu kommen offene Immobilienfonds, Mischfonds und zahlreiche weitere:

▶ **Aktienfonds**

Diese investieren das Geld der Anleger in Aktien, also Anteilen an börsennotierten Unternehmen. Je nach Land oder Region, auf die sich die Fondsmanager bei der Auswahl der Aktien konzentrieren, unterscheidet man weltweit

anlegende, Regionenfonds oder Länderfonds. Aktienfonds Welt, auch weltweit oder international anlegende Fonds genannt, investieren das Geld der Anleger in Aktien von Unternehmen rund um den Globus. Regionenfonds beschränken die Auswahl auf bestimmte Regionen. So investieren Aktienfonds Europa nur in europäischen Ländern, Aktienfonds Asien kaufen nur Aktien aus Asien. Länderfonds wiederum suchen nur in bestimmten Ländern nach aussichtsreichen Aktien (zum Beispiel Deutschland, USA oder China).

Andere Fonds konzentrieren sich auf bestimmte Branchen oder Anlagethemen. Branchenfonds sind Aktienfonds, die ausschließlich in Unternehmen einer bestimmten Bran-

> 66 **Breit gestreut welt- oder europaweit anlegende Aktienfonds rechnet man meist zu den Basisanlagen. Fonds mit speziellen Themen eignen sich eher als Beimischung.**

che (beispielsweise Pharma-, Solar- oder Biotechnologieaktien) investieren. Sie werden häufig auf den Markt gebracht, wenn gerade eine bestimmte Branche boomt. Themenfonds setzen auf eine einzige Anlageidee, etwa auf Informationstechnologie oder Neue Energien.

Breit gestreut welt- oder europaweit anlegende Aktienfonds rechnet man meist zu den sogenannten Basisanlagen bei der Fondsanlage. Fonds mit speziellen Themen und daher auch höheren Risiken eignen sich grundsätzlich eher als Beimischung. Sie sollten nur einen kleinen Anteil am gesamten Fondsvermögen eines Anlegers ausmachen.

▶ Rentenfonds (Anleihefonds)

Das sind Fonds, bei denen die Fondsmanager das Anlegergeld in festverzinsliche Wertpapiere wie Staats- und Unternehmensanleihen oder Pfandbriefe investieren. Im Vordergrund stehen dabei Zinserträge. Auch bei Rentenfonds kann man verschiedene Anlageschwerpunkte unterscheiden. So gibt es unter anderem weltweit oder europaweit anlegende Rentenfonds. Ein weiteres Unterscheidungskriterium ist, auf welche Herausgeber (Emittenten) sich der Fonds spezialisiert. So können Staaten oder Unternehmen Herausgeber von Anleihen sein. Weitere Unterscheidungskriterien sind die Währung der Anleihen (zum Beispiel Euro oder Dollar) und die Laufzeiten der Papiere.

▶ Offene Immobilienfonds

Diese investieren das Anlegerkapital in Wohn- und Gewerbeimmobilien. Sie kaufen beispielsweise Einkaufszentren, Hotels und Bürogebäude. Ihre Erträge erwirtschaften sie vor allem mit Mieteinnahmen und Gewinnen aus dem Wiederverkauf der Immobilien.

▶ Mischfonds

Bei Mischfonds gibt es viele Anlagestrategien und -konzepte. In klassischen Mischfonds wird das Geld der Anleger in einem vorgegebenen Rahmen in Aktien und Anleihen angelegt. Das Fondsmanagement hat einen gewissen Spielraum, wie es Aktien- und Anleihenanteil – je nach Marktsituation – gewichtet. Je höher der mögliche Aktienanteil, desto größer sind die Ertragschancen und Risiken des Fonds. Man kann Mischfonds nach ihrem Aktienanteil grob einteilen in offensive Mischfonds mit der höchsten Aktienquote, defensive mit dem geringsten Aktienanteil und ausgewogene Mischfonds, die sich zwischen den beiden Kategorien bewegen.

Weitere Einzelheiten zu den verschiedenen Fondsarten erfahren Sie im Abschnitt „Wie Fonds ihr Geld anlegen" ab S.101.

Aktives und passives Management (ETF)

Nur wenige Fondsmanager erzielen bessere Ergebnisse als ihr Vergleichsindex. Die Entwicklung von Indexfonds (ETF) war daher eine logische Konsequenz.

Bei den bereits beschriebenen Fonds verfolgt ein Fondsmanager eine eigene Strategie und setzt sein Können ein, um die Gelder im Fonds möglichst lukrativ anzulegen. Seinen Anlageentscheidungen liegen Expertenanalysen, Bilanzkennzahlen und Gespräche mit vielen Unternehmensführern zugrunde. Man spricht davon, dass der Fonds aufgrund dieser Aktivitäten aktiv gemanagt wird.

Indizes bestimmen die Titelauswahl

Daneben gibt es sogenannte Indexfonds. Im Gegensatz zu den aktiv gemanagten Fonds orientiert sich die Zusammensetzung der Indexfonds allein an einem zugrundeliegenden ↗ Index. Ein Dax-Indexfonds bildet den Dax nach, ein Fonds auf den S & P 500 eben diesen Index. Dazu kann der Indexfonds die Originalwerte kaufen oder die Wertentwicklung des Index künstlich nachbilden. Da kein Fondsmanager erforderlich ist, um aufwendige Anlageentscheidungen zu treffen, spricht man auch von passiv gemanagten Fonds.

Mehr zu Indizes siehe „Indizes schaffen Vergleichbarkeit", S. 50 sowie „Verschiedene Indizes und Anbieter", S. 82.

Inzwischen hat sich aber der Begriff „ETF" für Indexfonds weitgehend durchgesetzt. ETF ist kurz für Exchange Traded Fund. Das heißt so viel wie „börsengehandelter Fonds". Denn die meisten Indexfonds werden an der Börse gehandelt. Auch wenn genau genommen nicht alle Indexfonds an der Börse gehandelt werden und nicht alle ETF Indexfonds sind, gebrauchen die meisten Experten die Begriffe synonym. ETF gibt es noch gar nicht lange. Sie haben sich in kurzer Zeit am Markt etabliert.

Eine kurze Geschichte der Fonds

Der wohl erste Investmentfonds nach heutigem Verständnis wurde im Jahr 1774 in den Niederlanden ins Leben gerufen. Er trug den Namen „Eintracht macht stark". Es wurden 2000 Fondsanteile ausgegeben und in Anlagerichtlinien genau definiert, in welche Anlagen und in welchen Regionen der Fonds investieren durfte. Im Jahr 1868 wurde in London die erste Investmentgesellschaft gegründet. Diese formulierte ihr Ziel für ihre Investmentfonds so: „Ziel der Gesellschaft ist es, dem kleinen Sparer denselben Vorteil zu verschaffen wie dem Reichen, indem das Risiko durch Streuung der Kapitalanlage vermindert wird." Der

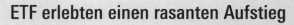

ETF erlebten einen rasanten Aufstieg

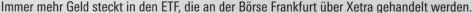

Immer mehr Geld steckt in den ETF, die an der Börse Frankfurt über Xetra gehandelt werden.

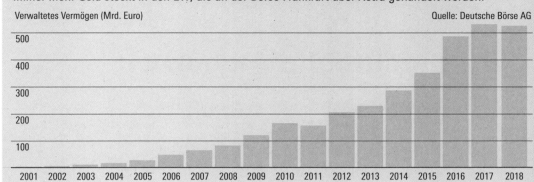

Verwaltetes Vermögen (Mrd. Euro)   Quelle: Deutsche Börse AG

500
400
300
200
100

2001 2002 2003 2004 2005 2006 2007 2008 2009 2010 2011 2012 2013 2014 2015 2016 2017 2018

erste gemanagte Aktienfonds in den USA wurde 1924 aufgelegt. In den fünfziger Jahren des letzten Jahrhunderts gründete in Deutschland jede deutsche Großbank und Bankengruppe eine eigene Fondsgesellschaft. Der erste Aktienfonds in Deutschland war der „Fondak" Fonds, den es noch heute gibt.

Die Idee für einen einfachen „Indexfonds" kam aus der Wissenschaft. Ende der 1960er Jahre hatten die Akademiker Markowitz, Tobin und Sharpe theoretisch die Überlegenheit eines „Marktportfolios" hergeleitet. Der erste Indexfonds für institutionelle Anleger wurde dann 1971 in den USA aufgelegt. Dieser Samsonite Pension Fund bildete die Wertentwicklung von 1500 an der New Yorker Börse notierten Aktien nach, wobei die Aktien noch gleich gewichtet wurden. 1976 folgte dann der erste indexbasierte Fonds für Privatanleger. Er wurde von der Investmentgesellschaft Vanguard aufgelegt und bildete einen Index der 500 größten börsennotierten US-Unternehmen ab. Er wurde erst nach einer längeren Durststrecke und anfänglicher Skepsis seitens der Anleger zu einem Publikumsrenner und ist mittlerweile auf über 280 Milliarden Dollar angewachsen. Im Jahr 1993 wurde der erste kommerziell erfolgreiche börsengehandelte Fonds (ETF) an der American Stock Exchange gelistet. Im April 2000 war es dann auch in Europa so weit, und es wurden die ersten ETF eingeführt. Mittlerweile sind allein in Deutschland über 1400 ETF gelistet.

Das von ETF verwaltete Vermögen ist in den letzten Jahren ebenfalls rasant gestiegen. Während 2003 noch Werte von wenigen Hundert Milliarden Dollar in ETF verwaltet wurden, sind es inzwischen bereits rund 4,7 Billionen Dollar weltweit und zirka 700 Milliarden Euro in Europa. Wie sich das in ETF verwaltete Vermögen entwickelt hat, das an der Börse Frankfurt gehandelt wird, zeigt die ↗ Grafik „ETF erlebten einen rasanten Aufstieg".

Nach Schätzungen des Deutschen Fondsverbandes BVI werden in Deutschland per 28. Februar 2018 über 1 Billion Euro in Publikumsfonds verwaltet; hinzu kommen rund 1,6 Billionen Euro in Spezialfonds.

Die rechtliche Sicherheit

Strenge gesetzliche Vorgaben und Sicherheitsmechanismen sorgen dafür, dass das Geld der Anleger im Fonds ordnungsgemäß verwaltet wird und bei einer Pleite der Fondsgesellschaft nicht verloren ist.

Investmentfonds sind „offene Fonds". Bei ihnen ist die Zahl der Anleger, die sich am Fonds beteiligen können, nicht begrenzt. Es gibt auch keine Grenzen für das Fondsvolumen, es kann nur wenige Millionen oder sogar viele Milliarden Euro betragen. Auch die Laufzeit der Fonds ist in der Regel offen. Sowohl aktiv gemanagte Fonds als auch ETF zählen zu den offenen Fonds.

Anders ist dies bei geschlossenen Fonds: Wenn eine bestimmte festgelegte Gesamtanlagesumme erreicht ist, wird der Fonds geschlossen. Geschlossene Fonds sind in der Regel unternehmerische Beteiligungen, bei denen ein Verkauf während der oft sehr langen Laufzeit kaum möglich ist. Wenn von „Aktien- oder Rentenfonds" die Rede ist, sind üblicherweise die offenen Investmentfonds gemeint.

Vorsicht vor geschlossenen Fonds

Anders als offene Investmentfonds werden geschlossene Fonds nicht an der Börse gehandelt. Bei ihnen wird der Anleger Mitunternehmer (in der Regel Kommanditist) mit allen Chancen und Risiken. Investitionsgüter für geschlossene Fonds können neben Immobilien unter anderem Schiffe (Schiffsfonds), Windkraftanlagen, Zweitmarkt-Kapitallebensversicherungen (US-, britische oder deutsche Lebensversicherungen), Venture-Capital/Private-Equity oder Filme (Medienfonds) sein. Während der Beteiligungsdauer von in der Regel sieben und mehr Jahren ist ein Verkauf der Beteiligung häufig kaum möglich. Solche Fonds weisen meist ein extrem hohes Risiko auf und sind für Kleinanleger nicht geeignet.

Das Kapitalanlagegesetzbuch

Am 22. Juli 2013 löste das Kapitalanlagegesetzbuch (KAGB) das Investmentgesetz in Deutschland ab. Seither ist es die rechtliche Grundlage für Verwalter offener und geschlossener Fonds.

Das KAGB hat das Ziel, für den Schutz der Anleger einen einheitlichen Standard zu schaffen und den grauen Kapitalmarkt (vor allem bei geschlossenen Fonds) einzudämmen. Das KAGB brachte auch einige Begriffsänderungen mit sich. So wurden aus den bisher Kapitalanlagegesellschaft (KAG) genannten Fondsgesellschaften durch das neue Gesetz Kapitalverwaltungsgesellschaften (KVG). Die

> **ETF, die die Richtlinien der Europäischen Union** zur Anlage in Wertpapieren einhalten, führen die Bezeichnung „Ucits ETF" im Namen. Diese ETF unterliegen denselben strengen Rahmenbedingungen bezüglich Anlegerschutz, Transparenz und Informationspflichten wie klassische Investmentfonds und sind so klar abgegrenzt zu anderen börsengehandelten Anlagen, die nicht den gleichen strengen Regeln unterliegen.

Depotbank wird im KAGB jetzt Verwahrstelle genannt. Die alten Begrifflichkeiten sind unter Fachleuten aber immer noch gebräuchlich.

Bei Insolvenz geschützt

Je nach Höhe ihrer Einlage erhalten Anleger Anteile an dem jeweiligen Fonds beziehungsweise ETF. Sie werden Miteigentümer am Fondsvermögen und haben entsprechend Anspruch auf eine Beteiligung am Gewinn des Fonds, der aus Dividenden, Zinsen oder Kursgewinnen stammen kann.

Das Fondsvermögen steigt durch neue Einlagen von Anlegern und erwirtschaftete Gewinne oder fällt durch die Rückerstattung von Anteilen der Anleger oder erlittene Verluste.

❝ Das Fondsvermögen ist vor einer Insolvenz der Fondsgesellschaft oder einer Veruntreuung durch den Fondsmanager geschützt.

Der Gesamtbetrag dieses Vermögens ist rechtlich sogenanntes Sondervermögen. Dies bedeutet, dass die Anlegergelder im Fonds getrennt vom Vermögen der Fondsgesellschaft bei einer unabhängigen Depotbank (Verwahrstelle) verwahrt werden und weder die Fondsgesellschaft noch der Fondsmanager darauf zugreifen kann. Deshalb ist es vor einer Insolvenz der Fondsgesellschaft oder einer Veruntreuung durch den Fondsmanager geschützt. Der Investmentfonds haftet auch nicht für Schulden der Fondsgesellschaft.

Die Depotbank gibt Anteilsscheine am gesamten Fondsvermögen an die Anleger aus. Dabei wird bis auf drei Nachkommastellen genau berechnet, mit welchem Anteil der jeweilige Anleger Miteigentümer am Fondsvermögen ist. Mit der Depotbank haben Sie als Anleger übrigens keinen direkten Kontakt. Sie kaufen die Anteilsscheine zum Beispiel über eine Bank und verwahren sie in Ihrem Wertpapierdepot bei einer beliebigen Bank. Hier ist also zu unterscheiden zwischen der Depotbank als dem Kreditinstitut, bei dem das Sondervermögen von Investmentfonds hinterlegt und verwaltet wird, und dem Depot des Anlegers bei einer Bank, in dem seine persönlichen Wertpapiere geführt werden.

Ausstieg jederzeit möglich

Die Fondsgesellschaft ist verpflichtet, die Fondsanteile eines Anlegers jederzeit zum dann gültigen Rücknahmepreis zurückzunehmen. Eine Ausnahme sind offene Immobilienfonds. Bei ihnen gibt es zur Steuerung der flüssigen Mittel im Fonds besondere Kündigungsfristen, und die ⬆ Rückgabe von Anteilen ist ab einer bestimmten Höhe aussetzbar.

Mehr zur Rückgabe von Immobilienfonds siehe „Eingeschränkte Rückgabe", S. 123.

66 Der Preis eines Anteils an einem Investmentfonds wird nicht wie bei Aktien oder Anleihen durch Angebot und Nachfrage bestimmt.

Es ist Aufgabe der Verwahrstelle, neue Anteilsscheine auszugeben und sie von Anlegern, die verkaufen, zurückzunehmen. Dazu ermittelt sie börsentäglich den Nettoinventarwert. Der Preis eines Anteils an einem Investmentfonds wird nicht wie bei Aktien oder Anleihen durch Angebot und Nachfrage bestimmt. Der Wert ergibt sich vielmehr, indem das Fondsvermögen durch die Anzahl der Anteilsscheine dividiert wird. Steigt der Wert der vom

Fonds gehaltenen Anlagen, erhöht sich das Fondsvermögen und somit der jeweilige Anteilspreis.

So wird der Wert eines Fondsanteils berechnet

Tageswert sämtlicher Vermögenswerte des Fonds[1]
+ Summe der liquiden Mittel
− Verbindlichkeiten des Fonds[2]
= **Nettoinventarwert des Fonds**
/ Anzahl der ausgegebenen Anteilsscheine
= **Rücknahmepreis pro Fondsanteil**

1 Bewertung der Wertpapiere zum aktuellen Tageskurs, Immobilien zum Ertragswert. **2** Zum Beispiel Managementkosten, Depotbankgebühr, An- und Verkaufsspesen

Da sich die Kurse der Wertpapiere im Fonds im Laufe eines Tages ständig ändern, wird der Rücknahmepreis meist nur einmal pro Tag festgestellt. Dabei wird eine bestimmte Stichzeit zugrunde gelegt – beispielsweise 13 Uhr. Dieser Preis gilt dann für alle Aufträge, die bis zu einem bestimmten Zeitpunkt (zum Beispiel bis 10 Uhr) bei der Fondsgesellschaft eingehen. Orders, die später eingehen, werden zum Anteilspreis des nächsten Tages abgerechnet.

Handel über die Börse

Neben der Möglichkeit, Fondsanteile über Ihre Bank an die Fondsgesellschaft zurückzugeben, gibt es mittlerweile für viele Fonds einen regen Börsenhandel, der ebenfalls über die Bank läuft. Fondsinhaber können somit auch außerhalb der Stichzeiten der Fondsgesellschaften zu den Börsenhandelszeiten ihre Anteile an Dritte verkaufen. An den Börsen bestimmt sich der Preis nach Angebot und Nachfrage. Bei ETF wird aber der Verkauf in der Regel eingestellt, wenn der Preis der ETF an der Börse zu sehr vom Wert der darin enthaltenen Aktien abweicht. Der Vorteil der Rückgabe an die Fondsgesellschaft ist, dass dies grundsätzlich kostenlos ist, während Anleger beim Verkauf über die Börse die normalen Transaktionskosten bezahlen müssen. Anleger können den Fonds auch dann an die Fondsgesellschaft zurückgeben, wenn sie ihn über die Börse gekauft haben. Andererseits rechnen Fondsgesellschaften nur einmal täglich ab. Für Anleger, die schnell einen Fonds kaufen oder verkaufen wollen, kann sich daher die Abwicklung über die Börse anbieten.

ETF werden grundsätzlich über die Börse gehandelt.

Die Verwahrstelle (Depotbank)

Die Verwahrstelle ist ein rechtlich und personell von der Fondsgesellschaft unabhängiges Kreditinstitut, bei dem das Sondervermögen eines Fonds hinterlegt wird. Daneben wacht die Verwahrstelle darüber, dass die Fonds die gesetzlichen Anlagegrenzen einhalten. Es dürfen bei aktiv gemanagten Fonds in keinem Fall mehr als 10 Prozent des Fondsvermögens in Wertpapiere nur eines Unternehmens investiert werden. Außerdem sorgt die Verwahrstelle dafür, dass sämtliche Zahlungen von Anlegern geleistet werden. Sie überwacht die Er-

Gut zu wissen

Auch offene Investmentfonds geben in bestimmten Ausnahmefällen keine Anteile mehr aus. Hintergrund dafür ist meist, dass das Fondsmanagement die ihm zufließenden Anlegergelder nicht mehr sinnvoll investieren kann, die Nachfrage nach Fondsanteilen also die Investitionsmöglichkeiten übersteigt. Vor allem Fonds, die in kleineren Nischen investieren, wie zum Beispiel in kleine Schwellenländer oder Nebenwerte, sind davon betroffen, wenn sie zu erfolgreich sind und deshalb zu viele Anlegergelder anziehen. An der Börse können solche Fonds weiterhin gehandelt werden, vorausgesetzt, es gibt Anleger, die ihre Anteile verkaufen wollen. In einigen Fällen wurden offene Fonds aber auch schon geschlossen, weil sie keine liquiden Mittel mehr hatten, um Anleger auszuzahlen. Dann nahmen sie keine Anteile mehr zurück. Das war in der Finanzkrise bei offenen Immobilienfonds der Fall.

mittlung der Anteilswerte durch die Fondsgesellschaft und prüft, ob die im Namen des Fonds durchgeführten Geschäfte zu marktüblichen Kursen erfolgt sind. Die Verwahrstelle übernimmt auch die Umbuchung von Wertpapieren bei der Abwicklung von Wertpapier-

So funktionieren Fonds

Anleger

Zahlt Geld einmalig oder als Sparplan ratenweise.

Erhält Bescheinigung für Anteil am Fondsvermögen.

Hat Anspruch auf Erträge und Rückgabe seiner Anteile zu jeder Zeit.

Fonds-vermögen

Depotbank (Verwahrstelle)

Verwaltet und überwacht das Fondsvermögen.

Weist Anlegern ihre Anteile zu.

Berechnet Ausgabe- und Rücknahmepreis der Anteile.

Kapitalverwaltungsgesellschaft

Fondsmanager investiert das Fondsvermögen, indem er Vermögenswerte wie Aktien, Anleihen und Immobilien kauft und verkauft.

käufen und -verkäufen in die entsprechenden Depots.

Aufsicht über die Fondsgesellschaften

Viele Fonds, die in Deutschland vertrieben werden, wurden zum Beispiel in Luxemburg oder Irland aufgelegt. Europäische Richtlinien regeln, was ein Fonds erfüllen muss, um europaweit angeboten werden zu können. Die Finanzaufsicht des Landes, aus dem der Fonds stammt, ist dann für die Aufsicht zuständig.

Die Europäischen Richtlinien für Fonds werden OGAW-Richtlinien genannt (Organismen für gemeinsame Anlagen in Wertpapieren, englisch UCITS), und sie regeln recht detailliert, in welche Vermögensgegenstände Fonds anlegen dürfen, wie sehr sie ihr Vermögen streuen müssen und welche Anforderungen es an den Geschäftsprozess, die Geschäftsführer und an die Verwahrstellen gibt.

Die Risiken von Fonds

Investmentfonds sind trotz Anlagestreuung und rechtlicher Vorgaben nicht ohne Risiken. Die wichtigsten sollten Sie kennen.

Auch wenn Sie bei der Anlage in Fonds das Risiko gegenüber der Investition in Einzelaktien breiter streuen, sind Fonds natürlich nicht risikolos. Da ist zum einen das allgemeine Marktrisiko, dem sich auch Fonds nicht entziehen können: ETF zeichnen schon per Definition den Index und damit die allgemeine Kursentwicklung an den Aktien-, Renten-, Immobilien- oder Rohstoffmärkten nach. Aber auch die besten aktiv gemanagten Fonds können sich einer schlechten Marktentwicklung nie komplett entziehen. Daneben gibt es weitere Risiken, die Sie kennen sollten, um gegebenenfalls darauf reagieren zu können.

66 Je spezieller das Anlageuniversum des Fonds, desto höher das Risiko.

Risiken bei speziellen Fonds

Bei Fonds, die auf spezielle Anlagebereiche beschränkt sind, können zum allgemeinen Marktrisiko noch länder-, branchen- oder technologiespezifische Risiken kommen. Hier gilt als Faustregel: Je spezieller das Anlageuniversum des Fonds, desto höher das Risiko. Denn wenn die Branche, die Technologie oder das Land, in die der Fonds investieren darf, nicht mehr so gefragt sind, wird es für den Fondsmanager immer schwerer, noch lukrative Anlagen zu finden. Beispielsweise haben sich viele Internet- oder Hightechfonds, die vor dem Platzen der „Neue-Markt-Blase" aufgelegt wurden, nicht mehr von den Verlusten erholt.

Managementrisiko bei aktiv gemanagten Fonds

Auf der einen Seite ist es ein Vorteil von Fonds, dass Anleger die Entscheidung über konkrete Anlagen dem Fondsmanagement überlassen können. Dieser Vorteil kann aber auch ein Risiko sein, wenn der Fondsmanager bei seiner Titelauswahl sowie dem Timing des Ein- und Ausstiegs in Anlagen kein glückliches Händchen hat oder sich schlimmstenfalls als unfähig erweist. Halten Fondsmanager stur an ihrer Strategie fest, obwohl diese sich als falsch erwiesen hat, kann dies zu größeren Verlusten des Fonds führen. Aber auch häufige Strategiewechsel können die Performance nachhaltig beeinträchtigen, wenn die ursprünglichen Strategien nicht genug Zeit hatten, sich zu entwickeln. Auch ein personeller Wechsel im Fondsmanagement kann ein Risiko für Anleger bedeuten, wenn beispielsweise ein langjährig erfolgreicher Fondsmanager durch einen jungen, unerfahrenen Kollegen ersetzt wird.

66 Sie sollten regelmäßig, beispielsweise jährlich, kontrollieren, ob Ihr Fonds noch „in der Spur" ist.

Sie sollten daher regelmäßig, beispielsweise jährlich, kontrollieren, ob Ihr Fonds noch „in der Spur" ist. Stellen Sie fest, dass die Performance nachlässt, prüfen Sie, worauf das zurückzuführen ist. Auf einen schwachen Markt? Einen Managerwechsel? Auf falsche Entscheidungen des Managements? Überlegen Sie dann, ob Sie dem Fonds mittel- bis längerfristig dennoch weiterhin zutrauen, gute Ergebnisse im Vergleich zu Konkurrenzprodukten mit der gleichen Ausrichtung zu erzielen. Wenn nicht, sollten Sie über einen Fondswechsel nachdenken.

Währungsrisiken

Investiert ein Fonds auch in Wertpapiere, die nicht auf die Währung Euro lauten, sind die Fondsinhaber ebenso wie Direktanleger einem Wechselkursrisiko zum Euro ausgesetzt. So kauft beispielsweise ein internationaler Aktienfonds auch an ausländischen Börsen ein. Die Aktien an der New York Stock Exchange oder der Computerbörse Nasdaq notieren in Dollar, in London gelistete Papiere lauten auf Pfund, japanische Aktien in Tokio wechseln in Yen ihren Besitzer. Das Schwanken der Wechselkurse muss allerdings nicht unbedingt ein zusätzliches Risiko bedeuten. Im Gegenteil: Kursschwankungen von Aktien und Währungsrisiken gleichen sich zum Teil sogar aus. Im Übrigen haben Anleger nicht nur ein Verlustrisiko mit ausländischen Währungen. Wenn es gut läuft, können sie ihre Rendite auch steigern.

Beispiel: Der Euro ist im Verlauf eines Jahres gegenüber dem Dollar gefallen. Das bedeutet, für einen Euro erhält man jetzt weniger Dollar oder umgekehrt für einen Dollar mehr Euros. Das hat zur Folge, dass Aktienfonds, die in Aktien aus den USA investiert haben, zusätzliche Währungsgewinne erzielt haben. Das sind unter anderem auch weltweit anlegende Fonds, da diese häufig mehr als die Hälfte ihres Fondsvermögens in den USA investieren. Fällt der Euro auch im Vergleich zum Schweizer Franken oder zum britischen Pfund, erzielen auch Fonds, die in Aktien dieser Länder investiert sind, zusätzliche Gewinne. Fallen gleichzeitig japanischer Yen, Norwegische oder Schwedische Krone gegenüber dem Euro, müssen Fonds, die dort investiert sind, hingegen Währungsverluste hinnehmen.

Währungsrisiko bei Rentenfonds

Achten Sie vor allem bei Rentenfonds auf ein mögliches Währungsrisiko. Wenn Sie sichere Rentenfonds suchen,

> **Die Fondswährung** ist, anders als viele meinen, im Hinblick auf das Währungsrisiko nicht entscheidend. Es gibt viele Fonds, deren Fondswährung nicht Euro, sondern US-Dollar ist. Entscheidend ist vielmehr, in welche Wertpapiere der Fonds investiert. Lauten diese nicht auf Euro, wie beispielsweise in Dollar notierte US-Aktien, hat der Anleger ein Währungsrisiko. Für Langfristanleger ist dieses Risiko aber grundsätzlich vernachlässigbar.

sollten Sie solche wählen, die ausschließlich in Euro-Papiere investieren. Bei Aktienfonds sind die Kursschwankungen ungleich höher als bei Rentenfonds. Währungsschwankungen fallen dann nicht mehr so ins Gewicht.

▶ **Wechselkurssicherung kostet Geld**

Das Management kann Fonds gegen Wechselkursrisiken absichern („hedgen"), indem es Devisentermingeschäfte abschließt. Das würde bei einer Euro/Dollar-Absicherung beispielsweise eines Aktienfonds USA bedeuten: Fällt der Dollar, fällt – umgerechnet in Euro – auch der Preis des Fonds. Das passende Termingeschäft entwickelt sich entgegengesetzt, das heißt, es gleicht die Währungsverluste des Aktienfonds wieder aus. Wenn der Dollar steigt, würde zwar auch der Preis des Fonds in Euro steigen – doch in diesem Fall fressen die Verluste aus dem Termingeschäft die Gewinne wieder auf. Was auch immer mit dem Dollarkurs passiert – der Anleger mit dem abgesicherten Fonds bekommt davon fast nichts mit. Er macht nur den reinen Aktienanstieg beziehungsweise -absturz mit.

Ein Fondsmanager muss sich im Voraus entscheiden, welchen Betrag er absichert.

Beispiel: Das Fondsvermögen beträgt 1 Million Dollar. Steigen nun die Aktien seines Fonds auf 1,2 Millionen Dollar, dann sind die hinzugewonnenen 200 000 Dollar erst einmal ungesichert.

Den ursprünglichen Absicherungsbetrag kann er im Nachhinein nicht mehr ändern. Aber er kann seine Absicherungsgeschäfte jeweils monatlich (oder öfter) neu abschließen und an die neuen Kursstände anpassen. Täglich wäre natürlich noch besser, es wäre aber auch teurer. Deshalb ist die Absicherung so gut wie nie perfekt.

Was die Währungssicherung kostet, hängt davon ab, wie hoch die Zinsen in den unterschiedlichen Währungsräumen sind. Sind sie im Dollarraum höher als im Euroraum, dann legt der Fondsmanager drauf. In einem Fremdwährungsraum mit niedrigeren Zinsen macht er mit der Währungsabsicherung ein Plus.

▶ **Kein langfristiger Trend bei Währungen**

Eine Analyse von Finanztest hat gezeigt, dass sich viele Indizes mit und ohne Währungssicherung langfristig nur geringfügig unterscheiden. Für den Aktienmarkt Europa wurde sowohl über zehn als auch über 15 Jahre ein nur minimaler Renditevorteil für die nicht gesicherte Variante festgestellt. Beim Weltaktienmarkt stand im Zehn-Jahres-Vergleich der herkömmliche MSCI World-Index ein wenig besser da als der währungsgesicherte Index. Über 15 Jahre war es umgekehrt.

❝ **Wer sein Geld längerfristig in Aktienfonds liegen lässt, braucht keine Fonds mit Währungsabsicherung (Hedge).**

———

Bemerkenswert war auch, dass der MSCI Nordic Countries Index, in dem Norwegen, Schweden, Finnland und Dänemark zusammengefasst sind, in der gesicherten und ungesicherten Variante über zehn und über 15 Jahre nahezu dieselbe Entwicklung auswies. Eine Währungsabsicherung wäre hier ins Leere gelaufen. In der Schweiz hätte eine Währungsabsicherung sogar geschadet. Der Franken ist seinem Ruf als sicherer Hafen gerecht geworden und hat in allen untersuchten Zeiträumen gegenüber dem Euro zugelegt.

Anders als Aktien, die einem langfristigen Aufwärtstrend folgen, gibt es bei Währungen keinen solch eindeutigen Verlauf. Wer sein Geld längerfristig in Aktienfonds liegen lässt, braucht daher auch keine Fonds mit Währungsabsicherung (Hedge). Gerade bei Aktienmärkten werden Währungseffekte von den Börsenentwicklungen außerdem oft überlagert und spielen für das Gesamtinvestment nur eine untergeordnete Rolle.

Klumpenrisiken

Wollen Anleger es besonders gut mit der Streuung ihrer Anlagen machen, investieren sie oft in verschiedene Fonds, die aber häufig gleiche oder ähnlichen Anlageschwerpunkte aufweisen. Wenn sie dabei allerdings nicht darauf achten, welche Werte in diesen Fonds enthalten sind, kann es zu sogenannten Klumpenrisiken kommen. Denn wenn alle Fonds des Anlegers auf die gleichen Unternehmen (bei Aktienfonds) oder Emittenten (bei Rentenfonds) setzen, weil diese zum Beispiel besonders „in" sind, steigt das Risiko des Investors, dass sein Gesamtvermögen besonders unter einer schlechten Entwicklung dieser Werte leidet. Sie sollten daher regelmäßig zumindest die größten Positionen Ihrer Fonds überprüfen und Fonds mit sehr ähnlichen Anlagestrukturen austauschen, um Klumpenrisiken auszuschließen.

Besonderheiten bei der Steuer

Inländische und ausländische Fonds sind mittlerweile steuerlich weitgehend gleichgestellt. Das Investmentsteuergesetz wurde grundlegend reformiert und gilt in seiner neuen Fassung seit Anfang 2018.

Mit der am 1. Januar 2018 in Kraft getretenen Investmentsteuerreform hat der Gesetzgeber unter anderem das Ziel verfolgt, inländische Fonds ausländischen steuerlich gleichzustellen. Auch sollte die Steuererklärung einfacher werden. Anleger benötigen jetzt nur noch vier Angaben, um den Überblick zu behalten:

1. Höhe der Ausschüttung
2. Fondswert am Jahresanfang,
3. Fondswert am Jahresende sowie
4. Art des Fonds.

Teilfreistellung von Investmenterträgen

Fonds unterliegen nun selbst einer Steuerpflicht von 15 Prozent auf bestimmte inländische Erträge. Diese Steuerpflicht umfasst im Wesentlichen Einnahmen aus deutschen Dividenden, deutschen Mieterträgen und Gewinne aus dem Verkauf inländischer Immobilien. Bis 2018 wurden diese Erträge im Fonds selbst nicht besteuert. Erst der Anleger musste später darauf Abgeltungsteuer zahlen. Als Ausgleich für die neue Besteuerung auf Fondsebene bleiben für Anleger Ausschüttungen und Verkaufsgewinne zum Teil von der Abgeltungsteuer befreit: Für Privatanleger in Aktienfonds sind zum Beispiel 30 Prozent steuerfrei, wenn diese zu mehr als 50 Prozent in Aktien angelegt haben, bei Mischfonds mit mindestens 25 prozentigem Aktienanteil sind 15 Prozent der Erträge befreit. Immobilienfonds erhalten eine Teilfreistellung von 60 bis 80 Prozent. Es ist international üblich, Fonds mit Körperschaftsteuer zu belasten. Die Steuersätze sind im Ausland oft höher als in Deutschland. Daher ist es für Anleger grundsätzlich nicht besser, in ausländische Fonds zu investieren. Die Teilfreistellungen gelten sowohl für deutsche als auch für ausländische Fonds.

Abgeltungssteuer auf Erträge

Natürlich will das Finanzamt aber auch etwas von Ihren Anlageerfolgen abhaben. Bei Kapitaleinkünften greift es mit der Abgeltungsteuer direkt an der „Quelle" Ihrer Erträge zu. Seit 2009 macht das Finanzamt keinen Unterschied mehr: Sowohl für Zinsen als auch für Dividenden und Gewinne aus dem Verkauf von Wertpapieren gilt die Abgeltungsteuer von 25 Prozent plus Solidaritätszuschlag und gegebenenfalls Kirchensteuer. Wie der Name Abgeltungsteuer bereits andeutet, handelt es sich hierbei um eine Quellensteuer, bei der der Steuerabzug an der Quelle der Einkünfte – der auszahlenden Bank – vorgenommen wird. Das macht eine gesonderte Steuerveranlagung überflüssig, da die Steuer durch den Vorweg-abzug bereits abgegolten ist.

Zu den Kapitalerträgen, die unter die Abgel-tungsteuer fallen, zählen neben Zinsen, Divi-denden und Verkaufsgewinnen zum Beispiel auch Währungsgewinne aus Anleihen oder Mieteinnahmen aus offenen Immobilien-fonds. Auch ausländische Kapitalerträge (zum Beispiel Dividenden einer ausländischen Ak-tiengesellschaft) eines in Deutschland ansässi-gen Anlegers unterliegen dem Steuerabzug, wenn die Bank des Anlegers, die diese Kapital-erträge auszahlt, ihren Sitz in Deutschland hat. Wurde im Ausland bereits eine ausländische Steuer erhoben, kann diese in vielen Fällen auf die Abgeltungsteuer angerechnet werden.

Bei diesen Abzügen bleibt es selbst dann, wenn Anleger insgesamt so viel Einkommen versteuern müssen, dass ihr persönlicher Steuersatz über 25 Prozent liegt. Ist ihr persön-licher Steuersatz niedriger, müssen sie dage-gen nur den niedrigeren Satz für ihre Kapital-einkünfte zahlen. Um in den Genuss des nied-rigeren Steuersatzes zu kommen, müssen sie ihre Erträge allerdings über die Steuererklä-rung mit dem Finanzamt abrechnen.

Ausgeschüttete und thesaurierte Erträge

Fonds gehen unterschiedlich mit den Erträgen um, die sie erzielen, also vor allem mit Zinsen und Dividenden, die die vom Fonds gehalte-nen Wertpapiere abwerfen.

Vermutlich sind Ihnen die Begriffe „thesau-rierender" und „ausschüttender" Fonds schon einmal begegnet. Ein thesaurierender Fonds sammelt die Erträge im Fondsvermögen an. Sie werden nicht an die Anteilseigner ausge-schüttet, sondern zur Erhöhung des Fondsver-mögens verwendet (thesauriert) – ähnlich wie ein Sparbuch Zinsen ansammelt. Anders ver-fahren ausschüttende Fonds. Diese schütten ihre Erträge an die Fondsinhaber aus. In der

> **Ein thesaurierender Fonds sammelt die Erträge im Fondsvermögen an.**

Regel geschieht dies einmal im Jahr, es gibt aber auch monats- oder quartalsweise aus-schüttende Fonds. Thesaurierende Fonds eig-nen sich für Anleger, die nicht auf laufende Er-träge angewiesen sind und sich nicht selbst um die Wiederanlage der ausgeschütteten Be-träge kümmern wollen. Sie sind insbesondere für den langfristigen Vermögensaufbau geeig-net. Anleger, denen regelmäßige Zahlungen des Fonds wichtig sind, sollten ausschüttende Fonds bevorzugen.

Für ausgeschüttete Erträge (Zinsen und Di-videnden) eines Fonds müssen Anleger Abgel-tungsteuer zahlen. Die deutsche Bank des An-legers, in dessen Depot die Fondsanteile ver-wahrt werden, führt von jeder Ausschüttung eines in- oder ausländischen Fonds unter Be-rücksichtigung des anwendbaren Teilfreistel-lungssatzes pauschal 25 Prozent Abgeltung-steuer zuzüglich 5,5 Prozent Solidaritätszuschlag und gegebenenfalls Kirchensteuer an das Finanzamt ab.

Doch auch wenn Sie einen thesaurierenden Fonds besitzen, müssen Sie die vom Fonds erzielten und thesaurierten Erträge versteuern. Hier kommt die 2018 eingeführte Vorabpauschale zur Anwendung. Mit dieser stellt der deutsche Staat sicher, dass er bei in- und ausländischen Fonds seine Steuern zeitnah erhält und nicht bis zum Verkauf der Anteile warten muss. So erfuhr das Finanzamt in der Vergangenheit bei ausländischen thesaurierenden

66 Thesaurierende Fonds eignen sich für Anleger, die nicht auf laufende Erträge angewiesen sind und sich nicht um die Wiederanlage der ausgeschütteten Beträte kümmern wollen

Fonds während der Haltedauer nichts von den thesaurierten Erträgen. Erst beim Verkauf deckten manche Anleger die thesaurierten Erträge auf und zahlten somit auch erst dann die Steuern darauf.

Die depotführende Stelle ermittelt die Vorabpauschale zum Jahresende und rechnet sie dem Anleger am ersten Werktag des Folgejahres zu. Der steuerliche Zufluss erfolgt also für den Anleger erst im folgenden Kalenderjahr. Die Vorabpauschale ist Grundlage dafür, wie viel Abgeltungsteuer der Anleger zahlen muss.

Dafür muss er die thesaurierten Beträge nicht mehr in der Steuererklärung angeben. Die Höhe der Vorabpauschale bestimmt sich nach dem Wert des Fondsanteils am Jahresanfang multipliziert mit 70 Prozent eines Basiszinses, der jährlich von der Bundesbank ermittelt wird. Der Basiszins soll dem Ertrag einer risikolosen Anlage entsprechen und entspricht dem Durchschnittszinssatz öffentlicher Anleihen. Für 2018 betrug der Basiszins 0,87 Prozent, für 2019 0,52 Prozent. Die Höhe der Vorabpauschale ist auf den Wertzuwachs des Fonds im Kalenderjahr begrenzt. Bei der Berechnung wird außerdem wie bei Ausschüttungen und Verkaufserlösen eine Teilfreistellung gewährt. Beim Verkauf werden die bereits versteuerten Vorabpauschalen von den depotführenden Stellen automatisch mit dem Veräußerungsgewinn verrechnet, damit der Anleger nichts doppelt versteuert.

Beispiel: Angenommen, der Rücknahmepreis eines Fondsanteils zum Jahresanfang 2018 betrug 100 Euro. Daraus würde die Depotbank Anfang 2019 für den Anleger folgende steuerpflichtige Vorabpauschale 2018 errechnen:

> 100 Euro
> x 70 % des für 2018 maßgeblichen Basiszinses
>   (0,0087 x 0,7)
> = 0,61 Euro Vorabpauschale
> − Teilfreistellung von 30 % (bei Aktienfonds):
>   30 % von 0,61 Euro = 0,18 Euro
> = **0,43 Euro steuerpflichtige Vorabpauschale**

Auf diesen Betrag werden Abgeltungsteuer plus Solidaritätszuschlag von 26,375 Prozent erho-

ben. *Die Depotbank zieht also pro Anteil 0,11 Euro ab. Die Vorabpauschale wird jedoch nur dann angesetzt, wenn sie geringer ist als die Wertsteigerung, die der Fonds innerhalb des Jahres erzielt. Ist die Vorabpauschale größer als die Wertsteigerung, wird maximal die Wertsteigerung als Grundlage genommen. Wenn der Fonds keinen Wertzuwachs erzielt hat, entstehen für das Jahr weder Vorabpauschale noch Steuern. Zahlt ein Fonds Erträge teilweise an Anleger aus und spart nur den Rest im Vermögen an, mindern Teilausschüttungen die Vorabpauschale maximal bis auf 0 Euro.*

Die Bank zieht die Steuern auf die Vorabpauschale direkt von einem Konto des Anlegers ab. Das ist meist das Verrechnungskonto der Depotbank, kann aber auch sein Girokonto sein. Die Bank kann die fällige Steuer auch dann einziehen, wenn das Konto dadurch in den Dispo rutscht. Steuern auf die Vorabpauschale müssen Anleger nicht zahlen, wenn sie ihrer Bank einen Freistellungsauftrag erteilt haben und der Sparerpauschbetrag von 801 Euro (1 602 Euro für Ehepaare) noch nicht ausgeschöpft ist. Gleiches gilt für Anleger, die eine ✈ Nichtveranlagungsbescheinigung vorlegen.

Abgeltungsteuer auf Veräußerungsgewinne

Neben den laufenden Erträgen unterliegen auch Gewinne, die Anleger beim Verkauf ihrer Fondsanteile erzielen, der Abgeltungsteuer. Solche Veräußerungsgewinne ergeben sich aus der Differenz zwischen den Kaufkosten des Anlegers und seinen Veräußerungserlösen.

Davon ausgenommen waren bisher Veräußerungsgewinne für Fonds, die der Anleger vor dem 1. Januar 2009 gekauft hat. 2018 wurde dieser Bestandsschutz aber eingeschränkt. Nun sind Veräußerungsgewinne bei Fondsanteilen, die vor 2009 und somit vor Einführung der Abgeltungsteuer angeschafft wurden, nur noch insoweit steuerfrei, wie sie Wertveränderungen zwischen dem Anschaffungszeitpunkt und dem 31. Dezember 2017 betreffen. Ab dem 1. Januar 2018 eintretende Wertveränderungen sind hingegen steuerpflichtig. Allerdings nur, wenn der ab 2018 erzielte Veräußerungsgewinn insgesamt einen Freibetrag in Höhe von 100 000 Euro übersteigt.

Steuerfreie Kapitalerträge

Kapitalerträge sind nicht ab dem ersten Euro steuerpflichtig. Sie können jedes Jahr Kapitalerträge bis zur Höhe des Sparerpauschbetrages von 801 Euro (Ehepaare 1 602 Euro) von der Abgeltungsteuer freistellen lassen. Dazu müssen Sie Ihrer Bank einen Freistellungsauftrag erteilen. Sie können den Freibetrag auch auf verschiedene Kreditinstitute aufteilen. Vermeiden sollten Sie jedoch, dass Sie mehr verteilen als die 801 Euro (1 602 Euro) – denn das Finanzamt kontrolliert die Summe der über alle Banken erteilten Freistellungsaufträge. Der Freistellungsauftrag bei einer Bank gilt für sämtliche Erträge aus Geld- und Wertpapiergeschäften dort, also zum Beispiel für Zinsen des Tagesgeldkontos und Dividenden und Veräußerungsgewinne auf Wertpapiere.

NV-Bescheinigung erspart Steuer-veranlagung. Haben Sie hohe Zinsen und andere Kapitalerträge, aber ein geringes Gesamteinkommen, weil vielleicht Ihre Rente gering ist, können Sie sich von der Bank steuerfrei viel mehr auszahlen lassen, als es der Sparerpauschbetrag erlaubt. Wenn nämlich Ihr gesamtes Einkommen so niedrig ist, dass Sie keine Steuern zahlen müssen, können Sie beim Finanzamt eine Nichtveranlagungsbe-scheinigung (NV-Bescheinigung) be-antragen und diese Ihrer Bank vorle-gen. Die Bank führt dann keine Abgel-tungsteuer mehr ab. Auch Schüler und Studenten können das oft nut-zen. Antragsformulare für eine NV-Be-scheinigung gibt es beim Finanzamt oder online unter www.formulare-bfinv.de.

Manchmal ist dennoch eine Steuer-erklärung erforderlich

Wenn Sie vergessen haben, Kapitalerträge mit-hilfe des Freistellungsauftrages vom Steuerab-zug freizustellen, erleiden Sie übrigens keinen Schaden. Über die Steuererklärung können Sie zu viel gezahlte Steuern zurückholen. Sie ha-ben durch den Freistellungsauftrag lediglich einen Liquiditätsvorteil, weil Ihr Geld nicht erst ans Finanzamt geht. Sie erhalten Ihr Geld also schneller. Bei Sparern, die insgesamt den Pauschbetrag von 801 Euro beziehungsweise 1 602 Euro nicht überschreiten, ist die Vergabe von Freistellungsaufträgen aber in jedem Fall sinnvoll, denn sie ersparen sich so das Ausfül-len der Anlage KAP der Steuererklärung.

Es kann sein, dass Anleger ihre gesamte ge-zahlte Abgeltungsteuer mit der Anlage KAP der Steuererklärung zurückholen können, weil sie insgesamt ein so niedriges Einkommen ha-ben, dass sie für ihre Kapitaleinkünfte gar kei-ne Steuern zahlen müssen. Darauf sollten zum Beispiel Rentner achten und mit der Einkom-mensteuererklärung die Günstigerprüfung beantragen.

Der Freibetrag von 100 000 Euro, der Ihnen bei ab 2018 erzielten Veräußerungsgewinnen von vor 2009 gekauften Fonds zusteht, wird von Ihrer depotführenden Bank beim Abgel-tungsteuerabzug nicht berücksichtigt. Sie müssen den Freibetrag in der Veranlagung gel-tend machen.

Die Anlage KAP ist auch für manche Pflicht: zum Beispiel für alle, die noch Kirchensteuer für ihre Kapitaleinkünfte schulden oder aus-ländische Kapitalerträge versteuern müssen. Letzteres betrifft zum Beispiel Fondsanleger mit einer Depotführung bei einem ausländi-schen Kreditinstitut.

ETF – die besseren Fonds?

Die Mehrzahl der Manager aktiver Fonds kann ihren Vergleichsindex nicht schlagen. Zudem weisen ETF geringere Kosten und eine höhere Transparenz auf – gewichtige Gründe dafür, dass Anleger in vielen Bereichen ETF den aktiv gemanagten Fonds vorziehen können.

Wie funktionieren ETF?

ETF sind eine transparente und einfache Anlagemöglichkeit, die sich für Einsteiger ebenso eignet wie für Fortgeschrittene.

Exchange Traded Funds (ETF) sind börsengehandelte Fonds, die einen bestimmten Index abbilden, deren Performance sich also parallel zum Index bewegt. Mit einem ETF können Anleger mit einer einzigen Anlage auf die Entwicklung eines ganzen Marktes oder Teilmarktes setzten. Das kann zum Beispiel der Markt für Anleihen von Industrie- oder Schwellenländern, der globale oder ein regional begrenzter Aktienmarkt sein. Auch Geldmarkt- und Rohstoffindizes oder spezielle Indizes für Investmentstrategien – zum Beispiel mit dividendenstarken Werten – können mit einem ETF nachgebildet werden.

Viele Studien, wie zum Beispiel die jährlich von Standard & Poors durchgeführten SPIVA-Studien (S & P Indices Versus Active), zeigen immer wieder, dass es die meisten aktiv gemanagten Fonds nicht schaffen, besser als ihr Vergleichsindex, die sogenannte Benchmark, abzuschneiden. Auch zeigen diese Studien, dass selten mehr als 5 bis 10 Prozent der Fonds einer Kategorie dauerhaft gute Ergebnisse liefern. Sehr selten ist ein aktiv gemanagter Fonds, der sich in einem Fondsranking im obersten Viertel platzieren konnte, auch fünf Jahre später noch dort zu finden. Anleger müssen also sehr genau auswählen, um einen langfristig erfolgreichen aktiv gemanagten Fonds zu finden.

Wer diese Zeit für Auswahl und Kontrolle seines Fonds nicht investieren möchte, ist mit breit gestreuten Aktien-ETF und Euro-Renten-ETF gut bedient. Sie können ETF sehr gut als Basisanlagen für Ihr Depot einsetzen. Da sie transparent und kostengünstig sind, eignen sie sich hervorragend dafür.

Niedrigere Kosten und hohe Transparenz

ETF sind wie Aktien jederzeit an der Börse zu für Aktien üblichen Spesen handelbar. Die Mindestmenge, die gehandelt wird, beträgt lediglich ein Stück. Professionelle Market Maker sorgen dafür, dass ständig verbindliche An- und Verkaufskurse gestellt werden. So ist sichergestellt, dass sie ständig handelbar sind. Der Unterschied zwischen Kauf- und Verkaufskurs – der sogenannte Spread – ist meist gering. Anleger, die ein Wertpapierdepot besitzen, können ETF bei jeder Bank kaufen. Ausgabeaufschläge, mit denen bei aktiv gemanagten Fonds vor allem der Vertrieb bezahlt wird, fallen bei ETF nicht an. Deshalb bieten Banken und Finanzvermittler ETF nicht so gern an.

Auch die Verwaltungskosten sind bei ETF geringer als bei aktiv gemanagten Fonds, da sich die Auswahl der Einzeltitel nur nach dem zugrundeliegenden Index richtet und kein aufwendiges Fondsmanagement finanziert werden muss. Die Verwaltungsgebühren liegen bei ETF meist zwischen 0,15 und 0,9 Prozent pro Jahr. Es gibt aber mittlerweile auch ein breiter werdendes Angebot an ETF, deren laufende Kosten unter 0,1 Prozent liegen. Bei aktiven Fonds sind 1,5 bis 2 Prozent üblich.

ETF sind transparenter als aktiv gemanagte Fonds, weil ihr Wertpapierbestand zum Ende eines jeden Börsentages veröffentlicht wird. Viele aktiv gemanagte Fonds hingegen weisen die Wertpapiere, die sie halten, nur halbjährlich aus. Der Kurs eines ETF beträgt häufig annähernd 1/10 oder 1/100 des zugrundeliegenden Index, sodass die Kursentwicklung leicht nachvollziehbar ist. Darüber hinaus berechnet die Deutsche Börse AG minütlich den indikativen Nettoinventarwert (iNAV), also die aktuelle Summe aller zum Mittelkurs bewerteten Vermögensgegenstände abzüglich Verbindlichkeiten des ETF.

▶ Den aktuellen iNAV eines ETF können Sie auf der Homepage der Börse Frankfurt (www.boerse-frankfurt.de) mit einer 15-minütigen Zeitverzögerung einsehen.

Wie ETF einen Index nachbauen

Ein Index besteht aus vielen Einzelwerten. Beim Aktienindex MSCI World sind es beispielsweise über 1 600 verschiedene Titel. Der MSCI All Country World Index, der auch Schwellenländer enthält, besteht sogar aus rund 2 500 Einzelwerten. Wie kann ein ETF einen solchen Index nachbilden? Im Wesentlichen gibt es dafür zwei Methoden, die physische und die synthetische Nachbildung. So viel sei vorausgeschickt: Aus Sicht von Finanztest spielt es aus Risikogesichtspunkten keine Rolle, welche der beiden Methoden ein ETF-Anbieter wählt.

Kurs- oder Performanceindex? Die meisten Indizes sind sogenannte Kurs- oder Preisindizes. Das bedeutet, sie messen lediglich die reine Preisveränderung der Papiere im Index. Bei einem Performanceindex hingegen wird so getan, als ob sämtliche Erträge wie etwa Dividenden und Zinsen sofort wieder mitangelegt werden. Daher ist die Entwicklung von Performanceindizes grundsätzlich besser als die von Kursindizes. Die meisten international bekannten Indizes werden als Kursindizes veröffentlicht. Nicht so beim Dax: Wenn von ihm in den Nachrichten die Rede ist, ist grundsätzlich der Dax-Performanceindex gemeint. Anders als bei Indexzertifikaten macht das für Käufer von ETF aber keinen Unterschied. Sie bekommen die Dividenden immer, gleich ob es sich um einen Preis- oder einen Performanceindex handelt.

Die Sicherheit von ETF
Variante 1: Ein ETF verleiht Wertpapiere

Physisch replizierende ETF kaufen die Wertpapiere aus dem Index, dem sie folgen. Um die Wertentwicklung der ETF aufzubessern, verleihen sie manchmal einen Teil der Wertpapiere gegen Gebühr. Im Gegenzug erhalten sie andere Wertpapiere als Sicherheiten.

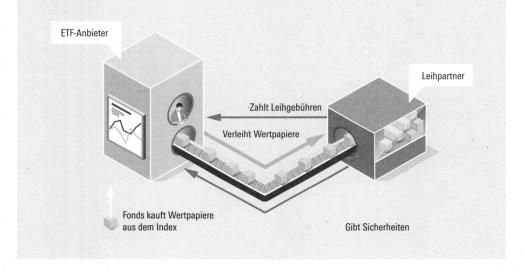

ETF-Anbieter

Leihpartner

Zahlt Leihgebühren

Verleiht Wertpapiere

Fonds kauft Wertpapiere aus dem Index

Gibt Sicherheiten

▶ **Physische Nachbildung**

Die naheliegende Methode ist, dass der Fonds alle Einzeltitel, aus denen sich der Index zusammensetzt, entsprechend deren Gewichtung im Index kauft. Kommt es beim Index zu Änderungen (zum Beispiel weil Titel aus dem Index herausfallen oder sich deren Gewichtung ändert), nimmt das Fondsmanagement entsprechende Änderungen beim ETF-Sondervermögen vor. Man nennt diese Methode, einen Index nachzubilden, „vollständige Nachbildung" (Full Replication). Ihr Vorteil ist die hohe Transparenz: Sie wissen als Anleger, welche Titel der Fonds hält, denn sie entsprechen denen im Index. Da sämtliche Werte tatsäch-

lich im Sondervermögen gehalten werden, besteht anders als beispielsweise bei Anleihen kein Emittentenrisiko: Auch bei einer Insolvenz der Fondsgesellschaft bleiben die Anleger Miteigentümer der Einzelwerte.

Ein Haken bleibt aber meist: Da die Zusammensetzung des Aktien- oder Anleihenkorbs bei den voll replizierenden ETF immer der des Index entsprechen muss und unter anderem der Kauf und Verkauf der Einzelwerte Kosten verursacht, würde sich der ETF schlechter entwickeln als der Index. Um diesen Kostennachteil auszugleichen, betreiben ETF-Anbieter Zusatzgeschäfte. Sie verleihen Wertpapiere an andere Finanzmarktakteure und erhalten da-

Variante 2: Ein ETF nutzt Tauschgeschäfte

Synthetisch replizierende ETF halten einen Korb beliebiger Wertpapiere. Diese sollen breit gestreut und handelbar sein, müssen aber nichts mit dem Index zu tun haben, dem der ETF folgt. Der ETF geht zudem ein Tauschgeschäft (Swap) mit einer Bank ein, die die Wertpapiere aus dem Index hält. Wenn sich der Index besser entwickelt als die Papiere im ETF, gleicht sie die Differenz aus. Im umgekehrten Fall zahlt der ETF an sie.

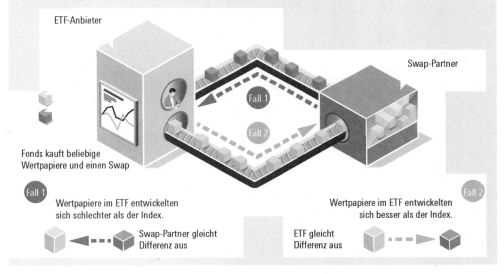

ETF-Anbieter

Swap-Partner

Fall 1

Fall 2

Fonds kauft beliebige
Wertpapiere und einen Swap

Fall 1

Wertpapiere im ETF entwickelten
sich schlechter als der Index.

Swap-Partner gleicht
Differenz aus

Fall 2

Wertpapiere im ETF entwickelten
sich besser als der Index.

ETF gleicht
Differenz aus

für eine Gebühr. Durch diese Gebühr können sie die Kostennachteile ausgleichen und den Index möglichst genau nachbilden. Außerdem lassen sich nach Angaben der ETF-Anbieter mit der Leihe Zins- und Dividendenzahlungen so gestalten, dass die Bürokratie mit Doppelbesteuerungen und Quellensteuer ausländischer Staaten umgangen werden kann.

Das Risiko, dass der Entleiher die geliehenen Wertpapiere nicht zurückgeben kann, begrenzen die ETF-Anbieter dadurch, dass sie für die Leihgeschäfte Sicherheiten in Form von Anleihen oder Aktien verlangen. Anleger würden höchstens dann Geld verlieren, wenn die Sicherheiten im Krisenfall nicht oder nur mit einem Abschlag verkauft werden könnten. Die Sicherheiten, die die ETF-Anbieter verlangen, liegen über dem Wert der verliehenen Wertpapiere. So bauen sie einen zusätzlichen Sicherheitspuffer ein.

Bei Indizes mit vielen Einzelwerten wie beispielsweise dem MSCI World verwenden ETF eine „abgespeckte" Replikationsmethode, die Teilreplikation oder Optimised Sampling genannt wird. Dazu kaufen die ETF nur die größten und wichtigsten Werte eines Index und gewichten diese so über, dass wiederum der Index nachgebildet wird.

▶ **Synthetische Nachbildung**

Ein Nachteil der Methode der vollständigen Replikation ist, dass vor allem bei breiten Indizes mit vielen Einzeltiteln eine Nachbildung zu kompliziert und teuer wäre. Außerdem erschweren es Dividendenzahlungen und darauf fällige unterschiedliche Quellensteuern, Kurse exakt nachzubilden. Unter anderem aus diesen Gründen wenden viele ETF die Methode der „synthetischen Replikation" an. Dabei erwerben sie zunächst für das Sondervermögen ein Wertpapierportfolio, das die gesetzlichen Anforderungen für einen Investmentfonds, insbesondere den Grundsatz der Risikostreuung, erfüllt. Die Wertpapiere im Sondervermögen, dem sogenannten Trägerportfolio, können aber deutlich vom abzubildenden Index abweichen. So enthalten beispielsweise synthetisch nachgebildete Dax-ETF mitunter auch europäische Bluechips. Gleichzeitig schließt die Fondsgesellschaft ein Tauschgeschäft (Swap-Vertrag) mit einer Bank oder einem Finanzdienstleister ab. Dieser Swap-Partner gleicht den ETF-Wert dann laufend so weit aus, dass die Wertentwicklung des ETF insgesamt immer der des Index entspricht.

Die synthetische Replikation ermöglicht es so, dass es für nahezu alle Märkte und Branchen einen ETF gibt. So können beispielsweise auch Indizes nachgebildet werden, bei denen bestimmte Einzelwerte gar nicht frei handelbar sind oder die ausländische Marktteilnehmer nur beschränkt erwerben dürfen. Hier ist eine Nachbildung mit der Full-Replication-Methode gar nicht möglich. Das Gleiche gilt für ETF auf bestimmte Strategieindizes wie Leerverkaufs- und Hebel-Strategien. Auch Rohstoff-ETF nutzen Swaps.

Der Nachteil der synthetischen Nachbildung ist, dass durch das Swap-Geschäft ein sogenanntes Kontrahentenrisiko besteht: Falls der Tauschpartner pleitegeht, ist das Swap-Geschäft wertlos. Lediglich die im Sondervermögen gehaltenen Einzelwerte sind insolvenzgeschützt. Allerdings dürfen Swap-Kontrakte maximal 10 Prozent des Fondsvermögens ausmachen, sodass das Kontrahentenrisiko begrenzt ist. Die meisten ETF-Anbieter sichern überdies das Kontrahentenrisiko ab, indem sie Wertpapiere hinterlegen oder das Swap-Geschäft täglich glattstellen.

▶ **Welche Methode ist sicherer?**

Sowohl bei vollreplizierenden als auch bei Swap-basierten ETF bleibt das Restrisiko, dass der Partner des Leihe-Geschäfts oder des Swap-Vertrags seinen Verpflichtungen nicht nachkommt. Am sichersten wären vollreplizierende Fonds ohne Zusatzgeschäfte wie die Wertpapierleihe. Davon gibt es aber nur wenige. Inzwischen sind allerdings immer mehr ETF-Anbieter dazu übergegangen, Aktien-Indi-

❝ Aus Sicht von Finanztest spielt es kaum eine Rolle, welche Nachbildungsmethode Anleger wählen, den Kauf der Originaltitel oder Swaps.

zes mit Originalaktien nachzubilden, weil Investoren das so wünschen.

Insgesamt sollten Sie sich aber durch die Diskussion zu den Risiken nicht verunsichern lassen.

Aus Sicht von Finanztest spielt es unter Risikogesichtspunkten kaum eine Rolle, welche Nachbildungsmethode Anleger wählen, den Kauf der Originaltitel oder Swaps. Das größte Risiko bei der Geldanlage bleibt das Marktrisiko, welches Sie durch die Auswahl der passenden Indizes und eine vernünftige Aufteilung Ihrer Geldanlagen selbst steuern können.

Wo gibt es Informationen?

Informationen dazu, welche Replikationsmethode ein ETF anwendet, finden Sie unter anderem in den wesentlichen Anlegerinformationen oder auf der Homepage des Anbieters. Auf ihren Internetseiten informieren die ETF-Anbieter auch über die Absicherungsmechanismen, die sie zur Minimierung des Kontrahentenrisikos bei Swap- oder Leihe-Geschäften einbauen.

ETF haben auch Nachteile

ETF haben zwar viele Vorteile gegenüber aktiv gemanagten Fonds, aber es gibt natürlich auch Nachteile, sonst wären Letztere vollkommen überflüssig. Auch wenn nur wenige gemanagte Fonds langfristig einen Mehrertrag gegenüber ihrem Vergleichsindex erzielen, so gibt es doch immer wieder Fonds mit einem besonders fähigen Management, dem genau dies durch geschicktes Timing und kluge Einzeltitelauswahl gelingt. Sofern dieses Mehrergebnis auch noch nach Abzug der höheren Kosten (und gegebenenfalls Erfolgsgebühren) bei aktiv gemanagten Fonds bleibt, war und ist der Manager sein Geld wert. Bei ETF ist eine Mehrrendite über dem Marktdurchschnitt nicht möglich, da diese ja gerade den Index, der diesen Markt repräsentiert, so gut wie möglich nachbilden wollen. Dessen müssen sich Anleger bewusst sein.

Zumindest in sehr effizienten Märkten, die zum Beispiel die großen Standardwerte der Industrienationen in den USA, Europa und Japan beheimaten und mit denen sich täglich viele Analysten und Investoren befassen, schaffen es aktiv gemanagte Fonds kaum, besser abzuschneiden als der Index. Hier sollten Anleger getrost auf die kostengünstigeren ETF zurückgreifen. Anders kann dies in Spezialsegmenten wie kleinen Schwellenländern, bei kleinen Unternehmen (Small-Caps) oder Übernahmekandidaten sein. Hier können aktive Fondsmanager mit entsprechendem Know-how Perlen entdecken, die sich noch in keinem Index wiederfinden. Auch kann ein aktiver Manager, der ebenso wie ein ETF in bestimmten Regionen – zum Beispiel in Schwellenländern Asiens – investiert, gezielt die einzelnen Länder heraussuchen und übergewichten, deren Konjunktur und Wirtschaftswachstum in den nächsten Jahren voraussichtlich besser laufen werden als die der Nachbarstaaten.

Insbesondere bei aktiv gemanagten weltweit anlegenden Rentenfonds können die Fondsmanager auf die „richtigen" Währungen setzen und damit zusätzliche Gewinne erwirtschaften. ETF hingegen können nicht flexibel in verschiedene Währungen anlegen.

Auch Anleger, die ihr Geld mit gutem Gewissen investieren wollen, werden bei ETF häufig (noch) nicht fündig. Das Angebot ist klein und die ethisch-ökologischen Anlagekriterien sind wenig streng. Bei den aktiv gemanagten Fonds finden Anleger hingegen ambitioniertere Produkte.

Ein weiterer wesentlicher Vorteil der aktiv gemanagten Fonds ist – zumindest theoretisch –, dass sie nicht immer voll investiert sein müssen. Bis zu 50 Prozent darf ein gemanagter Fonds an flüssigen Mitteln halten. Das

kann sich vor allem in Krisenzeiten auszahlen. Wenn der Fondsmanager einen Rückgang der Börsenkurse erwartet, kann er Werte verkaufen und den Anteil der liquiden Mittel erhöhen. ETF sind hingegen immer entsprechend ihrem Index voll investiert. Sie als Anleger müssten hier selbst tätig werden und ETF-Anteile verkaufen, wenn Sie der Meinung sind, dass die Börse fällt. Hat der Manager des aktiven Fonds die Marktlage richtig eingeschätzt, kann er Anleger vor größeren Verlusten bewahren. Andererseits besteht die Gefahr, dass er zu früh aussteigt oder Phasen steigender Börsenkurse verpasst und zu spät wieder einsteigt.

Verschiedene Indizes und Anbieter

Von verschiedenen ETF-Anbietern gibt es Produkte auf Hunderte Indizes aus unterschiedlichen Anlageklassen. Für nahezu jede Anlageidee finden Anleger den passenden ETF.

Um bei dem riesigen Angebot von ETF den Überblick zu behalten, hilft es, eine Struktur in das Marktangebot zu bringen. Die erste Überlegung ist natürlich, in welcher Anlageklasse (Aktien, Anleihen, Immobilien, Rohstoffe) Sie den passenden ETF suchen. Aktien und Anleihen sind die Anlageklassen, bei denen ETF die größte Bedeutung haben. Aber auch Investitionen in Immobilien und Rohstoffe können Sie mit ETF nachbilden. Sind Sie sich über Ihre gewünschte Anlageaufteilung im Klaren, können Sie Ihre Suche weiter verfeinern.

ETF orientieren sich immer an Indizes. Daher können Sie kostengünstig ganze Märkte mit nur einem Produkt abdecken. Allerdings unterscheiden sich nicht nur die Methoden der Indexnachbildung (physische Replikation oder Swap-Nachbildung), auch die Konstruktion und Zusammensetzung der Indizes sind äußerst vielfältig.

Aktienindizes werden unterschiedlich konstruiert

Im Wesentlichen gibt es bei Aktienindizes zwei Varianten: Entweder die Indizes gewichten die Kurse der enthaltenen Aktien – zum Beispiel entsprechend ihrer Marktkapitalisierung – oder sie addieren einfach deren Kurse. Berücksichtigt ein Index die Marktkapitalisierung, gewichtet er die einzelnen Unternehmen entsprechend der Gesamtwerte ihrer Anteile an der Börse.

Die Marktkapitalisierung – auch Börsenkapitalisierung oder Börsenwert genannt – berechnet sich dabei als Produkt aus dem Kurs und der Anzahl der im Umlauf befindlichen Aktien eines Unternehmens. Beispiele für kapitalisierungsgewichtete Indizes sind der MSCI World, der amerikanische S & P 500 oder der deutsche Dax.

> 66 **In preisgewichteten Indizes ist jede Aktie mit der gleichen Stückzahl vertreten. Diese weniger gebräuchliche Methode findet sich beim Dow Jones oder dem Nikkei 225.**

In preisgewichteten Indizes ist jede Aktie mit der gleichen Stückzahl vertreten. Diese weniger gebräuchliche Indexmethode findet sich zum Beispiel beim Dow Jones Industrial Average oder dem Nikkei 225.

Der traditionsreiche US-amerikanische Dow Jones Industrial enthält nur 30 Unternehmen und klammert wichtige Branchen wie Versorger aus. Der Börsenwert eines Unternehmens, ein Indikator für seine wirtschaftliche Bedeutung, spielt bei der Berechnung des Dow Jones keine Rolle. Die einzelnen Aktienkurse werden vielmehr aufsummiert und anschließend durch die Anzahl der Aktien im Index dividiert. Unternehmen werden nicht nach festen Regeln in den Index aufgenommen, sondern nach dem Ermessen der Herausgeber der Wirtschaftszeitung „Wall Street Journal". Damit bildet der Dow Jones nicht einmal die US-Wirtschaft wirklich ab. Für Anleger, die einen breiten Markt abdecken und sich um nichts kümmern wollen, eignet sich ein ETF auf diesen Index daher nicht.

Auch im japanischen Nikkei 225 Index verändert ein Kursanstieg einer hochpreisigen Aktie den Index viel stärker als der gleiche Anstieg einer Aktie mit niedrigem Kursniveau.

Auf marktbreite Indizes setzen

Für Privatanleger eignen sich generell marktbreite Börsenindizes besser, die ihre Kurse nach der Marktkapitalisierung gewichten, als solche, die preisgewichtet sind.

Die größten Börsenländer im MSCI World

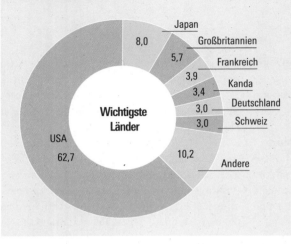

Wichtigste Länder

- Japan 8,0
- Großbritannien 5,7
- Frankreich 3,9
- Kanda 3,4
- Deutschland 3,0
- Schweiz 3,0
- USA 62,7
- Andere 10,2

Wichtigste Branchen

- Versorger 3,3
- Immobilien 3,1
- Grundstoffe 4,5
- Informationstechnologie 16,3
- Energie 5,9
- Kommunikation 8,4
- Finanzen 16,1
- Konsumgüter 8,5
- Langlebige Konsumgüter 10,6
- Industrie 11,2
- Gesundheit 12,1

Quelle: MSCI Stand: 30. April 2019

Kleine Index-Weltenkunde

Der folgende Streifzug durch die wichtigsten Aktienindizes gibt Ihnen ein Gefühl dafür, wie die Anlageregionen und -möglichkeiten unter diesen Kursbarometern aufgeteilt sind. Da jeder Index nach eigenen Regeln funktioniert, ist es wichtig, darauf zu achten, nach welchen Kriterien er zusammengesetzt ist.

66 Der MSCI World dient vor allem bei weltweit anlegenden Aktienfonds als Vergleichsindex (Benchmark).

▶ **Die wichtigsten Regionen-Indizes**

Der wohl meistbeachtete Index ist der MSCI World. Er wird von dem amerikanischen Finanzdienstleister Morgan Stanley Capital International (MSCI) berechnet. Der Index beinhaltet über 1600 Aktien aus rund zwei Dutzend Ländern. Anders als sein Name vermuten lässt, kommen die im Index vertretenen Aktiengesellschaften aber nicht aus der ganzen Welt, sondern nur aus Industrienationen. Aktien aus Schwellenländern (Emerging Markets) sind nicht vertreten. US-Aktien sind im MSCI World Index im Vergleich zu anderen Börsen überrepräsentiert (USA-Anteil über 50 Prozent, Europa weniger als 30 Prozent). Das liegt daran, dass die US-Börsen kapitalmäßig dominieren. Die Folge ist, dass der Index stark von der US-Aktienmarktentwicklung abhängig ist. Der MSCI World wird bei Vergleichen mit anderen Indizes und Einzelwerten meist als Kursindex herangezogen und dient vor allem bei weltweit anlegenden Aktienfonds als Vergleichsindex (Benchmark).

Eine Variante des MCSI World Index ist der MSCI All Countries World Index (ACWI), der zusätzlich Schwellenmärkte umfasst. US-amerikanische Firmen machen auch hier den größten Anteil aus. Allerdings beträgt ihr Anteil nur rund 46 Prozent und der Index enthält Unternehmen aus 45 Ländern. Vergleichsweise stark gewichtet sind hier China, Südkorea und Brasilien. Geringe Anteile am Index haben Länder wie Ägypten, Marokko, die Philippinen oder Kolumbien. Sogenannte Frontier-Markets-Länder, die erst an der Schwelle zum Schwellenland stehen wie Kuwait oder Bangladesch, sind nicht enthalten.

Im MSCI Emerging Markets finden sich knapp 850 Unternehmen aus 24 Schwellenländern. Das stärkste Gewicht im Index hat China, gefolgt von Südkorea, Brasilien und Taiwan.

▶ Die wichtigsten Indizes der USA und Japans

Der Klassiker unter den Länderindizes ist zwar der Dow Jones Industrial Average Index, kurz meist nur Dow Jones Index genannt. Aufgrund seiner Konstruktion als preisgewichteter Index mit nur 30 Werten ist er aber nicht mehr ganz zeitgemäß. Deutlich breiter orientiert und zudem gewichtet ist der Standard & Poor's 500 Index (S & P 500), der 500 der größten an der New Yorker Börse gelisteten Aktien enthält. Er wird nach der Marktkapitalisierung gewichtet und in der klassischen Variante als Kursindex berechnet. Der S & P 500 gehört zu den meistbeachteten Aktienindizes der Welt und ist das wichtigste Kursbarometer für den US-amerikanischen Aktienmarkt.

Der Nasdaq 100 besteht aus den 100 Aktien mit der höchsten Marktkapitalisierung, die an der größten elektronischen Börse der USA, Nasdaq, gelistet sind. Er umfasst viele Technologiewerte, aber auch Dienstleistungsfirmen, Pharma- und Lebensmittelproduzenten. Nicht enthalten sind Finanzwerte und derzeit auch keine Öl- und Rohstoffkonzerne.

Der bedeutendste asiatische Aktienindex ist der japanische Nikkei 225. Er wird wie der Dow Jones nach dem einfachen arithmetischen Mittel der nicht gewichteten Kurse berechnet und basiert auf 225 Aktienwerten. Einmal jährlich wird entschieden, welche Unternehmen aus dem Index ausscheiden und welche neu aufgenommen werden. Im breiter angelegten Topix-Index passiert das nicht. Er umfasst alle im amtlichen Handel zugelassenen japanischen Aktien und gewichtet diese nach ihrer Marktkapitalisierung. Der Topix ist daher aussagekräftiger für den Zustand der japanischen Wirtschaft als der Nikkei 225.

▶ Indizes in Europa

Als wichtigster Kursmaßstab für die Aktienkursentwicklung in Europa gilt der Euro Stoxx 50. Dieser wird von der Gesellschaft Stoxx Limited berechnet und geführt, die wiederum ein Unternehmen der Deutschen Börse ist. Es gibt sowohl einen Kurs- als auch einen Performanceindex. Wenn vom Euro Stoxx 50 die Rede ist, meint man aber normalerweise den Kursindex. Der Index besteht aus 50 großen börsennotierten Unternehmen der Eurozone.

Der FTSE 100 Index (unter Profis „Footsie" genannt) ist der wichtigste britische Aktienindex. Er bildet die Kurse der 100 größten und umsatzstärksten Aktien der Londoner Börse nach. Der CAC 40 ist der französische Leitindex der 40 führenden französischen Aktiengesellschaften, die an der Pariser Börse gehandelt werden.

Frankreich — 38,7

Irland — 1,0
Finnland — 1,3
Belgien — 2,5

Italien — 4,9

Spanien — 10,2

Niederlande — 10,4

Gewichtung Länder
(in Prozent)

31,1

Deutschland

Vergleichsindex Euro Stoxx 50

Der Euro Stoxx 50 gilt als einer der bekanntesten Vergleichsindizes für die Aktienkursentwicklung in der Eurozone und umfasst die 50 größten Unternehmen. Über zwei Drittel von ihnen haben ihren Sitz in Frankreich oder Deutschland.

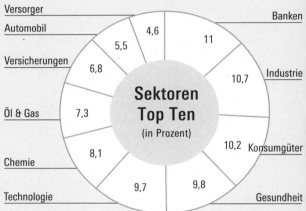

Versorger — 4,6
Automobil — 5,5
Versicherungen — 6,8
Öl & Gas — 7,3
Chemie — 8,1
Technologie — 9,7

Banken — 11
Industrie — 10,7
Konsumgüter — 10,2
Gesundheit — 9,8

Sektoren Top Ten
(in Prozent)

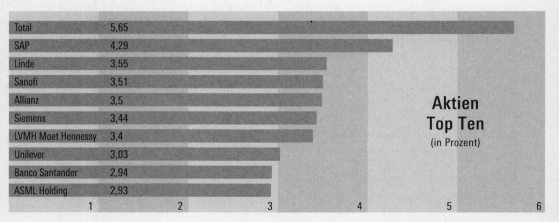

Total	5,65
SAP	4,29
Linde	3,55
Sanofi	3,51
Allianz	3,5
Siemens	3,44
LVMH Moet Hennessy	3,4
Unilever	3,03
Banco Santander	2,94
ASML Holding	2,93

1   2   3   4   5   6

Aktien Top Ten
(in Prozent)

Quelle: Stoxx. Stand: 29. Februar 20

Der Dax und seine Familie

Der wichtigste deutsche Index ist der Dax. Die Abkürzung steht für „Deutscher Aktienindex". Er wurde von der Deutschen Börse 1988 aus der Taufe gehoben und wird seitdem fortlaufend von ihr berechnet. Grundlage der Berechnung sind die Xetra-Kurse. Der Dax gilt als wichtigstes Stimmungsbarometer der deutschen Wirtschaft, und sein aktueller Stand wird in Presse, Funk und Fernsehen laufend veröffentlicht. Während der Handel läuft, wird der aktuelle Stand auf einer Anzeigetafel im Börsensaal der Frankfurter Börse angezeigt. Üblicherweise ist die Performanceindex-Variante gemeint, wenn man vom Dax spricht.

Der Dax spiegelt die Entwicklung der 30 größten und umsatzstärksten Unternehmen wider, die im Prime Standard der Frankfurter Wertpapierbörse gelistet sind. Sein Ziel ist es, ein aktuelles und repräsentatives Bild des heimischen Aktienmarktes zu zeigen. Voraussetzung für die Aufnahme eines Unternehmens in den Dax ist neben der Listung im Prime Standard, dass es fortlaufend in Xetra gehandelt werden kann und eine Streubesitzquote von mindestens 10 Prozent aufweist. Unter Streubesitz versteht man Aktien, die sich nicht in festen Händen von Anlegern befinden, die dauerhaft am Unternehmen beteiligt sein wollen. Sie werden also frei am Markt gehandelt. Außerdem muss ein Dax-Unternehmen einen Sitz in Deutschland haben oder den Schwerpunkt seines Umsatzes an Aktien in Frankfurt haben und zumindest in der EU ansässig sein. Die Auswahl der 30 Werte erfolgt dann nach den zwei Kriterien Börsenumsatz und Markt-

kapitalisierung. Da sich beide Größen ständig ändern, überprüft die Börse im Allgemeinen einmal im Jahr, und zwar zum ordentlichen Anpassungstermin im September, inwieweit die Zusammensetzung des Dax noch den tatsächlichen Marktverhältnissen entspricht. In besonderen Fällen wie zum Beispiel bei Fusionen und Insolvenzen gibt es auch zu außerordentlichen Anpassungsterminen Änderungen der Dax-Zusammensetzung.

Kurssprünge bei Aufsteigern

Wenn Unternehmen davor stehen, in einen „höheren" Index aufzusteigen (zum Beispiel vom MDax in den Dax), führt das häufig zu Kursgewinnen der Aktie. Der Grund ist, dass Fondsmanager und institutionelle Anleger, die ihre Depots an diesem Index ausrichten, bei einer Auswechslung der Werte die neuen Aktien kaufen müssen. Das kann auf der anderen Seite zu Abstürzen bei den Absteiger-Unternehmen führen. Wenn die Indexumstellung in den Kursen der Aktien ausreichend berücksichtigt ist, treten die für die Börsenbewertung relevanten Daten wie Umsatz und Ertrag wieder in den Vordergrund.

Ein Unternehmen darf maximal 10 Prozent des Dax ausmachen. Entscheidend für die Gewichtung einer Aktiengesellschaft im Dax ist die Streubesitz-Marktkapitalisierung, also nicht der gesamte Börsenwert des Unternehmens, sondern nur der Wert der frei handelbaren Aktien. Dahinter steckt die Philosophie, dass die Höhe des Streubesitzes die Marktverhältnisse bei einzelnen Aktien besser widerspiegelt als die des gesamten Grundkapitals. Wäre die tatsächliche Verfügbarkeit der Aktien einer Gesellschaft für die Indexgewichtung unerheblich, würde dies zu unerwünschten Marktverzerrungen führen. Denn die Anleger, die ihr Depot am Index orientieren, müssten Titel mit einer hohen Indexgewichtung entsprechend kaufen. Dadurch würde bei den hoch kapitalisierten Aktien mit geringem Streubesitz (im englischen als „free float" bezeichnet) das Angebot zusätzlich verknappt.

Beispiel: Bei der VW-Stammaktie sind nur rund 11 Prozent der Aktien im Streubesitz, der Rest gehört der Porsche Holding, der Qatar Holding, dem Land Niedersachsen und anderen Großaktionären. Die nicht im Streubesitz befindlichen Aktien kann man praktisch nicht kaufen. Wären sie aber im Dax berücksichtigt, hätte VW einen knapp zehnmal so großen Anteil am Dax. ETF-Anbieter, die den Dax nachbilden, müssten also zehnmal so viele VW-Aktien kaufen, obwohl rund 89 Prozent der Aktien gar nicht börsengehandelt sind. Das würde den Preis der Aktie in die Höhe treiben beziehungsweise das Angebot verknappen.

66 Dem Dax steht eine ganze Index-Familie zur Seite. Der wichtigste Bruder ist der MDax.

Dem Dax steht eine ganze Index-Familie zur Seite. Der wichtigste Bruder ist der MDax (abgeleitet von Mid-Cap-Dax). Er ist nach demselben Konzept wie der Dax aufgebaut und misst den Kursverlauf von 50 Werten aus der „zweiten Reihe". Sie folgen also in der Rangliste nach Marktkapitalisierung des Streubesitzes und des Börsenumsatzes auf die Dax-Werte. Der MDax spiegelt somit die Kursentwicklung von Aktien mittelgroßer deutscher Unternehmen wider. Seine Zusammensetzung wird grundsätzlich zweimal pro Jahr an die aktuellen Marktverhältnisse angepasst.

Die wichtigsten 50 kleineren Unternehmen sind im SDax (abgeleitet von Small-Cap-Dax) vertreten, der 1999 von der Deutschen Börse eingeführt wurde. Hier sind wiederum die Unternehmen gelistet, die den im MDax enthaltenen Werten hinsichtlich Umsatz und Marktkapitalisierung folgen. Eine Mindestvoraussetzung für die Aufnahme in den SDax ist, dass das Unternehmen die Vorgaben des Prime Standards erfüllt.

Ebenfalls zum Prime Standard der Frankfurter Wertpapierbörse gehört der TecDax (Technology Dax). Er beinhaltet die 30 größten Aktienwerte aus der Technologiebranche und wurde 2003 eingeführt als Nachfolger des durch Bilanzfälschungen und Insidergeschäfte in Verruf geratenen Nemax50, einem Index des „Neuen Marktes". Welche Werte in den TecDax aufgenommen werden oder ihn verlassen müssen, wird quartalsweise anhand der Marktkapitalisierung und des Umsatzes aller Technologieunternehmen unterhalb des Dax entschieden. Wie beim MDax können auch

So setzt sich der Dax zusammen

Im Dax werden, einfach gesprochen, die 30 größten deutschen Unternehmen geführt.
Die Grafik zeigt ihre jeweiligen Anteile im Dax in Prozent.

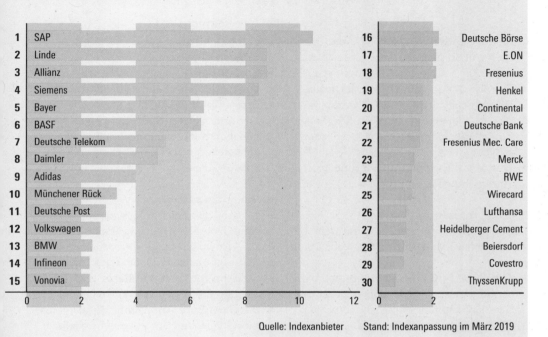

1	SAP	16	Deutsche Börse
2	Linde	17	E.ON
3	Allianz	18	Fresenius
4	Siemens	19	Henkel
5	Bayer	20	Continental
6	BASF	21	Deutsche Bank
7	Deutsche Telekom	22	Fresenius Mec. Care
8	Daimler	23	Merck
9	Adidas	24	RWE
10	Münchener Rück	25	Wirecard
11	Deutsche Post	26	Lufthansa
12	Volkswagen	27	Heidelberger Cement
13	BMW	28	Beiersdorf
14	Infineon	29	Covestro
15	Vonovia	30	ThyssenKrupp

Quelle: Indexanbieter   Stand: Indexanpassung im März 2019

ausländische, aber vorwiegend in Deutschland tätige Technologieunternehmen in den TecDax aufgenommen werden.

Die wichtigsten Indexanbieter

Hinter jedem Index steckt ein Anbieter, der die Zusammensetzung bestimmt und regelmäßig anpasst. Die meisten Anbieter sind auf eine Anlageklasse wie Aktien, Anleihen oder Rohstoffe spezialisiert.

▶ MSCI

Finanztest nutzt bei fast allen Aktien-Fondsgruppen Indizes des amerikanischen Finanzdienstleisters MSCI als Richtschnur. Die MSCI-Indizes werden für verschiedene Regionen, Länder und Branchen jeweils nach der gleichen Systematik berechnet. Grundlage für die Aufnahme und Gewichtung der Aktien ist ihr Börsenwert beziehungsweise ihr Streubesitz. In den MSCI-Indizes stehen also die größten Unternehmen vorn und werden am stärksten gewichtet.

Die bekanntesten Indizes von MSCI:
- **Der MSCI World Index** setzt sich aus über 1600 Aktien aus 23 Industriestaaten zusammen.
- **Der MSCI Emerging Markets Index** enthält über 1100 Aktien der Schwellen-

länder wie China, Südkorea, Taiwan, Indien und Brasilien – insgesamt aus 24 Ländern.

▶ **Der MSCI All Country World Index** umfasst alle Aktien des MSCI World und des MSCI Emerging Markets Index, wobei die Schwellenländer etwa 10 Prozent ausmachen.

▶ **Der MSCI Europe** umfasst rund 450 Unternehmen in Europa.

▶ **S & P, Russell**

Die wichtigsten Anbieter für marktbreite US-Aktien-Indizes sind Standard & Poor´s und Russell.

▶ **Der S & P 500** umfasst die größten börsennotierten US-Unternehmen. Er ist nach der Marktkapitalisierung gewichtet. Für die Erstaufnahme in den Index ist auch ausschlaggebend, wie profitabel eine Aktie ist.

▶ **Der Russell 2000**, der von der Firma Russell Investments berechnet wird, enthält 2000 kleine US-Unternehmen. Sie werden ebenfalls nach ihrer Marktkapitalisierung gewichtet. Der Russell 1000 bezieht sich auf die 1000 größten Unternehmen der USA. Beide Indizes vereinen sich im Russell 3000.

▶ **Stoxx**

Die Stoxx AG ist Teil der Deutschen Börse AG und berechnet mehr als 7000 Indizes. Bekannte Indizes sind:

▶ **Stoxx Europe 50:** Der Index enthält die 50 größten Unternehmen aus ganz Europa (einschließlich Großbritannien und der Schweiz).

▶ **Euro Stoxx 50:** Dieser Index umfasst die 50 größten Unternehmen der Eurozone.

▶ **Stoxx 600 Europe:** Er umfasst 600 Unternehmen aus Europa. Für Anleger, die einen marktbreiten Europaindex suchen, ist er besser geeignet als die beiden anderen Stoxx-Indizes.

▶ **Bloomberg Barclays**

Das in Großbritannien ansässige Finanzunternehmen Bloomberg Barclays (früher Barclays Capital) ist vor allem für seine Anleihen-Indizes bekannt. Es liefert unter anderem Indizes für welt- und europaweite Staats- und Unternehmensanleihen, wie zum Beispiel:

▶ **Barclays Euro Aggregate Bond Index:** Staats- und Unternehmensanleihen, die in Euro notieren und von Ratingagenturen mit „Investment Grade" bewertet werden.

▶ **Barclays Global Aggregate Bond Index:** Anleihen bestimmter Währungen weltweit mit einem Investment-Grade-Rating.

▶ **Barclay Euro Treasury:** Staatsanleihen der Eurozone.

▶ **iBoxx**

Die iBoxx Indexfamilie umfasst Anleihen-Indizes vor allem für europäische Währungen und für den US-Dollar.

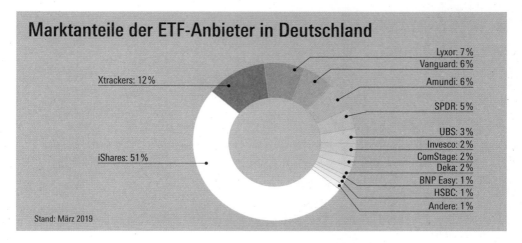

Marktanteile der ETF-Anbieter in Deutschland

Lyxor: 7%
Vanguard: 6%
Amundi: 6%
SPDR: 5%
UBS: 3%
Invesco: 2%
ComStage: 2%
Deka: 2%
BNP Easy: 1%
HSBC: 1%
Andere: 1%

Xtrackers: 12%
iShares: 51%

Stand: März 2019

ETF-Anbieter in Deutschland

Die Indexanbieter berechnen die verschiedenen Indizes. Auf diese Indizes beziehen sich wiederum die Anbieter, die ETF auflegen. Viele wissen nicht, wer sich hinter diesen Anbieternamen verbirgt. So ist Anlegern beispielsweise oft nicht bewusst, dass sie Kunden von Blackrock sind, wenn sie einen ETF von iShares besitzen. Diese Investmentgesellschaft mit Sitz in den USA hat das mit Abstand umfassendste Angebot an ETF und verwaltet das größte ETF-Vermögen. Hier ein kleines Who is who der Anbieter von ETF in Deutschland:

▶ **iShares** ist die ETF-Sparte des Vermögensverwalters Blackrock und Weltmarktführer im ETF-Markt. iShares bietet ETF auf alle wichtigen Aktien-, Anleihen- und Rohstoffindizes (www.ishares.com).

▶ **Xtrackers** gehört zur Deutschen Bank und bietet europaweit die zweitgrößte ETF-Auswahl (https://etf.dws.com/de-DE).

▶ **Lyxor** ist eine Tochter der französischen Großbank Société Générale und nach db x-trackers der größte ETF-Anbieter in Europa. An der Deutschen Börse werden über 100 ETF dieses Anbieters gehandelt, die die wichtigsten Indizes abdecken (www.lyxoretf.de).

▶ **Amundi** ist der größte Fondsanbieter mit Hauptsitz in Europa und gehört zu 75,5 Prozent der französischen Bank Crédit Agricole (www.amundietf.com).

▶ **UBS** ist eine der bedeutendsten Banken Europas. Ihre ETF haben aktuell in Deutschland nur geringe Marktanteile (www.ubs.com).

▶ **Vanguard** ist zweitgrößter Anbieter von ETF in den USA und seit Oktober 2017 auch in Deutschland präsent. Mit dem Vanguard FTSE All World Ucits ETF bietet die Gesellschaft einen weltweit anlegenden Fonds, dessen Spektrum mit dem des MSCI All Country World vergleichbar ist.

▶ **Deka ETF** gehört zur Deka Investment GmbH und damit zum Sparkassenverbund (www.deka-etf.de).

Sowohl iShares als auch die Sparkassengesellschaft Deka haben fast ausnahmslos replizierende ETF im Angebot, also ETF, die die Originalwerte kaufen. Die meisten anderen Fondsgesellschaften bieten eine gemischte Palette mit einem Überhang an Swap-ETF. Die Gesellschaften Comstage und Amundi setzen fast ausschließlich auf Swap-Fonds.

Aktien- und Anleihen-ETF

Mit ETF auf Anleihen- und Aktienindizes können sich Anleger leicht ein breit gestreutes Basisportfolio aufbauen.

Anleger, die es sich ganz leicht machen wollen, können mit zwei ETF ein Basisportfolio aufbauen: Ein Aktien-ETF bildet den chancenorientierten Teil, ein Anleihen-ETF (auch Renten-ETF genannt) ist für die Stabilität im Portfolio zuständig. Dies ist auch die Grundidee des ↗Pantoffel-Portfolios von Finanztest.

Ausführlich zu Pantoffel-Portfolios siehe „Bequem und günstig anlegen mit Pantoffel-Portfolios", S. 159.

Bei der Auswahl des Aktien-ETF können Sie es sich ganz einfach machen und auf einen ETF setzen, der sich am MSCI World Index orientiert. Er enthält rund 1600 Aktien aus 23 entwickelten Ländern.

Möchten Sie auch Schwellenländer im Depot, bietet sich der weltweite MSCI All Country World Index an. Dieser Index umfasst über 2700 Aktien aus derzeit 23 entwickelten Ländern und 24 Schwellenländern. Wenn Sie den Anteil an Schwellenländern selbst bestimmen möchten, können Sie auf den MSCI World Index zurückgreifen und zusätzlich einen Schwellenländer-ETF auf den MSCI Emerging Markets kaufen.

Bei Renten-ETF empfehlen wir als Basisanlage solche, die auf Euro lauten. Bei ihnen gibt es kein Währungsrisiko.

Für Anleger, die andere Anlageideen haben, gibt es eine Vielzahl weiterer Indizes. Wer beispielsweise weltweit in Anleihen investieren möchte, kann einen ETF wählen, der sich am Barclays Euro Aggregate Index orientiert. Weltweite Unternehmensanleihen gibt es zum Beispiel bei einem ETF auf den Barclays Global Aggregate Corporate (= Unternehmen) Index. Als Basisanlage sind diese ETF aber zu speziell.

Auch ganze Regionen lassen sich mit ETF abdecken. Dies kann für Anleger dann sinnvoll sein, wenn sie bestimmte Regionen übergewichten wollen, weil sie diese als besonders chancenreich einschätzen. Auch wenn Anleger in bestimmte Regionen nicht investieren wollen und deshalb ein ETF auf einen weltweiten Index nicht in Frage kommt, können sie die übrigen Regionen auswählen, in die sie anlegen wollen.

Aktien-ETF finden Anleger für die Regionen Afrika, Asien, Asien-Pazifik, Europa und Osteuropa sowie Latein- und Nordamerika sowie für zahlreiche einzelne Länder wie Deutschland, Großbritannien, Brasilien, China oder Indien.

Auch wenn Anleger auf einzelne Branchen setzen wollen, werden sie bei ETF fündig. Im Aktiensegment findet man ETF aus den Bereichen

▶ Basiskonsumgüter (zum Beispiel Essen und Trinken),
▶ Energie,

> 66 **Bei der Auswahl des Aktien-ETF können Sie es sich ganz einfach machen und auf einen ETF setzen, der sich am MSCI World Index orientiert.**

- ▶ Finanzdienstleistungen,
- ▶ Gesundheitswesen,
- ▶ Grundstoffe (zum Beispiel Chemie, Bergbau),
- ▶ Industrie (zum Beispiel Güter und Dienstleistungen, Bauwesen, Materialien),
- ▶ Infrastruktur,
- ▶ Nicht-Basiskonsumgüter (zum Beispiel Luxusgüter, Medien, Autos, Freizeit, Reisen),
- ▶ Technologie,
- ▶ Telekommunikation,
- ▶ Versorger.

Bei Anleihen finden Anleger vor allem ETF, die auf die Regionen Europa und Eurozone abzielen sowie auf Anleihen der USA oder Großbritanniens. Daneben finden sich auch Dollar-Anleihen aus Schwellenländern sowie auf Anleihen in Lokalwährungen aus Ländern Asiens.

Darüber hinaus finden Anleger im Anleihenbereich ein breites Spektrum an ETF unterteilt nach

- ▶ Währungen,
- ▶ besonderen Rentenarten (Staats-, Unternehmens- und inflationsgeschützte Anleihen sowie Pfandbriefe und Wandelanleihen),

AKTIEN-ETF

Geeignet für fast alle Anleger, die ihre Renditechancen steigern wollen. Je mehr Risiko sie eingehen können, desto höher kann der Anteil an Aktien-ETF sein.

PRO

Aktien-ETF bieten ähnlich hohe Renditechancen wie Einzelaktien oder gemanagte Aktienfonds. Wie bei Letzteren sind die Risiken im Vergleich zu Einzelaktien aber breit gestreut. Aktien-ETF sind aber kostengünstiger als gemanagte Aktienfonds, und sie schneiden nie schlechter als der Index ab.

CONTRA

Aktien-ETF entwickeln sich immer nur genau wie der Index, den sie kopieren. Eine Überrendite, wie sie ein gemanagter Aktienfonds schaffen kann, ist nicht möglich.

ANLEIHEN-ETF

Geeignet für fast alle Sparer und Anleger als Basisanlage.

PRO

Mit Anleihen-ETF können Anleger auf breite Anleihe-Indizes setzen. Wichtig ist, dass sie auf Euro lauten. Dann besteht kein Währungsrisiko. Anders als Einzelanleihen haben ETF kein Fälligkeitsdatum. Anleger müssen sich also nicht um die Wiederanlage kümmern.

CONTRA

Wie Anleihen unterliegen auch Anleihen-ETF Kursschwankungen, ein Totalverlust ist aber sehr unwahrscheinlich, da sie meist eine große Anzahl von Anleihen unterschiedlicher Herausgeber enthalten. ETF auf Indizes von Fremdwährungsanleihen sind nicht geeignet.

▶ Restlaufzeiten der im Index vertretenen Anleihen sowie
▶ der Bonität der Emittenten (Investment-Grade- und Non-Investment-Grade-Anleihen).

Weitere ETF

Anleger, die neben Aktien und Anleihen weitere Anlageklassen in ihr Wertpapierportfolio einbauen möchten, finden auch dafür börsengehandelte Indexprodukte.

Mit Aktien- und Renten-ETF können auch Einsteiger leicht ein Basisdepot aufbauen. Die folgenden ETF-Arten sind um einiges spezieller und auch riskanter. Sie sind eher etwas für erfahrene Anleger, die eigene Anlageideen verfolgen, und nur als Beimischung geeignet.

Immobilien-ETF

Anleger können mit ETF auch in Immobilienmärkte investieren. Allerdings beziehen sich diese ETF nicht unmittelbar auf Immobilien, sondern auf Aktien von Immobiliengesellschaften. Das sind börsennotierte Unternehmen, deren Tätigkeitsschwerpunkt der Erwerb, die Bewirtschaftung und der Verkauf von Immobilien sind. Hier finden sich beispielsweise ETF, die die Immobilienmärkte weltweit, in den USA, Europa oder Asien nachbilden.

ETF und ETC auf Rohstoffe

Auch für Edelmetalle und Rohstoffe gibt es börsengehandelte Indexprodukte. Hier müssen Anleger aber unterscheiden: Da nach europäischem Recht Investmentfonds, zu denen die ETF auch gehören, nach dem Grundsatz der Risikostreuung nicht nur in einen bestimmten Vermögenswert anlegen dürfen, können ETF nicht in einzelne Rohstoffe investieren. Daher wurden vor einigen Jahren die

Exchange Traded Commodities (ETC) eingeführt. Diese sind wie ETF börsengehandelte Wertpapiere, rechtlich aber sind sie Schuldverschreibungen des ETC-Emittenten und keine Investmentfonds. Um eine vergleichbare Sicherheit wie die Investmentfonds mit ihrem Sondervermögen bieten zu können, hinterlegen die Herausgeber der ETC Sicherheiten bei einem Treuhänder, sodass das Emittentenrisiko stark eingeschränkt wird. Edelmetall-ETC werden in der Regel mit den entsprechenden Edelmetallen besichert. Das heißt, der Emittent hinterlegt physische Edelmetalle und besichert damit die Schuldverschreibung. Bei anderen ↗ Rohstoff-ETC werden zum Beispiel Wertpapiere hoher Bonität als Sicherheit hinterlegt.

Zu Rohstoff-ETC siehe „Fachbegriffe erklärt", „Exchange Traded Commodity", S. 179.

Daneben gibt es ETF, die breit in Rohstoffindizes investieren. Bei ihnen ist der Grundsatz der Risikostreuung gewahrt, weil sie nicht in einzelne Rohstoffe, sondern in Indizes investieren, die mehrere Rohstoffgattungen enthalten. Das können unter anderem Indizes wie der Rogers International Commodity Index (RICI) sein, die in zahlreiche Einzelrohstoffe aus den Bereichen Agrargüter, Edelmetalle, Industriemetalle und Energie investieren. Dane-

96

Mit Short-ETF können Sie kurz- und
mittelfristig Ihr Depot absichern,
wenn Sie mit fallenden Börsenkursen
rechnen, aber Ihre aktienbasierten Anlagen nicht verkaufen wollen. Dazu
müssen Sie entsprechend der Werte,
die Sie absichern wollen, Short-ETF
kaufen.
Ein Grund, die Fonds nicht gleich zu
verkaufen, könnte sein, dass Sie diese
noch vor 2009 gekauft haben. Bei solchen „Altinvestments" ist ein Veräußerungsgewinn bei einem späteren
Verkauf abgeltungsteuerfrei. Trotz einer Gesetzesänderung zum 1. Januar
2018 gibt es einen Bestandsschutz für
vor 2009 gekaufte Fonds, wenn die
steuerpflichtigen Veräußerungsgewinne einen Freibetrag von 100 000 Euro
nicht übersteigen. Unter diese Be-
standsschutz-Regelung dürften die
meisten Steuerpflichtigen fallen.

ben gibt es viele abgewandelte Indizes, die einen Korb verschiedener Rohstoffe nachbilden,
bei denen bestimmte Rohstoffbereiche (zum
Beispiel Agrargüter) ausgelassen („ex Agricul-
ture") oder anders gewichtet werden. Bei
„Capped 35/20" ETF darf zum Beispiel die
Komponente mit dem höchsten Gewicht maximal einen Anteil von 35 Prozent haben, alle
anderen dürfen höchstens mit 20 Prozent gewichtet sein.

ETF für besondere Strategien

Neben ETF, die einfach einen Markt abbilden,
gibt es für verschiedene Aktien- und Anleihe-
Indizes ETF, die die Wertentwicklung hebeln,
das heißt vervielfachen, oder sich genau entgegengesetzt entwickeln. Diese ETF sind nicht
für die langfristige Geldanlage, sondern allen-
falls zur kurzfristigen Spekulation oder Absicherung geeignet.

▶ Shortstrategien mit ETF

Im Gegensatz zu normalen ETF spiegelt ein
Short-ETF die Entwicklungen seines zugrundeliegenden Index in umgekehrter Form. Das bedeutet, dass der Wert des ETF um 10 Prozent
steigt, wenn der Index um 10 Prozent fällt. Entsprechend verläuft der ETF negativ, wenn der
Index steigt. Diese einfache Berechnung gilt
grundsätzlich aber nur, wenn es um die tägliche Wertveränderung geht. Sobald die Anlage
mehr als einen Tag erfolgt, können sich Unterschiede zwischen der Gesamtentwicklung von
Index und ETF ergeben.

*Beispiel: Fällt ein Index von seinem Ausgangsni-
veau 100 jeden Tag um 10 Prozent, steht er nach
zwei Tagen bei 81 und ist insgesamt um 19 Prozent gefallen. Denn am zweiten Tag fällt er vom
niedrigeren Niveau 90 um weitere 10 Prozent.
Ein Short-ETF auf diesen Index steigt am ersten
Tag auf 110 und von diesem Niveau um weitere
10 Prozent auf 121. Während also der Index um
19 Prozent gefallen ist, ist der Short-ETF um
21 Prozent gestiegen.*

Insbesondere bei unsteten Auf- oder Abwärtstrends, also Phasen größerer Schwankungen im Markt über mehrere Zeitperioden, können auf den ersten Blick unerwartete Ergebnisse eintreten.

Beispiel: Steigt der Basisindex zunächst von 100 auf 120 (plus 20 Prozent) und fällt anschließend wieder auf 100 (minus 16,67 Prozent), hat er in der Summe nichts gewonnen oder verloren. Der Short-ETF verliert hingegen zunächst 20 Prozent auf 80 und steigt dann um 16,67 Prozent auf 93,33 Punkte, verliert also per Saldo 6,67 Prozent.

Neben den ETF, die die tägliche inverse Wertentwicklung eines Basisindex abbilden, werden mittlerweile solche angeboten, die die monatliche inverse Wertentwicklung widerspiegeln. Beide Arten gibt es auch in gehebelten Varianten, bei denen die mehrfache inverse Entwicklung nachgebildet wird. Short-ETF gibt es auf einige große Aktienindizes, wie den Dax, den S & P 500, den Euro Stoxx 50 oder den französischen CAC 40. Auch auf Anleihenindizes, die beispielsweise europäische Staatsanleihen oder eine zehnjährige Bundesanleihe nachbilden, gibt es Short-Varianten.

▶ **Gehebelte (leveraged) ETF**
Gehebelte (englisch „leveraged") ETF auf Indizes ermöglichen es, vom Kursanstieg eines Index mehrfach zu profitieren. Zum Beispiel erzielt ein Anleger mit einem zweifach gehebelten ETF bei einem einprozentigen Kursanstieg des zugrundeliegenden Index eine Rendite von 2 Prozent. Allerdings hat er auch das doppelte Risiko: Fällt der Index um 1 Prozent, beträgt sein Verlust 2 Prozent. Der exakt zweifache Hebel ist jedoch nur auf Tagesbasis gewährleistet. Bei einem längeren Anlagezeitraum können Index- und ETF-Entwicklung stark auseinanderlaufen.

Gehebelte ETF können Anleger zur kurzfristigen Spekulation einsetzen, wenn sie einen eindeutigen Aufwärts- beziehungsweise Abwärtstrend sehen. Sie müssen ihren ETF aber dann doppelt aufmerksam beobachten, da auch Verluste gehebelt werden.

Leverage-ETF gibt es auch in der Shortvariante, das heißt, Anleger können damit auch auf fallende Kurse spekulieren. Auch hier potenzieren sich Chancen und Risiken.

Neuere Trends bei ETF
Die Anbieter von ETF sind ständig auf der Suche nach neuen Ideen und Vermarktungsstrategien. Seit einiger Zeit gibt es daher „intelligentere" ETF – sogenannte Smart-Beta-ETF. Diese versuchen nicht nur einen Index nachzubilden, sondern dessen Ergebnis zu optimieren. Dafür legen sie zusätzliche Kriterien an. Sie widersprechen damit dem Grundgedanken von ETF, wonach niemand langfristig den Markt schlagen kann,

Anleger gehen mit solchen „intelligenten" ETF letztlich eine Wette gegen den Markt ein. Im Gegensatz zu traditionellen ETF, bei denen die Gewichtung der vom ETF repräsentierten Einzelwerte in der Regel deren Marktkapitalisierung im Index entspricht, gewichten Smart-Beta-ETF die Einzelwerte anhand indi-

30
SEKUNDEN FAKTEN

ZWISCHEN 70 UND 75 BILLIONEN

US-Dollar sind weltweit laut Schätzungen von Fondsverbänden in Fonds (Investment-, Staats-, Pensions- und Hedgefonds) investiert.

4,7 BILLIONEN

Dollar haben Anleger weltweit in ETF investiert.

FAST 6 BILLIONEN

Dollar verwaltet allein Blackrock, die größte Fondsgesellschaft der Welt.

2003

wurde der erste Smart-Beta-ETF auf den Markt gebracht.

vidueller Faktoren. Einige Strategien sind durchaus nachvollziehbar und können Sinn machen. So gibt es beispielsweise ETF auf Strategie-Indizes, die Aktien mit hoher Dividendenrendite, besonderer Werthaltigkeit (Value-Titel) oder guten Wachstumsaussichten (Growth-Titel) bündeln. Bei Equal-Weight-Strategien werden alle Indexaktien gleich gewichtet, um zu verhindern, dass nur die größten Aktien die Entwicklung des Index bestimmen.

Bei herkömmlichen internationalen Anleihen-ETF besteht häufig das Problem, dass Anleger damit vor allem Papiere von besonders hoch verschuldeten Staaten und Unternehmen kaufen, was im Krisenfall sehr riskant sein kann. Auch hier gibt es als Alternative „smarte" ETF, die die Einzeltitel nach fundamentalen Daten wie Bonität, Liquidität und Renditepotenzial der Anleiheherausgeber gewichten.

Doch auch bei diesen einfachen Strategien können Anleger, die sich nicht genau informieren, Fehler machen. Eine hohe Dividendenrendite kann auch eine Aktie ausweisen, die gerade aufgrund wirtschaftlicher Schwierigkeiten stark eingebrochen ist. Indizes, die ausschließlich nach der Höhe der Dividendenrendite gewichtet werden, sind insoweit riskant. Auch verschwimmen bei den Strategie-ETF die Grenzen zu aktiv gemanagten Fonds. Während bei Letzteren ein Fondsmanager beispielsweise unterbewertete Valuetitel auswählt, erfolgt die Selektion bei Strategie-ETF anhand vorher festgelegter Regeln.

❝ **Bei Smart-Beta-ETF wissen Anleger, anders als bei „normalen" ETF, nicht mehr sofort, in welche Richtung sie sich entwickeln, wenn die Börse steigt oder fällt.**

———

Nicht mehr so einfach nachzuvollziehen sind ETF mit mathematisch optimierten Strategien. Bei Minimum-Volatility-Strategien bauen die Anbieter einen Index, in dem Aktien ein höheres Gewicht erhalten, deren Kurse möglichst wenig schwanken. Momentum-ETF setzen auf Aktien mit zuletzt guter Wertentwicklung. Quality-Strategien gewichten die Indexaktien zum Beispiel nach Kriterien wie Dividende, Cashflow, Umsatz und Buchwert. Werden verschiedene Strategien noch kombiniert, wie zum Beispiel ETF, die auf hohe Dividenden und niedrige Volatilität setzen, wird es schnell zu kompliziert.

Aber auch der Transparenz-Gedanke leidet. Bei Smart-Beta-ETF wissen Anleger, anders als bei „normalen" ETF, nicht mehr sofort, in welche Richtung sie sich entwickeln, wenn die Börse steigt oder fällt. Darüber hinaus sind die Strategie-ETF teurer als ihre nicht optimierten Verwandten.

Anleger sollten sich daher immer vergegenwärtigen: Auch Smart-Beta-ETF können nicht zaubern. Sie versuchen, das Rendite-Risiko-Profil eines Standard-ETF aufgrund von mathematisch-wissenschaftlichen Berechnungen zu optimieren. Da diese neuen ETF noch keine längere Historie haben, kann man bisher nur aus Rückrechnungen ableiten, dass sie in der Vergangenheit teilweise bessere Wertentwicklungen als traditionelle Indexfonds geliefert hätten. Ob die neuen Strategien auf Dauer und in verschiedenen Marktphasen funktionieren, wird sich noch herausstellen.

Regelmäßig schauen

Der Übergang von Smart-Beta-ETF zu aktiv gemanagten Fonds ist fließend. Anleger, die sich für Smart-Beta-ETF entscheiden, sollten diese daher ebenso regelmäßig überwachen wie aktiv gemanagte Fonds.

———

▶ **Einen strukturierten Überblick zu allen ETF, die an der Frankfurter Börse gehandelt werden, finden Sie unter http://www.boerse-frankfurt.de/etp/etfs.**

Wie Fonds ihr Geld anlegen

Teilt man die Vielzahl der angebotenen Investmentfonds in Anlageschwerpunkte ein, fällt die Orientierung leichter. Innerhalb dieser Gruppen finden Anleger dann weitere unterschiedliche Anlagestrategien.

Aktienfonds

Aktienfonds sind die größte Fondsgruppe. Manche investieren weltweit, andere nur in kleine Märkte. Die Anlagebedingungen bestimmen, wo und wie ein Fondsmanager investieren darf.

Das Angebot an Investmentfonds ist riesig. Privatanleger können mittlerweile aus Tausenden Fonds wählen. Im Produktfinder Fonds der Stiftung Warentest sind rund 18 000 Fonds gelistet, davon sind weit über 8 000 Aktienfonds. Aktienfonds sind die bekannteste Fondsgruppe. In Deutschland gibt es Aktienfonds seit 1950. Wie der Name bereits sagt, legen sie hauptsächlich in ⭷ Aktien an.

Mehr zu Aktien siehe „Gut zu wissen", S. 103.

Der Erfolg eines Aktienfonds ist vor allem davon abhängig, wie sich die Kurse der einzelnen Aktiengesellschaften, in die der Fonds investiert hat, entwickeln. Auch Dividenden, die die Unternehmen ausschütten, deren Aktien der Fonds hält, kommen den Anlegern zugute. Da Aktienkurse schwanken und Dividenden nur gezahlt werden, wenn das jeweilige Unternehmen dies beschließt und sich leisten kann, schwanken die Kurse von Aktienfonds.

Innerhalb der Anlageklasse der Aktienfonds gibt es weitere Unterteilungen. Die Anlagebedingungen eines Fonds können dem Fondsmanager vorschreiben, wie er erfolgversprechende Aktien suchen, aus welchen Regionen oder Branchen er die Papiere auswählen, an welchen Märkten er diese kaufen und ob er Absicherungs- oder Zusatzgeschäfte mit Finanzderivaten eingehen darf.

Verkaufsprospekte lesen

Wenn Sie genau wissen wollen, wie ein Fonds die eingesammelten Gelder investiert, sollten Sie den Verkaufsprospekt sorgfältig studieren. Dort steht, worin der Fonds nach seinen Anlagerichtlinien investieren kann und welche Strategie er dabei verfolgt. Leichter zu lesen sind die Wesentlichen Anlegerinformationen, englisch KIID, und das Factsheet. Aus den halbjährlich oder jährlich veröffentlichten Geschäftsberichten sehen Sie, in welche konkreten Werte der Fonds bisher investiert hat. Darin müssen die Fondsmanager über sämtliche An- und Verkäufe von Vermögensobjekten Rechenschaft ablegen und die Ergebnisse ausweisen. Eine Garantie, dass die bisherige Fondsmixtur beibehalten wird, liefern aber auch diese Informationen nicht. Bisweilen ändern Fonds ihre Anlagestrategie. Darüber werden Anleger in der Regel von ihrer Bank informiert.

Unterschiedliche Auswahlprozesse

Fondsmanager können bei der Suche nach geeigneten Aktien unterschiedlich vorgehen. Im Fondsprospekt ist dieser Auswahlprozess oft festgehalten. Sie können „von unten nach oben" vorgehen und sich in erster Linie auf die Auswahl chancenreicher Einzeltitel konzentrieren. Dieser Auswahlprozess wird Bottom-up-Ansatz genannt. Der Fondsmanager analysiert die Gewinnaussichten eines Unternehmens zunächst unabhängig vom gesamtwirtschaftlichen Umfeld. Erst danach betrachtet er die volkswirtschaftlichen Rahmendaten der Länder und Branchen, aus denen die interessanten Aktien stammen.

Ein Fondsmanager, der den Top-down-Ansatz verfolgt, geht umgekehrt vor, nämlich „von oben nach unten". Bei einem weltweit anlegenden Fonds würde er zum Beispiel erst die Regionen (etwa Nordamerika, Europa, Asien) auswählen, die er als besonders aussichtsreich ansieht. Danach würde er diejenigen Länder suchen, die innerhalb dieser Regionen aufgrund der wirtschaftlichen Perspektiven am aussichtsreichsten erscheinen. Erst im letzten Schritt würde er dann die einzelnen Aktien aussuchen, in die der Fonds investiert. (Siehe auch die ➧ Grafik „Top-down und Bottom-up").

Siehe dazu auch die Grafik „Top-down und Bottom-up" auf S. 104.

Verschiedene Anlagestile

Je nachdem, welche Kriterien ein Fondsmanager für seine Anlageentscheidung anlegt, unterscheidet man bei Fonds grundsätzlich zwei

Gut zu wissen

Aktien sind Unternehmensbeteiligungen. Eine Aktie ist eine Beteiligung an einer Aktiengesellschaft (AG). Der Aktionär ist Miteigentümer der AG, im Gegensatz zum Anleiheinhaber, der nur Gläubiger des Unternehmens ist. Ein Aktionär nimmt an der Entwicklung des Unternehmens teil. Er erhält Dividenden, wenn das Unternehmen Gewinne erzielt und einen Teil davon an die Aktionäre ausschüttet. Oftmals ist Anlegern vor allem aber die Aussicht auf Kursgewinne, also die Steigerung des Kurswertes der Aktie wichtig. Der Kurs von börsennotierten Aktien entsteht aus dem Zusammenspiel von Angebot und Nachfrage an der Börse. Laufen die Geschäfte gut, steigt meist die Nachfrage nach Aktien dieses Unternehmens und damit auch ihr Kurs.

Anlagestile: den Value- und den Growth-Ansatz.

Beim Value-Ansatz investiert der Fondsmanager in Aktien, deren aktueller Börsenkurs deutlich niedriger ist als der Preis, der nach seiner Bewertung angemessen wäre. Sie sind also aus seiner Sicht sehr preiswert. Die tatsächlichen Erträge und Ertragsaussichten der Unternehmen stehen im Vordergrund. Als Bewertungskriterien kommen dabei verschiede-

Top-down und Bottom-up

Je nachdem, ob Anleger schon bestimmte Aktien im Auge haben oder nicht, können sie bei der Fundamentalanalyse „von oben nach unten" oder „von unten nach oben" vorgehen, um attraktive Papiere zu finden.

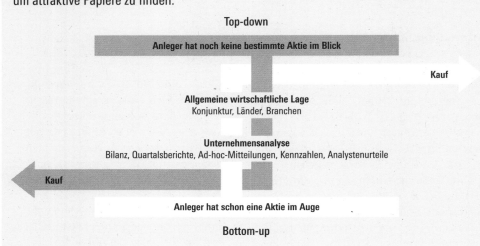

ne Kennzahlen zur Beurteilung von Aktien zur Anwendung. So zum Beispiel das Kurs-Gewinn-Verhältnis (KGV), bei dem der Kurs der Aktie in Relation zum erzielten oder erwarteten Gewinn gesetzt wird. Oder das Kurs-Buchwert-Verhältnis (KBV), bei dem der Kurs der Aktie ins Verhältnis zum bilanziell ausgewiesenen Buchwert gestellt wird. Eine weitere wichtige Kennzahl für Value-Investoren ist die Dividendenrendite. Oft geht der Value-Ansatz mit dem Bottom-up-Ansatz einher.

Beim Growth-Ansatz wählt der Fondsmanager Aktien von Unternehmen aus, die in der Zukunft ein schnelleres Wachstum erwarten lassen als andere vergleichbare Unternehmen. Bewertungskriterien sind hier vor allem Umsatz- und Gewinnwachstum. Growth-Fonds investieren daher häufig in Wachstumsbranchen wie Internet, Biotechnologie oder Informationstechnik.

Im Allgemeinen gilt der Value-Ansatz als die konservativere Anlagestrategie. Ein Growth-Manager würde auch eine für den Value-Manager schon zu teure Aktie kaufen, wenn er der Meinung ist, dass sie weiterhin Kurssteigerungspotenzial hat. Fonds mit einem Value-Ansatz eignen sich eher für vorsichtigere Anleger, da sich diese in konjunkturellen Schwächephasen häufig besser halten als die spekulativer anlegenden Growth-Fonds. Growth-Fonds erzielen dafür in Aufschwung- und Boomphasen oft bessere Ergebnisse als Value-Fonds.

Von einem Blend- oder Core-Ansatz spricht man, wenn das Fondsmanagement flexibel sowohl den Value- als auch den Growth-Ansatz verfolgt. Das Fondsmanagement versucht, die Börsentrends und die wirtschaftliche Entwicklung vorauszusehen und je nach Marktlage eher Value- oder Growth-betont anzulegen.

Anlagestrategien vergleichen

Im Produktfinder Fonds der Stiftung Warentest (www.test.de/fonds) finden Anleger zu allen Fonds Produktbeschreibungen und Bewertungen. Nach der Auswahl eines Fonds finden Sie unter dem Unterpunkt „Strategie" eine Strategiebeschreibung des Fonds. Hieraus können Sie ersehen, in welchen Anlageklassen, Ländern oder Branchen der Fonds investiert und welchen Anlagestil er verfolgt. Sie können die Fonds dort auch leicht miteinander vergleichen.

Aktienfonds Welt

Weltweit anlegende Aktienfonds suchen auf der ganzen Welt Unternehmen, in deren Aktien sie erfolgversprechend investieren können. In der Regel konzentrieren sie sich dabei auf die Industrienationen, etwa die USA, Deutschland und andere westeuropäische Staaten und Japan. Schwellenländer sind oft entweder gar nicht oder nur zu einem kleinen Teil berücksichtigt. Die Anlagen solcher Fonds sind so in der Regel über viele Länder, Währungen und Branchen verteilt.

Für Einsteiger in die Fondsanlage oder Anleger, die nur geringe Sparbeträge zur Verfügung haben, bieten sich weltweit anlegende Fonds daher als Basisinvestment an. Dabei sollten sie aber immer überlegen, ob nicht passiv gemanagte Aktien-ETF die erfolgversprechendere und bequemere Anlageform sind.

AKTIENFONDS WELT

Geeignet für fast alle Anleger, die ihre Renditechancen steigern wollen, als Basisanlage. Je mehr Risiko sie eingehen können, desto höher kann der Anteil an Aktienfonds Welt sein.

PRO

Aktienfonds Welt sind grundsätzlich sicherer als weniger breit gestreute Aktienfonds. Die breite Streuung des Anlagekapitals über viele Märkte senkt das Risiko.

CONTRA

Nur wenige internationale Aktienfonds schneiden längerfristig besser ab als vergleichbare ETF. Weltweit anlegende ETF sind eine bequemere und kostengünstigere Alternative.

Aber auch erfahrenere Anleger können hier gute Anlagemöglichkeiten finden. Denn bei diesen Fonds gibt es sehr marktnahe Fonds und solche, die marktunabhängig anlegen.

Marktnahe Fonds orientieren sich meist am MSCI World Index und investieren daher hauptsächlich in den entwickelten Märkten der Industriestaaten, vor allem in US-Aktien. Marktunabhängigere weltweit anlegende Fonds hingegen versuchen auch in Schwellenländern oder jenseits der weltweiten Standardwerte chancenreiche Unternehmen zu finden. Vor einer Anlage in einen weltweit anlegenden Fonds sollten Sie sich daher mit der Anlagephilosophie des Fonds beschäftigen. Bevorzugen Sie bei sehr marktnahen Fonds eher kostengünstigere ↗ETF.

> Mehr zu ETF als kostengünstige Alternative finden Sie im Kapitel „ETF – die besseren Fonds?", S. 75.

▶ Der Fondsfinder der Stiftung Warentest (www.test.de/fonds) gibt unter anderem Auskunft über die Marktorientierung eines Fonds. Sie zeigt, zu wie viel Prozent die Schwankungen der Fondsrendite eines gemanagten Fonds mit den Schwankungen der Marktrendite übereinstimmen. Fonds mit geringer Marktnähe verfolgen eher Sonderkonzepte.

Länder- und Regionenfonds

Länderfonds sind Aktienfonds, die nur in Aktien eines Landes investieren. Anleger können damit gezielt in diese Länder investieren, die Auswahl der einzelnen Aktien aber dem Fondsmanagement überlassen. Länderfonds eignen sich zum Beispiel für Anleger, die für einen überschaubaren Zeitraum eine dezidierte Meinung bezüglich der Entwicklung des Aktienmarktes eines Landes haben. Sie sind manchmal die einzige Möglichkeit für Privatanleger, Aktien bestimmter Länder zu kaufen, wenn der Zugang zu deren Börsen für ausländische Privatanleger beschränkt ist.

Eine weitere Möglichkeit, Länderfonds einzusetzen, ist für ein Do-it-yourself-Weltdepot. In den meisten Aktienfonds Welt nehmen die USA ein starkes Gewicht ein, oft mehr als die Hälfte. Anleger, die davon abweichen wollen, können sich ein eigenes Weltdepot zusammenstellen. Dafür können sie beispielsweise Länderfonds USA und einen Regionenfonds Europa sowie Asien, in erster Linie Japan, kombinieren. Auch den Regionenfonds Europa können erfahrene Anleger noch durch mehrere Länderfonds europäischer Staaten ersetzen.

Die Risiken von Länderfonds unterscheiden sich stark, da die Wirtschaft und die Aktienmärkte einzelner Länder zum Teil stark unterschiedlich entwickelt sind. Während die etablierten oder „klassischen" Aktienmärkte wie USA, Deutschland, Großbritannien, Frankreich, Schweiz und Japan ein breites Universum an börsennotierten Unternehmen bieten, gibt es in manchen Schwellenländern nur wenige Unternehmen, in die ausländische Anleger über Aktienfonds investieren können. In den klassischen Märkten hat ein Fondsmanager somit trotz Begrenzung seiner Anlagemöglichkeiten auf ein Land leichter die Möglichkeit, ein diversifiziertes Fondsvermögen aufzubauen.

Vor allem die Länderfonds der etablierten Märkte lassen sich nach ihrem Anlageschwerpunkt unterscheiden. So gibt es Fonds, die eher in die großen Standardwerte investieren.

Für einen Deutschlandfonds wären dies zum Beispiel insbesondere Aktien von Dax-Unternehmen. Daneben gibt es Fonds, die sich eher auf mittlere und kleine Unternehmen konzentrieren, bei einem Deutschlandfonds beispielsweise auf Werte aus dem MDax, TecDax und SDax. Länderfonds auf etablierte Märkte sind weniger spekulativ als Länderfonds auf Schwellenländer. Die Unternehmen aus den entwickelten Ländern agieren oftmals weltweit und sind daher nicht ausschließlich von der wirtschaftlichen Entwicklung ihres Heimatmarktes abhängig.

Die Entwicklung eines Länderfonds müssen Anleger viel stärker überwachen als breiter gestreute Regionen- oder Weltfonds, weil auf starke Aufschwungphasen eines Landes häufig stärkere Korrekturen und jahrelange Seitwärtsbewegungen folgen können. Politische Unruhen, Naturkatastrophen oder wirtschaftliche Fehlentwicklungen können den Aktienmarkt eines Landes herunterziehen, während die restlichen Aktienmärkte auf der Welt davon weitgehend unberührt bleiben. Schwellenländer sind weitaus anfälliger bei solchen Schocks als entwickelte Industriestaaten. Das Fondsmanagement eines Länderfonds kann aber in solchen Abwärtsphasen nicht auf andere Länder ausweichen, da das seinen Anlagegrundsätzen widersprechen würde.

Für Anleger, die in mehrere Länder oder die Wachstumsregionen der Schwellenländer investieren wollen, bieten sich Regionenfonds an. Weil sie mehrere Länder einer Region abdecken, ist das Risiko geringer, das falsche Land zu erwischen. Außerdem sind viele Börsen der

LÄNDER- UND REGIONENFONDS

Geeignet für erfahrenere Anleger mit größerem Vermögen als Beimischung. Ausnahme: Aktienfonds Europa können auch als Basisanlage eingesetzt werden.

PRO

Sie bieten Anlegern die Möglichkeit, gezielt auf die Wertentwicklungen bestimmter Länder und Regionen (wie zum Beispiel Asien, Lateinamerika) zu setzen. Wenn der jeweilige Aktienmarkt boomt, sind überdurchschnittliche Renditen möglich.

CONTRA

Wegen der geringen Risikostreuung sind hohe Verluste möglich. Vor allem Länderfonds auf Schwellenländer sind sehr riskant. Länder- und Regionen-ETF sind bequemer und kostengünstiger.

Schwellenländer noch recht schwach kapitalisiert. Das bedeutet, dass Veränderungen bei einem Unternehmen oft große Auswirkungen

SCHWELLEN-LÄNDERFONDS

Geeignet für Anleger, die langfristig anlegen wollen und eine höhere Risikobereitschaft haben.

PRO

Schwellenländerfonds können als Beimischung die Renditechancen des Gesamtdepots verbessern, ohne dass das Gesamtrisiko stark zunimmt.

CONTRA

Die Wertschwankungen von Schwellenländeraktien sind stärker als die von Industrienationen. Nur wenige aktiv gemanagte Schwellenländerfonds schneiden besser ab als vergleichbare ETF. ETF sind eine bequemere und kostengünstigere Alternative.

diese Länder sich besser als Brasilien entwickeln. Neben Lateinamerikafonds gibt es Regionenfonds unter anderem für die Wachstumsregionen in Asien und im pazifischen Raum, aber auch für den Mittleren Osten und Afrika.

Auch wenn Sie eher im europäischen Raum anlegen wollen, können Sie auf Regionenfonds zurückgreifen. Europäische Aktienfonds konzentrieren sich vor allem auf West-, Mittel- und Südeuropa sowie Skandinavien. Daneben gibt es Fonds, die ausschließlich Aktien von Unternehmen aus Ländern der Eurozone kaufen. Sie weisen kein Währungsrisiko auf, im Gegensatz zu den breiter aufgestellten Europafonds, die auch in Länder Europas investieren, die nicht den Euro als Währung haben. Dafür fehlen den Euroland-Fonds aber eben wichtige Börsenländer wie Großbritannien, Schweden und die Schweiz.

Für die Regionen Osteuropas gibt es spezielle Osteuropafonds, die in osteuropäische Schwellenmärkte investieren, ebenso werden Nordeuropafonds angeboten, in denen speziell die skandinavischen Länder vertreten sind.

Schwellenländerfonds, BRICS, Next-11

Während sich das Wirtschaftswachstum in den entwickelten Industriestaaten nur wenig ändert, sind die Zuwachsraten in Schwellenländern mitunter zweistellig. Ein Investment über Fonds in nur ein einziges Schwellenland ist allerdings zum einen äußerst riskant, zum anderen bei vielen Ländern gar nicht, bei anderen nur über einen ETF möglich. Es gibt aber

auf einen solchen Index haben können. Diesen kann sich ein Länderfonds schwer entziehen. Ein Anleger, der in einen Lateinamerikafonds investiert, statt in einen Brasilienfonds, profitiert zum Beispiel auch, wenn der Fonds mexikanische und chilenische Aktien besitzt und

Schwellenländerfonds, die nicht auf ein Land begrenzt sind, sondern zahlreiche Schwellenländer weltweit oder Schwellenländerregionen umfassen. Damit ist das Risiko dann besser gestreut. Aber Vorsicht: Manche dieser Fonds haben ein oder mehrere Länder besonders übergewichtet, sodass eine besondere Abhängigkeit von der Entwicklung in diesen Ländern und damit ein erhöhtes Risiko besteht. Beispielsweise hat Russland in Osteuropafonds oft einen hohen Anteil. Deshalb lohnt immer ein genauerer Blick auf die Fondszusammensetzung.

Daneben gibt es Fonds, die sich gezielt auf mehrere Schwellenländer konzentrieren. Mitunter stehen vor allem Strategien der Anbieter zur Vermarktung neuer Fonds dahinter. Die Bündelung von Schwellenländern unter dem Kürzel „BRIC" ist die bekannteste davon. Sie wurde Ende 2001 ins Leben gerufen. Dahinter stehen die größten Schwellenländer Brasilien, Russland, Indien und China. Dann wurden die BRIC-Staaten noch um Südafrika zu den BRICS erweitert. Seit einiger Zeit schneiden diese Fonds allerdings schlechter ab als breiter anlegende Schwellenländerfonds.

Das „Next-11"-Konzept fasste elf Schwellenländer mit aussichtsreichen demografischen Faktoren (hohe Einwohnerzahlen und vorteilhafte Altersstruktur) zusammen. Sie sind noch nicht so weit entwickelt wie die BRICS, könnten aber einen ähnlichen wirtschaftlichen Aufschwung wie diese vor sich haben. Zu dieser Gruppe gehörten Ägypten, Bangladesch, Indonesien, Iran, Mexiko, Nigeria, Pakistan, die Philippinen, Südkorea, die Türkei und Vietnam.

Für dieses Konzept sprechen zwar gute Gründe: Die Next-11-Länder sind geografisch breit gestreut, sie befinden sich in unterschiedlichen Entwicklungsstadien und lassen insbesondere aufgrund ihrer jungen Bevölkerung ein hohes Wachstum durch Binnennachfrage und Konsum erwarten. Aber auch hier sollten sich Anleger fragen, warum sie nur in diesen elf Ländern investieren sollten.

Eine weitere Bündelung, die unter dem Titel „MIST"-Fonds vertrieben wird, steht für Anlageziele in Mexiko, Indonesien, Südkorea und der Türkei. Während das Wort „mist" im Englischen „Nebel" bedeutet und damit den Hauch des Geheimnisvollen hat, ist es marketingtechnisch in Deutschland unter dieser Bezeichnung schwer an den Mann oder die Frau zu bringen. Daher werden diese Fonds auch unter dem Kürzel „SMIT" vertrieben.

Eine weitere Alternative für Anleger sollen nach dem Willen mancher Fondsgesellschaften die „TICKS" sein. Dieses Kunstwort steht für die Länder Taiwan, Indien, China, Korea und Südafrika. Diesen Ländern, die vor allem Stärken im Bereich Technologie aufweisen, trauen manche Experten bessere Ergebnisse zu als den häufig vor allem Rohstoffe exportierenden Schwellenländern.

Und was ist nun das Fazit dieser kleinen Buchstabenlehre? Wenn Sie Schwerpunkte setzen und entsprechende Risiken eingehen möchten, können Sie einen kleinen Teil Ihres Geldes so investieren. Sinnvoller ist es aber, breit gestreute Schwellenländerfonds zu wählen und sich nicht auf einige Buchstaben zu beschränken, die gerade en vogue sind.

BRANCHEN- UND THEMENFONDS

Geeignet für erfahrene Anleger mit größerem Vermögen, die bewusst auf die Entwicklung spezieller Branchen oder Anlagethemen setzen möchten.

PRO

Wenn eine Branche oder eine Anlageidee gerade in Mode ist, sind hohe Renditen möglich.

CONTRA

Sofern allerdings die Branche oder das Anlagethema in Ungnade fällt oder die Wachstumsaussichten stagnieren, sind hohe Verluste möglich. Wegen ihrer starken Fokussierung bieten sie nur eine geringe Risikostreuung. Entsprechende ETF sind eine bequemere und kostengünstigere Alternative.

Branchenfonds

Branchenfonds investieren nur in einzelne Branchen und Wirtschaftszweige. Dies sind häufig Wachstums- und Zukunftsbranchen, denen ein überdurchschnittliches Ertragspo-tenzial vorausgesagt wird. Branchenfonds gibt es zum Beispiel für die Bereiche Biotechnologie, Chemie, Pharma und Gesundheit, Internet, Technologie und Telekommunikation sowie Rohstoffe. Obwohl die Fonds meist weltweit anlegen, sind diese Märkte in der Regel recht eng, das heißt, die Auswahl an Unternehmen, in die ein Branchenfonds investieren kann, ist begrenzt.

> 66 **Bei Branchenfonds spielt oft der Zeitpunkt des Ein- und Ausstiegs eine entscheidende Rolle.**

Bei Branchenfonds spielt oft der Zeitpunkt des Ein- und Ausstiegs eine entscheidende Rolle. Steigen Anleger früh genug in eine Branche ein, die am Beginn eines Aufwärtstrends oder sogar neuen Booms steht, sind hohe Gewinne möglich – vorausgesetzt, sie steigen rechtzeitig wieder aus. Dies gilt insbesondere für Branchen, die gerade von neuen und umwälzenden Entwicklungen profitieren. Steht ein Wirtschaftszweig hingegen bereits nahe seinem Höhepunkt oder hat diesen bereits überschritten, ist das Verlustrisiko bei Branchenfonds besonders hoch.

Negative Meldungen zu einem Unternehmen übertragen Börsianer meist auf Konkurrenzunternehmen der gleichen Branche. Folge ist dann, dass alle Aktien eines Branchenfonds Verluste hinnehmen müssen, weil keine Streuung über verschiedene Wirtschaftszweige vorliegt. Auch hier kann der Fondsmanager die Anlegergelder nicht einfach in Aktien anderer Branchen umschichten, da die Anlagestrategie auf die eine Branche festgeschrieben ist.

Themenfonds

Themenfonds konzentrieren sich auf bestimmte Anlagethemen wie zum Beispiel Infrastruktur, Lifestyle oder Wasser. Ebenso wie Branchenfonds bieten sie die Chance auf überdurchschnittliche Renditen, wenn Anleger den richtigen Zeitpunkt erwischen und den Fonds kaufen, bevor sich ein Thema zum vielbeachteten Anlagethema entwickelt. Aber auch hier besteht die Gefahr, dass es sich nur um eine kurzfristige Mode handelt und Anleger erst einsteigen, wenn die größten Gewinnsprünge schon erfolgt sind. Manche Themen wie zum Beispiel „Demografischer Wandel" sind hingegen eher Anlagen für langfristig orientierte Anleger.

Besondere Risiken bei Länder-, Branchen- und Themenfonds

Länder-, Branchen- und Themenfonds können für kurz- und mittelfristige Spekulationen auf kommende Modethemen genutzt werden, oder um besonders erfolgversprechende Themen überzugewichten. Sie eignen sich aber nur für Anleger, die die entsprechenden Märkte genau beobachten und damit in der Lage sind, rechtzeitig wieder auszusteigen.

Grundsätzlich gilt: Je spezieller die Ausrichtung eines Fonds, umso größer sowohl seine Chancen als auch Risiken, da die Fondsmana-

Gut zu wissen

Neue Megatrends erkennen. Wer aufmerksam Wirtschaftsthemen und -entwicklungen in den Medien verfolgt und richtig einschätzt, kann frühzeitig Wirtschaftszweige identifizieren, die eine überdurchschnittliche Entwicklung erwarten lassen. Das bietet die Chance auf kurzfristige Gewinne. Seien Sie aber vorsichtig, wenn Fondsgesellschaften vermehrt neue Fonds für eine Branche oder ein Thema auflegen: Dies ist oft ein Zeichen, dass eine Branche eben kein Geheimtipp mehr ist und ihren Höhepunkt bereits gesehen hat. Besser kann es dann sein, frühzeitig Einzelaktien von Marktführern zu kaufen. Wenn Fondsgesellschaften ein neues „In"-Thema identifizieren, werden Fonds diese Aktien kaufen und damit deren Wert steigen lassen.

ger nicht in Aktien anderer Länder oder Anlagethemen ausweichen dürfen. Ist ein besonderes Anlagethema erst einmal out, dauert es häufig viel länger als beim breiten Aktienmarkt, bis sich die Kurse der einstigen In-Titel erholen. Manche Branchen erholen sich so zögerlich, dass sie die alten Höchstkurse wohl nie mehr erreichen werden. Sie sollten exotische Länder-, Branchen- und Themenfonds daher nur als Beimischung in Ihrem Anlagekonzept ansehen. Dies gilt ganz besonders, wenn Sie zu einem bestimmten Zeitpunkt auf die Erträge oder Verkaufserlöse dieser Fonds angewiesen sind, zum Beispiel zur Altersversorgung.

▶ **Klumpen vermeiden**

Außerdem sollten Sie aufpassen, dass Sie durch die Beimischung dieser Fonds nicht übermäßige Klumpenrisiken eingehen. Das ist der Fall, wenn auch breit anlegende Fonds in Ihrem Portfolio stark auf die in den Länder-, Branchen- und Themenfonds enthaltenen Aktien setzen. Hätten Sie dort beispielsweise einen Aktienfonds Welt, der stark in Finanztiteln anlegt, und würden sich einen Branchenfonds auf die Finanzindustrie hinzukaufen, würden Sie ein besonderes Klumpenrisiko eingehen, falls aufgrund einer erneuten Finanzkrise Finanztitel besonders stark leiden. Daher sollten Sie auch bei breit anlegenden Fonds darauf achten, was deren größte Positionen und Branchen sind, wenn Sie daneben andere Fonds mit speziellen Anlagethemen besitzen.

▶ **Fondsschließungen und -fusionen**

Gerade bei Fonds, die auf sehr spezielle Themen setzen, besteht die Gefahr, dass diese nicht genügend Anlegergelder einsammeln können, um langfristig nach Abzug der Kosten für Management und Fondsverwaltung ausreichend profitabel arbeiten zu können. Die Mindestgröße eines Fonds sollte bei 50 Millionen Euro liegen.

Ist ein Fonds zu klein und somit unrentabel, hat die Fondsgesellschaft letztlich zwei Möglichkeiten: Sie kann den Fonds entweder schließen oder ihn mit anderen Fonds zusammenlegen (fusionieren). Die Fondsgesellschaft muss die anstehende Auflösung eines Fonds sechs Monate vorher ankündigen, eine Fusion drei Monate vorher.

Eine Fondsschließung wird steuerlich wie ein Verkauf gewertet. Eine Fusion ist hingegen ein steuerneutraler Vorgang. Die Anleger erhalten Anteile des neuen Fonds, und diese treten steuerlich an die Stelle der alten.

Anleger sollten bei einer Fondsfusion prüfen, ob und wie der Anlageschwerpunkt des neuen Fonds vom alten abweicht und ob er weiterhin zu ihren Anlagezielen passt. Sie sollten außerdem recherchieren, ob der vorgeschlagene Fonds in der Vergangenheit gute Ergebnisse erzielt hat. Andernfalls können sie oft kostenlos in einen vergleichbaren Fonds bei derselben Fondsgesellschaft wechseln. Bei einer angekündigten Fondsschließung verkaufen Anleger ihre Anteile besser, da am Ende die Fixkosten für Personal und Jahresabschluss zu stark auf die Rendite drücken.

▶ **Sie möchten wissen, wie ein bestimmter Fonds anlegt? Gemanagte Fonds veröffentlichen ihre größten Positionen meist in monatlichen Kurzberichten (Factsheets) und in den Halbjahresberichten. Diese finden Sie unter anderem auf den Homepages der Fondsgesellschaften oder von Direktbanken. Unser Fondsfinder (www.test.de/fonds) zeigt für jeden Fonds die größten Positionen, Anlageklassen und -länder sowie Branchen in Prozent.**

Rentenfonds (Anleihefonds)

Investmentfonds, die in Anleihen investieren, nennt man Rentenfonds. Sie taugen als Sicherheitsbaustein im Depot. Aber es gibt auch
spekulative Varianten.

„Renten" ist ein Synonym für Anleihen oder festverzinsliche Wertpapiere. Rentenfonds investieren daher grundsätzlich in Anleihen. Sie gelten als Klassiker der soliden Fondsanlage, da sie oft in sichere Zinstitel investieren. So pauschal kann man das allerdings nicht sagen, weil es sehr darauf ankommt, wie ein Fonds die Kundengelder konkret anlegt. Bei Rentenfonds gibt es eine große Bandbreite von sehr sicheren bis spekulativen Anlagen.

Wie riskant eine Anleihe ist, hängt in erster Linie davon ab, wer sie herausgibt. Der Käufer einer Anleihe leiht dem Herausgeber (Emittenten) der Anleihe Geld. Der Emittent muss dem Anleihekäufer einen Zins zahlen und am Ende der Laufzeit das Geld zurückgeben. Die Gesamtrendite der Anlage setzt sich im Wesentlichen aus dem Zins und einem möglichen Kursgewinn oder -verlust während der Haltedauer der Anleihe zusammen.

Welchen Zinssatz ein Emittent bieten muss, damit ihm Anleger Geld leihen, hängt von verschiedenen Faktoren ab. In der Regel ist der Zins umso höher, je länger die Laufzeit ist, da Anleger länger nicht mit ihrem Geld arbeiten oder es ausgeben können. Außerdem kommt es auf die Bonität des Emittenten an. Je unzuverlässiger ein Emittent ist, umso höher muss der Zins als Ausgleich für das Risiko des Anle-

gers sein, dass er sein eingesetztes Geld nicht zurückbekommen könnte. Eine deutsche Staatsanleihe hat zum Beispiel eine höhere Bonität als eine italienische, folglich muss der deutsche Staat geringere Zinsen für die von ihm begebenen Anleihen zahlen. Ratingagenturen bewerten die Ausfallwahrscheinlichkeiten von Anleiheemittenten und geben damit Anhaltspunkte für das Risiko, das bei einem Anleiheinvestment besteht (⌐ Tabelle „Die Notenskala der Bonitäts-prüfer").

Siehe „Die Notenskala der Bonitätsprüfer", S. 114.

Ein weiterer Einflussfaktor für den Zins ist die Inflationserwartung. Je höher sie ist, umso höher muss der Zins sein, denn ein potenzieller Käufer möchte einen Ausgleich für die Geldentwertung während der Laufzeit der Anlage.

Der Nennwert einer Anleihe ist der Betrag, auf den die Zinsen (Kupon) gezahlt werden und zu dem die Anleihe bei Laufzeitende zurückgezahlt werden muss. Da Anleihen während der Laufzeit gehandelt werden können, haben sie einen Kurswert, der ihren aktuellen Preis ausdrückt. Der Kurswert wird in Prozent vom Nennwert angegeben. Daraus folgt, dass ein Anleger oder ein Fondsmanager einen Kursgewinn erzielen kann, wenn er eine Anleihe mit einem Kurswert von unter 100 Prozent

Die Notenskala der Bonitätsprüfer

Moody's	Standard & Poor's, Fitch	Was steckt hinter der Note?
Investment Grade		
Aaa	AAA	Hochqualitative Anleihen. Die Rückzahlung von Zinsen und des eingesetzten Kapitals gilt als sehr sicher.
Aa1; Aa2; Aa3	AA+; AA; AA−	Anleihen mit sehr hoher Sicherheit, geringes Ausfallrisiko. Zins und Tilgung werden mit sehr hoher Wahrscheinlichkeit geleistet.
A1; A2; A3	A+; A; A−	Gute Bonität. Viele Kriterien deuten darauf hin, dass Zins und Tilgung geleistet werden. Es gibt aber ein Restrisiko.
Baa1; Baa2; Baa3	BBB+; BBB; BBB−	Durchschnittliche Bonität. Anleger, die nicht spekulieren wollen, sollten keine schlechter bewerteten Anleihen kaufen.
Non-Investment Grade		
Ba1; Ba2; Ba3	BB+; BB; BB−	Hohes Risiko. Zurzeit werden Zins und Tilgung zwar noch gezahlt, doch langfristig ist das Risiko eines Zahlungsausfalls hoch.
B1; B2; B3	B+; B; B−	Spekulative Anlage. Rückzahlung der Anleihen ist stark gefährdet.
Caa; Ca; C	CCC; CC; C	Hoch spekulativ. Zahlungsverzug ist eingetreten (Moody's) oder es besteht eine direkte Gefahr für einen Zahlungsverzug (S&P).

kauft und diese zum Laufzeitende zum Nennwert zurückgibt. Der Kurswert hängt vor allem vom aktuellen Zinsniveau sowie von eventuellen Veränderungen der Bonität des Anleiheherausgebers ab. Steigen beispielsweise die Marktzinsen, fällt der Kurs einer bereits umlaufenden Anleihe. Denn Anleger würden dann eher neue Anleihen mit höherem Zins kaufen. Man spricht hier vom Zinsänderungsrisiko (⌅ Grafik „So beeinflusst der Marktzins Kurs und Rendite von Anleihen").

Auch Rentenfonds haben Risiken

Rentenfonds gelten zwar als relativ sichere Anlage, gänzlich risikofrei sind aber selbst Euro-Staatsanleihenfonds nicht. Rentenfonds sind zum Beispiel nicht einlagengesichert wie Festgeldangebote von Banken der Europäischen Union. Auch kann der Ertrag nicht vorher bestimmt werden, da Rentenfonds keine feste Laufzeit haben. Je nach der Art der Anleihen, die sie im Fondsvermögen halten, können Rentenfonds ganz unterschiedliche Risiken,

So beeinflusst der Marktzins Kurs und Rendite von Anleihen

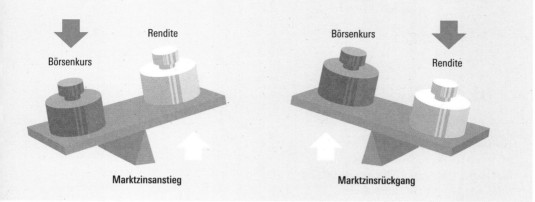

aber auch Chancen aufweisen. Anhand von drei Risikoarten können Anleger Rentenfonds sortieren und bewerten:

- ▶ **Kreditqualität der Anleihen:** Je nach Kreditwürdigkeit der Anleiheherausgeber, von denen der Fonds Papiere hält, kann man hier Abstufungen machen. Das Spektrum reicht von erstklassigen Staatsanleihen solider Staaten bis zu hochverzinslichen Anleihen stark verschuldeter Länder oder Unternehmen.
- ▶ **Zinsrisiko der Anleihen:** Von Marktzinsänderungen können Fonds je nach Restlaufzeiten der Anleihen im Fondsvermögen unterschiedlich stark betroffen sein. Das Spektrum reicht von Geldmarktpapieren und kurzfristigen Anleihen bis zu Anleihen mit langen Laufzeiten.
- ▶ **Währungsrisiko der Anleihen:** Während Euro-Rentenfonds kein Währungsrisiko für Anleger aus dem Euroraum aufweisen, bestehen bei anderen Fonds möglicherweise hohe Wechselkursrisiken.

Staatsanleihenfonds

Der Klassiker für sicherheitsorientierte Anleger sind Euro-Staatsanleihenfonds. Das sind Investmentfonds, die Staatsanleihen der sichereren Euroländer kaufen. Die Anleihen notieren in Euro oder sind gegen Währungsschwankungen abgesichert. Daneben gibt es Rentenfonds, die in Staatsanleihen anderer Länder investieren, die in deren Währung begeben werden. Das sind zum Beispiel US-Staatsanleihen-Rentenfonds, die ausschließlich in US-Dollar-notierte US-Staatsanleihen anlegen. Weltweit in Staatsanleihen verschiedener Währungen anlegende Rentenfonds halten Staatsanleihen verschiedener Länder und Währungen im Sondervermögen.

Fondswährung ist nicht gleich Währung der Einzelanlagen

Die Währung, in der ein Fonds seine Rechnungen führt und der Rücknahmepreis berechnet wird, ist die Fondswährung. Da ein Euro-Staatsanleihenfonds

RENTENFONDS
STAATSANLEIHEN

Geeignet für sicherheitsorientierte Anleger und als Basisanlage für fast jedes Depot, vorausgesetzt, die Anleihen lauten auf Euro. Fremdwährungsanleihen sind nicht geeignet.

PRO

Staatsanleihen solider Länder mit hoher Bonität sind sichere Anlagen. Staatsanleihenfonds streuen Anleihen verschiedener Staaten und minimieren so das Risiko. Anleger brauchen sich nicht um die Wiederanlage fälliger Anleihen kümmern.

CONTRA

Die Rendite von Staatsanleihenfonds mit Anleihen bonitätsstarker Länder ist gering. Je geringer die Kreditwürdigkeit, desto höher sind die Renditechancen, aber auch die Risiken. Kurzfristig können Fonds bei Marktzinserhöhungen Verluste erleiden. ETF auf entsprechende Indizes sind eine bequemere und kostengünstigere Alternative.

nur Staatsanleihen aus dem Euroraum enthält, entspricht hier die Fondswährung der Währung der Einzelanlagen. Ist die Fondswährung eines Rentenfonds eine ausländische Währung, wie zum Beispiel US-Dollar, investiert er meist überwiegend in Anleihen dieser Währung. Es besteht insoweit ein Währungsrisiko für Anleger aus dem Euroraum, denn beim Kauf und späteren Verkauf der Fondsanteile wird der Wechselkurs (vom Euro in Fremdwährung und zurück) nie genau gleich sein.

Dasselbe Risiko hätte der Euro-Anleger aber auch, wenn die Fondswährung zwar Euro wäre, der Fonds aber in ausländische Anlagen, zum Beispiel US-Staatsanleihen, investieren würde. Bei einer Notierung in Euro werden lediglich die Werte der US-Dollar-Anleihen anhand des aktuellen Wechselkurses in Euro umgerechnet. Das heißt: Das Währungsrisiko hängt nicht mit der Fondswährung zusammen, sondern mit den Preisen der im Fonds enthaltenen Fremdwährungs-Anleihen.

Anleger aus dem Euroraum, die jedes Währungsrisiko ausschließen wollen, dürfen also nur Rentenfonds kaufen, die in auf Euro lautende Staatsanleihen investieren. Neben den Staaten aus dem Euroraum können auch andere Länder Anleihen in Euro begeben. Anleger finden sie im Fondsfinder der Stiftung Warentest unter der Bezeichnung „Staatsanleihen Welt (Euro)".

Eine weitere Möglichkeit, jedes Währungsrisiko auszuschließen, sind Fonds, die Dollar- oder Fremdwährungsrisiken absichern (Euro-hedged).

Rentenfonds Staatsanleihen lassen sich nicht nur nach Regionen einteilen (zum Beispiel nach Welt, Euroraum, USA), sondern auch nach den Restlaufzeiten der vom Fonds gehaltenen Papiere. Die Laufzeiten von Anleihen in „Langläufer"-Fonds betragen oft 7 bis 20 Jahre. „Kurzläufer"-Fonds bevorzugen Anleihen, die nur ein bis drei Jahre laufen.

Wenn die Marktzinsen sinken, können Fonds von Kursgewinnen profitieren. (Anleihen steigen im Wert, wenn die Zinsen am Markt fallen.) Steigen die Zinsen, kann das zu Kursverlusten der Rentenfonds führen. Je langfristiger die Ausrichtung des Fonds, desto stärker reagiert er auf Zinsschwankungen am Kapitalmarkt.

Fonds, die auf kurze oder lange Laufzeiten setzen, sind etwas für Anleger, die eine bestimmte Zinsentwicklung erwarten. Anleger, die sich nicht mit zukünftigen Zinserwartungen beschäftigen oder die für alle Entwicklungen gewappnet sein wollen, sind mit Fonds mittlerer Laufzeit gut bedient. Oder sie wählen Fonds ohne Laufzeitbeschränkung. Bei ihnen entscheidet der Fondsmanager über die Laufzeitenausrichtung.

30
SEKUNDEN FAKTEN

ÜBER 22 000
Rentenfonds werden weltweit angeboten.

ÜBER 40 000
Aktienfonds stehen dem weltweit gegenüber.

209 MILLIARDEN
Dollar betrug der Wert des größten Rentenfonds der Welt, des Total Bond Market Indexfonds der Fondsgesellschaft Vanguard, Ende Februar 2019.

757 MILLIARDEN
Dollar ist der größte Fonds der Welt schwer, der Vanguard Total Stock Market Index Fund. Er ist ebenfalls ein (Aktien-)Indexfonds.

RENTENFONDS
SONSTIGE ANLEIHEN

Geeignet für sicherheitsorientierte bis spekulative Anleger – je nach Bonität der Herausgeber der Anleihen im Fonds.

PRO

Durch die Streuung vieler Anleihen ist das Verlustrisiko gegenüber der Anlage in Einzelanleihen minimiert. Anleger brauchen sich nicht um die Wiederanlage fälliger Anleihen zu kümmern.

CONTRA

Die Rendite von Rentenfonds mit Anleihen bonitätsstarker Herausgeber ist – insbesondere nach Abzug der Verwaltungskosten des Fonds – gering. Kurzfristig können Fonds bei Marktzinserhöhungen Verluste erleiden. ETF auf entsprechende Indizes sind eine kostengünstigere und bequemere Alternative.

Rentenfonds mit sonstigen Anleihen

Es gibt Rentenfonds, die nicht nur in Staatsanleihen, sondern auch in Anleihen anderer Emittenten anlegen. Euro-Rentenfonds kaufen außer Staats- auch Unternehmensanleihen, die in Euro begeben wurden. Daneben gibt es Rentenfonds, die in Papiere aus bestimmten Regionen oder Ländern und deren Währungen investieren. So gibt es zum Beispiel Rentenfonds aus den Regionen Welt, Asien/Pazifik, Schwellenländer, Osteuropa, Skandinavien oder den Ländern USA, Schweiz und Großbritannien.

Von High-Yield-Fonds spricht man, wenn diese sich auf Hochzinsanleihen von Herausgebern – meist Unternehmen – mit schlechter Kreditwürdigkeit konzentrieren. Emerging-Market-Fonds nehmen überwiegend Staatspapiere von Schwellenländern in unterschiedlichen Währungen ins Depot.

Rentenfonds, die auf bestimmte Regionen setzen, können je nach Region und Anleiheherausgeber sicher bis spekulativ sein. High-Yield-Fonds sind immer riskant und eignen sich nur für erfahrenere Anleger.

Daneben gibt es Rentenfonds, die sich auf einzelne Themen wie inflationsgeschützte Anleihen, Wandelanleihen oder Pfandbriefe spezialisiert haben. Diese halten dann nur entsprechende Papiere im Sondervermögen.

Mischfonds

Manager von Mischfonds können theoretisch auf jede Entwicklung reagieren, indem sie die Gewichtungen im Fonds ändern. Doch nur wenigen gelingt dies besser als ein Mix aus Aktien- und Rentenfonds.

Mischfonds sind bei Anlegern und Finanzberatern sehr beliebt. Denn viele wollen sich nicht damit beschäftigen, welche Anlageklassen gerade besonders chancenreich sind. Mischfonds scheinen die Lösung zu sein: Bei diesen Investmentfonds können Fondsmanager sowohl in Aktien, Anleihen, Geldmarkttitel, Rohstoffe, Edelmetalle als auch Immobilien-Sondervermögen investieren.

Vermögensverwaltung für Kleinanleger

Vor allem das Market timing, also die Entscheidung, wann einzelne Anlageklassen – vor allem Aktien oder Anleihen – zugunsten anderer übergewichtet werden, können Anleger mit Mischfonds auf das Fondsmanagement übertragen. Dieses soll dann beispielsweise den richtigen Zeitpunkt zum Ausstieg aus Aktien finden, wenn stärkere Kursrückgänge drohen, und in sicherere Anlageformen wie Anleihen umschichten. Bei vielen Mischfonds ist in den Anlagebedingungen festgelegt, wie hoch der Aktien- beziehungsweise der Anleihenanteil in etwa sein soll. Die Höhe der Aktienquote bestimmt im Wesentlichen das Kursschwankungsrisiko. Man kann Mischfonds grob in vier Risikovarianten einteilen:

1. **Konservative Mischfonds** beschränken den maximal möglichen Aktienanteil am Fondsvermögen oft auf 20 bis 30 Prozent.
2. **Ausgewogene Mischfonds** dürfen in etwa gleichgewichtet in Aktien und Anleihen anlegen.
3. **Offensive Mischfonds** erlauben mitunter Aktienquoten von 70 Prozent.
4. **Flexible Mischfonds,** die entweder gar keine Aktien halten oder sogar alles in Aktien investieren können.

Sollte das Fondsmanagement aber pessimistisch für die Entwicklung der Aktienmärkte sein, kann es die Aktienquoten bei allen Mischfondsarten auch bis auf null reduzieren und dafür zum Beispiel mehr festverzinsliche Anleihen kaufen.

Beispiel: So könnte ein Mischfondsmanager handeln:
→ *Beginnender Aufschwung: Rohstoffe kaufen, Aktien übergewichten*
→ *Beginnender Abschwung: Immobilien und Anleihen übergewichten*

MISCHFONDS

Geeignet für Anleger, die langfristig anlegen und sich nicht selbst regelmäßig um die Zusammensetzung ihres Fondsdepots kümmern wollen.

PRO

Mischfonds sind bequem, da Fondsmanager dem Anleger die Entscheidung abnehmen, in bestimmten Marktphasen die Aktienquote zu erhöhen oder zu reduzieren. Sie sind weniger risikoreich als Aktienfonds, haben aber höhere Renditechancen als Rentenfonds.

CONTRA

Auch gute Mischfonds schnitten in der Vergangenheit selten besser ab als eine einfache Mischung aus Aktien- und Renten-ETF. Der selbst zusammengestellte Mix aus ETF ist die kostengünstigere Alternative.

→ *Seitwärtsbewegung: je nach erwarteter Auflösung der Bewegung Aktien oder Anleihen übergewichten.*

Der Erfolg eines Mischfonds hängt somit nicht nur von der Auswahl der richtigen Wertpapiere, sondern auch vom richtigen Timing der Anlageentscheidungen ab. Ein Mischfonds, der zu früh aus einem noch steigenden Aktienmarkt aussteigt, verschenkt die mögliche Rendite. Schichtet er zu spät in festverzinsliche Papiere um, verliert er durch fallende Aktienkurse an Wert.

In Zeiten niedriger Zinsen und stark schwankender Aktienmärkte scheinen Mischfonds dennoch das ideale Instrument für bequeme Privatanleger, um mithilfe eines professionellen Fondsmanagers das Beste aus beiden Anlagewelten herauszuholen und mehr Rendite als mit Zinsanlagen zu erwirtschaften, ohne dabei ein allzu großes Risiko eingehen zu müssen. Sie werden daher von Bank- und Finanzberatern gerne empfohlen und sammeln regelmäßig mehr Anlegergelder ein als Aktien- und Rentenfonds zusammen.

Doch im Praxistest überzeugten die Verkaufsschlager nicht. Das haben Experten von Finanztest in einer Untersuchung herausgefunden, in der sie die Mischfonds mit einer simplen Mischung aus Aktien- und Rentenindizes verglichen haben. Auch von den besten Mischfonds schaffte keiner ein besseres Chance-Risiko-Verhältnis als die simple Indexmischung. Dass Mischfonds dennoch öfter von Beratern empfohlen werden, könnte auch daran liegen, dass sie ihnen mehr Provision bescheren als der Verkauf von ⬈ ETF (börsengehandelten Index-fonds).

Mehr zu ETF siehe „ETF – die besseren Fonds?", S. 75.

Targetfonds

Eine besondere Variante der Mischfonds sind Zielfonds (Targetfonds). Diese werden – anders als sonstige offene Investmentfonds – zu einem vorher feststehenden Zeitpunkt zurückgezahlt. Targetfonds investieren am Anfang in chancenreichere und volatilere Basiswerte wie zum Beispiel Aktien. Je näher das Laufzeitende kommt, desto mehr schichtet das Fondsmanagement dann in sicherere Wertpapiere, wie beispielsweise Anleihen, um. Die Gewinne aus der Anfangsphase werden somit abgesichert. Da die Anlagehorizonte der Kunden unterschiedlich sind, bieten die Fondsgesellschaften in der Regel eine Palette solcher Targetfonds.

Dachfonds

Dachfonds sind Investmentfonds, die das Geld der Anleger wiederum in Anteile von anderen Fonds anlegen, statt in Einzelaktien oder Anleihen. Dachfonds werden damit beworben, dass sie eine Art Vermögensverwaltung mit nur einem Wertpapier bieten. Letztlich sind Dachfonds eine spezielle Variante der Mischfonds, mit dem Unterschied, dass der Fondsmanager nicht direkt in Aktien und Anleihen sowie Anlagemärkte investiert. Vielmehr tut er dies über andere Fonds, in der Fachsprache Zielfonds genannt. Als Zielfonds stehen einem in Deutschland zugelassenen Dachfonds alle ebenfalls in Deutschland zugelassenen Einzelfonds zur Auswahl. Die Fondsgesellschaften bieten häufig die gleichen Varianten wie bei Mischfonds:

DACHFONDS

Wenig geeignet.

PRO

Aktien-Dachfonds können wegen ihrer starken Risikostreuung weniger stark schwanken als Aktienfonds, die in Einzelaktien anlegen.

CONTRA

Bei Dachfonds, die nur in Fonds des eigenen Konzerns investieren, besteht die Gefahr, dass nur mittelmäßige oder gar schlechte Fonds vom Dachfonds gekauft werden. Bei anderen Dachfonds sind die Kosten hoch, da sowohl das Dachfondsmanagement als auch das Management der Einzelfonds vom Anleger bezahlt werden muss.

❶ **Defensive Dachfonds** legen überwiegend in Rentenfonds an.
❷ **Ausgewogene Fonds** dürfen meist eine Aktienquote von 50 bis 60 Prozent nicht überschreiten.
❸ **Offensive Fonds** mit einer Aktienquote von 50 bis 100 Prozent richten sich an chancenorientierte Anleger.

Neben diesen „Mischformen" gibt es Dachfonds, die ausschließlich in Aktien- oder Rentenfonds anlegen.

Ein entscheidender Nachteil der Dachfonds sind die hohen Kosten. Es fallen Gebühren auf zwei Ebenen an, nämlich insbesondere die Verwaltungsgebühren im Dachfonds und die in den Zielfonds. Deshalb sind die Renditen von Dachfonds meist eher unterdurchschnittlich.

Wer sich dennoch für Dachfonds interessiert, sollte überdies darauf achten, ob der Fonds nur in Zielfonds der eigenen Fondsgesellschaft oder des gleichen Konzerns anlegen darf oder frei am Markt aus dem gesamten Fondsuniversum auswählen kann. Im ersteren Fall besteht die große Gefahr, dass nicht die besten Zielfonds im Dachfondsvermögen landen, sondern auch schwache Fonds der Hausmarke. Dann sind aber zumindest die Kosten geringer, da die Fondsgesellschaft für eigene Fonds nicht doppelt Gebühren erheben darf.

Total-Return-Fonds

Total-Return- oder Absolute-Return-Fonds wollen im Gegensatz zu traditionellen Fonds keinen Vergleichsindex übertreffen, sondern beständig positive Renditen erzielen. Es zählt der absolute Ertrag, nicht die relative Entwicklung. Um dieses Ziel zu erreichen, haben die Fondsmanager große Freiräume. Sie können in mehrere Anlageklassen (wie Aktien, Anleihen, Währungen, Immobilien, Rohstoffe) gleichzeitig investieren und auch ↗ Derivate einsetzen, um sich beispielsweise mit sogenannten Shortpositionen gegen fallende Kurse abzusichern. Merkmale eines Absolute-Return-Fonds

sind, dass der Fondsmanager mitunter einen großen Einfluss auf die Performance hat, während der des Marktumfelds geringer ist. Sie sind oft unabhängig von Marktindizes. Der Fondsmanager ist sehr flexibel bei seinen Entscheidungen und unterliegt nur wenigen Beschränkungen.

Zu Derivaten siehe „Fachbegriffe erklärt", S. 178.

Die Fonds können ihre Anlagepositionen schnell auf- und abbauen, um auf aktuelle Marktsituationen reagieren zu können. Sie werden daher immer häufiger als „Liquid Alternatives" bezeichnet. Viele Liquid-Alternative-Fonds nutzen auch Strategien, die von ↗ Hedgefonds bekannt sind. Das können Strategien sein, bei denen Preisdifferenzen in verschiedenen Märkten ausgenutzt werden sollen, die nur auf der Technischen Analyse – also der Analyse bestimmter Kursmuster und -entwicklungen – beruhen oder bei denen sowohl auf steigende wie auf fallende Kurse gesetzt wird.

Zu Hedgefonds siehe S. 135.

Der Begriff Absolute Return (oder auch Total Return sowie Liquid Alternatives) ist nicht genau definiert. Die Fondsgesellschaften nutzen sie als Marketinginstrument. Die vielen angebotenen Produkte eint vor allem der Anspruch, Verluste gering zu halten und unabhängig von Marktbewegungen Gewinne zu erwirtschaften. Die Durchschnittsperformance der Absolute-Return-Fonds war in der Vergangenheit eher bescheiden. Ein Grund dafür sind die hohen Gebühren, die das Ergebnis drücken. Schaffen Fondsmanager ein gutes Ergebnis, verlangen sie dafür oft eine erfolgsabhängige Gebühr, die die Gesamtrendite mindert.

Offene Immobilienfonds

Offene Immobilienfonds bieten eine Beteiligung an einem breit gestreuten Immobilienportfolio schon mit kleinen Anlagebeträgen. Doch
sie eignen sich nur zur Beimischung.

Offene Immobilienfonds sind Investmentfonds, die das Geld der Anleger in Grundstücke
und Gebäude investieren. Sie legen überwiegend in Gewerbeimmobilien wie Bürogebäude,
Shoppingcenter oder Hotels an. In den Fonds
sind oft mehrere Dutzend verschiedene Objekte aus unterschiedlichen Ländern und Regionen enthalten. Die Auswahl der einzelnen Objekte erfolgt nach dem Prinzip der Risikomischung: Jeder offene Immobilienfonds muss –
außer in seiner Anfangsphase – über mehr als
drei Immobilien verfügen. Der Gesamtwert aller Immobilien, deren einzelner Wert über 10
Prozent des Gesamtwertes des Sondervermögens beträgt, darf 50 Prozent des Wertes des
Sondervermögens nicht übersteigen.

Offene Immobilienfonds investieren allerdings nicht das gesamte Geld in Immobilien,
sondern kaufen auch Zinspapiere. Diese kurzfristig veräußerbaren Anlagen brauchen sie,
um Anleger auszahlen zu können, die ihre Anteile an die Fondsgesellschaft zurückgeben
wollen. Die Erträge der Fonds stammen überwiegend aus Mieteinnahmen, dazu kommen
Gewinne aus Immobilienverkäufen und die
Erträge aus den festverzinslichen Anlagen.

Eingeschränkte Rückgabe

Durch die Finanzkrise waren ab 2008 zahlreiche offene Immobilienfonds in Schieflage geraten, als eine große Zahl von Anlegern gleichzeitig aus diesen Fonds aussteigen wollte. Die
Liquiditätsreserven der Fondsgesellschaften
reichten nicht aus, um alle Rückgabewünsche
erfüllen zu können. Die Anleger konnten in
dieser Zeit ihre Anteile nicht an die Fondsgesellschaft zurückgeben, die betroffenen Fonds
wurden „eingefroren". Dies sollte Anleger vor
einem Wertverlust durch Notverkäufe schüt-
zen, also Verkäufen von Fondsimmobilien unter Marktwert. Einige Fonds mussten dennoch
abgewickelt und die Immobilien verkauft werden. Um solche Liquiditätskrisen künftig zu
verhindern, wurden die gesetzlichen Regeln
verschärft. Nach der Finanzkrise hat sich die
Lage wieder stabilisiert, auch aufgrund der
neuen Kündigungsregeln.

Neue Regeln für die Rückgabe von Anteilen

Anleger von offenen Immobilienfonds
kommen nicht mehr so schnell an ihr
Geld wie früher. Es gelten neue Regeln
für die Rückgabe von Anteilen. Sie tren-

Rückgaberegeln für offene Immobilienfonds

Wer ab dem 22. Juli 2013 offene Immobilienfonds gekauft hat, kommt frühestens nach zwei Jahren wieder an sein Geld (Halte- und Kündigungsfrist können parallel laufen).

nen die Anleger in eine Zweiklassengesellschaft:

→ Kauf vor dem 22. Juli 2013: Anleger dürfen Anteile im Wert von 30 000 Euro pro Kalenderhalbjahr zurückgeben. Wollen sie mehr Anteile verkaufen, müssen sie zwölf Monate vorher kündigen.

→ Kauf ab dem 22. Juli 2013: Der Freibetrag von 30 000 Euro pro Kalenderhalbjahr entfällt. Es gilt eine Mindesthaltefrist von 24 Monaten sowie eine Kündigungsfrist von zwölf Monaten. Wer ab dem 22. Juli 2013 gekauft hat, kommt frühestens nach zwei Jahren wieder an sein Geld (Haltefrist und Kündigungsfrist können parallel laufen). Die Kündigung ist unwiderruflich, und die Anteile werden im Depot gesperrt. Das bedeutet, dass Sie nach der Kündigung weder die Anteile an einen Dritten übertragen noch das Depot wechseln können.

Die Fristen gelten, wenn Anleger kündigen und ihre Anteile an die Fondsgesellschaft zurückgeben. Über die Börse können sie jederzeit verkaufen. Eventuell müssen sie aber einen Abschlag auf den Preis hinnehmen.

Immobilien haben keinen Kurs

Mit offenen Immobilienfonds können Anleger am langfristigen Wertzuwachs von Immobilien teilhaben, gleichzeitig aber liquide bleiben, da sie die Anteile daran jederzeit über die Börse verkaufen können, sofern sich auf der Gegenseite Käufer finden. Sie sind daher grundsätzlich für Anleger geeignet, die nicht genug Geld übrig haben, um sich eigene Immobilien zur Geldanlage leisten zu können. Über offene Immobilienfonds können sie sich bereits ab wenigen Hundert Euro an Immobilien beteiligen.

Sie sollten aber immer bedenken, dass Immobilien auch in der Form eines offenen Immobilienfonds nicht mit liquiden Geldanlagen wie Aktien oder Anleihen vergleichbar sind. Sie sind auch kein Ersatz für Tagesgeld, als der sie manchmal noch verkauft werden. Der Grund ist: Immobilien und Grundstücke lassen sich nicht so schnell verkaufen wie Aktien oder Anleihen. Wenn viele Anleger ihre Anteile gleichzeitig zurückgeben wollen, hat der Fonds womöglich nicht genügend flüssige Mittel, sie auszuzahlen. Auch sind offene Immobilienfonds nicht vor Verlusten gefeit, obwohl sie oft eine stabile Wertentwicklung aufweisen.

Den Wert der einzelnen Gebäude und Grundstücke im Fondsvermögen legen unabhängige Gutachter in größeren Zeitabständen fest, meist einmal pro Jahr. Immobilien und Grundstücke selbst haben keinen Börsenkurs. Abwertungen und Wertberichtigungen auf einzelne Objekte können dann von einem Tag auf den anderen zu höheren Verlusten führen. Die Bewertung der Immobilien erfolgt gemäß der Immobilienwertermittlungsverordnung (ImmoWertVO). Danach sollen Immobilien des Fonds auf Basis der nachhaltigen Mieterträge und nicht nur ausnahmsweise erzielter Spitzenmieten ermittelt werden. Das soll einer Verzerrung der Bewertung vorbeugen. Der börsentäglich veröffentlichte Rücknahmepreis von Anteilen offener Immobilienfonds ergibt sich dann aus den im Fonds enthaltenen Vermögensgegenständen, geteilt durch die Zahl der ausgegebenen Anteile. Zu diesem Preis muss die Fondsgesellschaft die Anteile vom Anleger zurücknehmen.

Die Investitionsquote

Offene Immobilienfonds stehen vor einem Dilemma. Einerseits müssen sie eine ausreichende Liquiditätsreserve vorhalten, um Rückgabewünschen der Anleger nachkommen zu können. Gesetzlich vorgeschrieben ist eine Mindestliquidität von 5 Prozent des Fondsvermögens. Andererseits erhalten die Manager der offenen Immobilienfonds aber für kurzfristig verfügbares Geld derzeit kaum Zinsen. Im Sinne der Anleger sollten sie daher so viel Geld wie möglich in Immobilien stecken.

OFFENE IMMOBILIENFONDS

Geeignet für sicherheitsorientierte Anleger, die langfristig anlegen wollen und in ihrem Portfolio einen kleinen Immobilienanteil wünschen.

PRO

Anleger beteiligen sich über den Fonds an den Chancen und Risiken einer Vielzahl von Immobilien. Das Verlustrisiko wird dadurch gestreut.

CONTRA

Offene Immobilienfonds sind keine flexible Anlagemöglichkeit. Anleger müssen grundsätzlich eine Mindesthaltedauer einplanen, wenn ein Verkauf der Anteile über die Börse nicht zustande kommt.

Für Anleger interessant ist in diesem Zusammenhang die Investitionsquote. Sie gibt an, welcher Anteil des Fondsvermögens in Immobilien investiert ist. Bei manchen Fonds kann die Investitionsquote über 100 Prozent liegen. Das bedeutet, diese haben ein größeres Immobilien- als Fondsvermögen, da die Fondsmanager einige Objekte über Kredite finan-

Gut zu wissen

Anders als offene Immobilienfonds sind geschlossene Immobilienfonds unternehmerische Beteiligungen an wenigen Immobilien, zum Teil nur an einer einzigen. Die Anleger sind Mitunternehmer und am Erfolg und Misserfolg der Unternehmung beteiligt. Wie sie haften, hängt von der Rechtsform ab. Bei einer KG (Kommanditgesellschaft) können Anleger ihr eingesetztes Geld verlieren, bei einer GbR (Gesellschaft bürgerlichen Rechts) haben sie eventuell sogar eine Nachschusspflicht. Der Initiator einer solchen Beteiligung sammelt Geld ein, um zum Beispiel ein Einkaufszentrum oder einen Bürokomplex zu finanzieren. Wenn die Objekte immer voll vermietet sind und die Mietpreise stimmen, kann der Kauf von Anteilen eines geschlossenen Immobilienfonds äußerst lukrativ sein. Wenn nicht – und das ist leider sehr oft der Fall –, drohen hohe Verluste, weil es keine weiteren Fondsobjekte gibt, die das ausgleichen können.

begleichen, in der sie die Mieten kassieren. Durch die Kreditaufnahme lässt sich die Rendite erhöhen – zumindest solange die Kreditzinsen geringer sind als die Erträge der Immobilien. Nach den gesetzlichen Vorgaben darf die Fremdfinanzierungsquote aber nicht mehr als 30 Prozent betragen.

Nur als Beimischung

Offene Immobilienfonds sind keine Basisanlage, in die man einen Großteil seines Geldes steckt. Sie sind eher zur Beimischung geeignet, mit einem Anteil von höchstens 10 Prozent am Depot. Sie sollten sich gründlich informieren, ehe Sie sich für einen bestimmten Fonds entscheiden. Mit den wesentlichen Anlegerinformationen allein können Sie keine fundierte Kaufentscheidung treffen. Wie Finanztest in Untersuchungen festgestellt hat, sind diese meist kaum verständlich. Machen Sie sich zusätzlich auf den Internetseiten der Anbieter über Anlagerichtlinien, Risiken und Fondsinhalt kundig. Dort finden Sie die regelmäßig aktualisierten Datenblätter und den Verkaufsprospekt für den Fonds. Bei einigen Fonds gibt es sogar Detailinformationen zu jeder einzelnen Immobilie, an der der Fonds beteiligt ist. Ausführliche Angaben zu Erträgen und Ausgaben des Fonds sowie zu seinen genauen Kosten stehen im Jahresbericht.

ziert haben. Fonds mit Immobilien außerhalb der Eurozone können über die Kreditaufnahme auch das Wechselkursrisiko absichern, indem sie die Kreditraten in derselben Währung

Ethisch-ökologische Fonds

Anleger, die Wert auf eine nachhaltige Geldanlage legen, können bei ethisch-ökologischen Fonds fündig werden.

Besonders seit der Finanzkrise machen sich immer mehr Anleger Gedanken darüber, was Banken und Fondsgesellschaften mit dem Geld anstellen, das sie ihnen anvertrauen. Für diese Anleger spielen neben den Renditechancen ethische, soziale und ökologische Aspekte eine Rolle. Man spricht in diesem Zusammenhang oft von „nachhaltigen Geldanlagen".

Auch im Bereich der Investmentfonds finden sich nachhaltige Anlagemöglichkeiten. Die Produktpalette der ethisch-ökologischen Fonds ist breit gefächert. Hier kann man im Wesentlichen zwei Fondsarten unterscheiden:

1. **Ethisch-ökologische oder Nachhaltigkeitsfonds:** Fonds, die bei ihren Anlageentscheidungen über ökonomische Faktoren hinaus auch ethische, soziale und ökologische Kriterien einbeziehen. Die Fonds investieren breit gestreut in verschiedene Länder und Branchen.

2. **Umwelttechnologiefonds:** Fonds, die in eine spezielle Branche oder ein spezielles Thema wie zum Beispiel Wasser oder erneuerbare Energien investieren.

ETHISCH-ÖKOLOGISCHE FONDS

Geeignet für Anleger, die bei der Anlage in Aktien- oder Rentenfonds ökologische oder ethische Gesichtspunkte berücksichtigen wollen.

PRO

Anleger haben ein gutes Gewissen bei ihrer Investition.

CONTRA

Jede Fondsgesellschaft definiert die Nachhaltigkeitskriterien anders. Anleger müssen genau hinschauen, ob ein Fonds ihren Vorstellungen entspricht.

Die Stiftung Warentest hat in Zusammenarbeit mit der Verbraucherzentrale Bremen über 1 000 Menschen danach gefragt, was sie unter einer ethisch-ökologischen Geldanlage verstehen. Die meisten der Befragten gaben an, dass in diesen Fonds auf die Investition in Unternehmen verzichtet wird, die ihren Umsatz etwa durch Rüstung, Kinderarbeit und Atomkraft erzielen. Gerade bei nachhaltigen Fonds-

Wie ethisch-ökologische Fonds geeignete Anlagen suchen

Neben Kriterien, die „normale" Fonds heranziehen, unterziehen ethisch-ökologische Fonds ihre Anlagekandidaten einer ethischen, sozialen und/oder ökologischen Analyse.

investments müssen Anleger aber immer genau hinschauen, ob der jeweilige Fonds die Kundengelder wirklich so anlegt, wie sie es sich unter den Begriffen „ethisch", „sozial" und „ökologisch" vorstellen. Denn hier haben jeder Anleger und jeder Anbieter andere Prioritäten.

Nachhaltige Aktienfonds

Die größte Gruppe der nachhaltigen Fonds bilden die ethisch-ökologischen Aktienfonds. Die meisten davon legen weltweit in Aktien von Unternehmen aus unterschiedlichen Branchen an. Unternehmen aus dem Bereich der erneuerbaren Energien sind dabei nur ein kleiner Teil des Anlageuniversums. Daneben finden sich in den Datenblättern der Weltfonds häufig Unternehmen, die auch in den herkömmlichen Aktienfonds Welt enthalten sind. Das bedeutet aber nicht, dass die ethisch-ökologischen Fonds Etikettenschwindel betreiben. Vielmehr unterziehen sie die Unternehmen einer genauen Prüfung anhand zusätzlicher Kriterien.

▶ **Ausschlusskriterien**

Viele Fondsmanager arbeiten zunächst mit Ausschlusskriterien. Das heißt, Unternehmen werden aus dem Anlageuniversum des Fonds ausgeschlossen, wenn sie in umweltschädlichen oder unethischen Branchen tätig sind oder schmutzige Geschäftspraktiken betreiben oder zulassen. Aus ökologischen Gründen werden häufig die Atomindustrie, Ölkonzerne oder Bergbauunternehmen gemieden. Unternehmen dieser Branchen waren in der Vergangenheit alle schon für größere Umweltkatastrophen verantwortlich. Einige Fonds schließen auch die Auto- und Flugzeugindustrie aus. Ethische Ausschlusskriterien sind Waffen und Rüstung, Kinderarbeit, Menschenrechts- und

66 **Jeder Fonds kann entsprechend seiner Anlageschwerpunkte eigene Ausschlussgründe wählen**

Auswahl- und Ausschlusskriterien ethisch-ökologischer Fonds

Ausschlusskriterien

Ökologisch orientierte Fonds		Ethisch-sozial orientierte Fonds
Atom- und Kernenergie	Mögliche Reichweite der Ausschlusskriterien:	Waffen und Rüstung
Erdölindustrie		Alkohol/Tabak
Bergbau und Rohstoffminen	– Innerhalb des Unternehmens	Glücksspiel
Umstrittene Chemie	– Auch für 50%-Beteiligungen	Pornografie/Prostitution
Automobil-/Flugzeugindustrie	– Auch für kleinere Beteiligungen	Kinderarbeit
Gentechnik	– Auch für Zulieferer	Tierversuche
Industrielle Tierhaltung		Menschen- und Arbeitsrechtsverletzungen
Weitere Kriterien		Weitere Kriterien

Positivmerkmale

Umweltmanagementsysteme	Mindestsozialstandards
Ökoeffizienz	Gleichberechtigung
Klimaschutzmaßnahmen	Verhaltensrichtlinien
Weitere Kriterien	Weitere Kriterien

Arbeitsrechtsverletzungen sowie Tabak oder Glücksspiel.

Jeder Fonds kann entsprechend seiner Anlageschwerpunkte eigene Ausschlussgründe wählen. Die Fondsmanager beziehungsweise die Ratingagenturen, die für die Fonds die Titelvorauswahl treffen, legen die Ausschlusskriterien zunächst an die Unternehmen an, deren Aktien gekauft werden sollen. Meist schauen sie aber auch auf die Beteiligungen, die die Unternehmen halten. Da große Konzerne heutzutage weltweit verflochten sind und die Fonds nicht garantieren können, dass nicht doch in irgendeinem Land Umsätze mit eigentlich ausgeschlossenen Geschäftsbereichen erzielt werden, gibt es mitunter Toleranzgrenzen. Die nicht ethisch-ökologisch erzielten Umsätze dürfen dann einen bestimmten Prozentsatz am Gesamtumsatz des Unternehmens nicht übersteigen.

▶ **Positivmerkmale**

Neben oder anstelle von Ausschlusskriterien können Fonds auch auf viele Positivmerkmale bei der Auswahl geeigneter Investments achten. So kann bei ökologisch orientierten Fonds beispielsweise wichtig sein, ob ein Unternehmen ein Umweltmanagementsystem eingerichtet hat. Für ethisch-sozial ausgerichtete Fonds können Unternehmen Pluspunkte sammeln, wenn sie auf gute Arbeitsbedingungen oder Gleichberechtigung achten.

▶ **Best-in-Class und Best-of-all**

Eine typische Auswahl nach Positivmerkmalen ist der sogenannte Best-in-Class-Ansatz. Investiert ein Fonds nach diesem Prinzip, kauft er Aktien der Unternehmen, die in ihrer Branche eine Vorreiterrolle beim Thema Nachhaltigkeit einnehmen. Das kann bedeuten, dass ein Fonds auch in Unternehmen der Öl-, Auto- oder Tabakindustrie anlegt, soweit diese nachhaltiger agieren als ihre Konkurrenten. Ausschlusskriterien gibt es zunächst keine. Manche Anleger lehnen den Best-in-Class-Ansatz daher ab: Durch ihn würde der Steuerungseffekt der nachhaltigen Geldanlage verwässert, da die besten Vertreter einer „schlechten" Branche nicht automatisch gut seien. Andererseits zwingt er Firmen aus an sich nicht nachhaltigen Branchen in einen Wettbewerb in Bereichen der Umwelt- und Sozialstandards und kann so absolut gesehen zu einer Verbesserung ethisch-ökologischer Standards führen.

Das Gegenmodell zum Best-in-Class-Prinzip ist der Best-of-all-Ansatz. Hier wird nicht nach Branchen getrennt gefiltert, sondern nur die saubersten oder sozialsten Unternehmen kommen in den Auswahlprozess.

Anleger müssen genau hinschauen

Da jede Fondsgesellschaft den Begriff Nachhaltigkeit unterschiedlich definiert und eigene Anlagestile verfolgt, müssen Anleger wesentlich mehr Zeit aufwenden und sich die Anlagekriterien der Fonds genau anschauen, um das für sie passende Produkt zu finden. Eine gemeinsame Untersuchung der Verbraucherzentrale und der Stiftung Warentest aus dem Jahr 2014 hat gezeigt, dass nachhaltig nicht gleich nachhaltig ist. Die Unterschiede sind insbesondere bei den Ausschlusskriterien teilweise erheblich. Die Namen der Fonds verraten meist kaum etwas darüber, welche Konzepte sie bei der Titelauswahl im Einzelnen verfolgen. Anleger müssen schon einen Blick in Verkaufsprospekte, Wesentliche Anlegerinformationen oder sonstige Informationen der Fondsgesellschaft werfen.

Ethisch-ökologische Rentenfonds

Ebenso wie bei den Aktienfonds finden nachhaltig orientierte Anleger im Bereich der Rentenfonds Anlagemöglichkeiten. Ethisch-ökologische Rentenfonds Euro kaufen Anleihen von Staaten und Unternehmen, die auf Euro lauten und bestimmte nachhaltige Kriterien er-

> 66 **Das Gegenmodell zum Best-in-Class-Prinzip ist der Best-of-all-Ansatz.**

Checkliste

In ethisch-ökologische Fonds investieren

Fragen Sie sich vor dem Kauf von Fonds, die als nachhaltig oder ethisch-ökologisch eingestuft sind, immer:

☐ In welche Hauptbranchen investiert er?

☐ Was sind Negativkriterien, das heißt, in welche Branchen investiert der Fonds grundsätzlich nicht (Waffenproduktion, Atomenergie)?

☐ Welche positiven Auswahlkriterien gibt es?

☐ Wer bestimmt und überwacht die Zusammensetzung des Fonds?

☐ Hat das Auswahlteam des Fonds, das die Nachhaltigkeit der Unternehmen bewertet, die entsprechende Erfahrung?

☐ Gibt es einen unabhängigen Nachhaltigkeitsbeirat?

☐ Wie transparent ist der Verkaufsprospekt? Werden die Nachhaltigkeitskriterien detailliert beschrieben?

☐ Und schließlich: Welche Aktien hat der Fonds tatsächlich im Portfolio?

füllen. Bei der Bewertung von Staaten, die Anleihen begeben, gibt es andere Kriterien als bei der Bewertung von Unternehmen, die Aktien und Anleihen emittieren. Das Staatenrating der Fonds geht aber in ähnlichen Schritten vor sich wie das Unternehmensrating. Auch hier wird meist mit Ausschluss- und positiven Auswahlkriterien gearbeitet. Ausgeschlossen sind zum Beispiel Staaten, die autoritär regiert werden, Geldwäsche dulden, nicht gegen Korruption vorgehen oder die Todesstrafe anwenden. Weitere Ausschlussgründe können der Besitz von Atomwaffen, die Förderung der Atomenergie oder ein mangelhafter Klimaschutz sein. Auch Anleihen von Staaten, die systematisch Arbeitsrechte verletzen oder Kinderarbeit zulassen, gehören häufig nicht in das Anlageuniversum nachhaltiger Rentenfonds.

Die positiven Auswahlkriterien, mit denen ein Land Pluspunkte beim Management nachhaltiger Rentenfonds sammeln kann, lassen sich in ökologische, politische und soziale aufteilen. Ökologische Aspekte sind unter anderem die Umweltanstrengungen eines Landes, gemessen am Wasserschutz, der Vielfalt der dort lebenden Pflanzen und Tiere sowie dem Klimaschutz. Politische Kriterien fragen danach, ob in einem Land Demokratie herrscht, ob die Grundrechte freier Meinungsäußerung, Religionsfreiheit und Gleichberechtigung be-

HÄTTEN SIE'S GEWUSST?

Schätzungen zufolge hat **die Hälfte der Menschheit** keinen Zugang zu Bankdienstleistungen.

Rund **80 Prozent** der Mikrokredite gehen an **Frauen und Frauengruppen.** Schon der Erfinder der Mikrokredite Muhammad Yunus, Friedensnobelpreisträger 2006, hatte festgestellt, dass in unterentwickelten Ländern meist die Frauen die Familien ernähren. Sie zahlen ihre Kredite in der Regel pünktlich zurück.

Die Genossenschaft **Oikocredit** macht im Prinzip das Gleiche wie Mikrofinanzfonds. Sie können **ab 200 Euro Mitglied** werden. Oicocredit vergibt Kredite und Kapitalbeteiligungen an Partnerorganisationen mit bestimmten sozialen und wirtschaftlichen Zielen, zum Beispiel Mikrofinanzinstitutionen oder Genossenschaften im Fairen Handel, die Kleinbauern unterstützen und Arbeitsplätze schaffen (www.oikocredit.de).

achtet werden und ob die Regierung im Interesse ihrer Bürger arbeitet. Soziale Kriterien umfassen das Gesundheits- und Bildungssystem sowie den Arbeitsmarkt eines Landes.

Mikrofinanzfonds

Über 1,5 Milliarden Menschen weltweit müssen mit weniger als 1,25 US-Dollar am Tag leben. Sich damit eine eigene Existenz aufzubauen, ist kaum möglich. Und einen normalen Bankkredit erhalten diese Menschen nicht.

Hier kommen Mikrofinanzinstitute (MFI) ins Spiel, die „Mikrokredite" an Kleinstgewerbetreibende vergeben. Je nach Land erhalten sie zwischen 20 und mehreren hundert US-Dollar. Die Darlehen werden im Vertrauen auf die unternehmerischen Fähigkeiten der Kreditnehmer und ohne den Nachweis von Sicherheiten ausgezahlt. Die Kreditnehmer wissen, dass sie kaum weitere Chancen haben, der Armut zu entfliehen. Die Ausfallquoten sind daher sehr gering.

Da der Aufwand der Mikrofinanzinstitute für die vielen Kleinstkredite sehr hoch ist, müssen die armen Kunden erschreckend hohe Zinsen dafür zahlen. Sätze von 20 Prozent jährlich sind durchaus üblich. Für viele Kreditnehmer sind die Zinssätze dennoch moderat. Sie haben es oft mit Wucherern zu tun, die 20 Prozent am Tag verlangen.

Über Mikrofinanzfonds können sich Anleger an dieser Art der Wirtschaftsförderung für die Ärmsten der Armen beteiligen. Mikrofinanzfonds stellen den Mikrofinanzinstituten (MFI) meist über Schuldverschreibungen Geld zur Verfügung stellen, für das die MFI Zinsen zahlen. Das Kapital können die MFI wiederum weiterverleihen.

66 **Seit Juli 2014 können private Anleger aber nur noch in Fonds mit deutscher Vertriebszulassung investieren. Davon gibt es nur wenige.**

───────

Seit Juli 2014 können private Anleger aber nur noch in Fonds mit deutscher Vertriebszulassung investieren. Davon gibt es nur wenige.

Wenn Sie viel verdienen wollen, liegen Sie mit Mikrofinanzfonds falsch. Die Renditen bewegen sich eher im Festgeldbereich. Hier gehört der Wunsch dazu, Menschen aus der Armut zu helfen. Auch wenn Mikrofinanzfonds grundsätzlich unabhängig von der Weltwirtschaftslage agieren, sind sie kein risikoloses Investment: Könnten sehr viele Menschen ihre Kredite nicht zurückzahlen, würden Anleger Geld verlieren.

▶ **In unserem Fondsfinder können Sie unter www.test.de/fonds auch nach Fonds mit Öko-Anspruch suchen oder Fonds nach Nachhaltigkeitskriterien filtern.**

Weitere Fondsarten

Neben den klassischen Fondsarten, gibt es Fondskonstruktionen, die mit teilweise sehr speziellen Konzepten versuchen, Chancen und Risiken auszutarieren.

Ausgefallene Konstruktionen sind auch bei Fonds in der Regel teurer als der Durchschnitt. Das bedeutet aber nicht automatisch, dass sie bessere Ergebnisse erzielen als dieser.

Rohstofffonds

Anleger, die auf die Wertentwicklung von Rohstoffen spekulieren wollen, finden bei Fonds im Wesentlichen zwei Möglichkeiten dazu. Zum einen gibt es Rohstofffonds, die über börsengehandelte Terminkontrakte (✈ Futures) direkt auf die Veränderungen von Rohstoffen spekulieren. Zum anderen stehen Fonds zur Auswahl, die in Aktien von Unternehmen aus dem Rohstoffbereich (beispielsweise in Minenbetreiber oder Agrarunternehmen) investieren.

Zu Futures siehe „Fachbegriffe erklärt", S. 180.

Letztere partizipieren nicht unmittelbar an der Preisentwicklung von Rohstoffen. Mit ihnen verbindet sich vielmehr die Hoffnung,

Gut zu wissen

Rohstoffmärkte sind launisch und entsprechend volatil ist die Wertentwicklung von Rohstofffonds. In den Jahren vor der Finanzkrise reichte unter anderem schon die Erwartung, dass das wirtschaftlich expandierende China Unmengen von Rohstoffen benötigt, für steigende Rohstoffpreise. So glänzten viele Rohstofffonds, die Indizes auf Rohstoffe abbildeten, zwischen 2004 und 2007 mit starken Kurszuwächsen. Während der Finanzkrise gaben die Rohstoffpreise stark nach und einige Fonds verloren zum Teil ein Drittel und mehr ihres Wertes. In den letzten Jahren waren die Ergebnisse von Rohstofffonds eher durchwachsen. Manche erfahrenen Privatanleger setzen Rohstofffonds aber nicht in erster Linie als Renditebringer, sondern zur Streuung ihres Portfolios ein. Denn Rohstoffpreise entwickeln sich oft anders als Aktien- oder Anleihekurse. Man spricht hier von einer geringen Korrelation. Dazu eignen sich Rohstofffonds, die über Futures in Rohstoffe investieren, grundsätzlich besser als solche, die in Rohstoffaktien anlegen. Bei letzteren ist die Wechselbeziehung (Korrelation) zum Aktienmarkt naturgemäß stärker.

dass ihre Aktienkurse steigen, wenn die Rohstoffpreise sich positiv entwickeln. Das muss aber nicht sein. Wenn allgemein die Aktienkurse fallen, erfasst dies häufig auch Unternehmen aus dem Rohstoffbereich, selbst wenn die Rohstoffpreise selbst steigen.

Rohstofffonds sind riskant und sollten – wenn überhaupt – nur als Beimischung in einem größeren Depot eingesetzt werden.

Strategiefonds

Strategiefonds sind eine Unterart der Mischfonds. Sie begnügen sich in der Regel aber nicht mit der Auswahl und dem Gewichten von Aktien und Anleihen, sondern versuchen durch den Einsatz weiterer Assetklassen und mit bestimmten Strategien, die mitunter auch Hedgefonds (siehe unten) anwenden, erfolgreich zu sein. Bei der Umsetzung der Strategien werden regelmäßig ✈Derivate eingesetzt. Oft ist das Hauptziel, in jeder Marktphase regelmäßige und unkorrelierte Erträge zu erwirtschaften, und nicht – wie bei den meisten anderen Fonds –, besser als ein Vergleichsindex (Benchmark) zu sein.

Zu Derivaten siehe „Fachbegriffe erklärt", S. 178.

Besondere Strategien solcher Fonds können beispielsweise sein:

▶ **Long/Short Equity:** Es werden nicht nur aussichtsreiche Aktien gekauft (long), sondern auch Aktien verkauft, die als überbewertet angesehen werden (short). Die verkauften Aktien gehören dem Verkäufer aber nicht, er spekuliert vielmehr darauf, dass der Kurs der verkauften Aktie sinkt und er die ausgeliehenen Stücke zu einem niedrigeren Kurs zurückkaufen und an den Verleiher zurückgeben kann.

▸ **Event Driven:** Es wird auf bestimmte Ereignisse spekuliert, beispielsweise auf Firmenübernahmen oder -pleiten.

▸ **Global Macro:** Der Fondsmanager versucht, bestimmte volkswirtschaftliche Marktentwicklungen frühzeitig zu erkennen und dann beispielsweise für oder gegen eine Währung oder einen Rohstoff zu spekulieren.

Abhängig vom Fondsmanager

Der Erfolg von Strategiefonds hängt stark vom Können der Fondsmanager ab. Diese Fonds können aufgrund ihres Ansatzes, unabhängig von der Marktentwicklung Erträge zu erzielen, zur Risikostreuung im Depot eingesetzt werden. Sie eignen sich aber nur als Beimischung, da die Strategien besondere Risiken aufweisen.

Hedgefonds

Hedgefonds sind kaum regulierte Gebilde, die ihren Sitz meist in exotischen Finanzparadiesen wie auf den Bahamas oder den Cayman-Inseln haben. Dort werden ihre Gewinne kaum mit Steuern belastet, und sie unterliegen keiner wirksamen Finanzaufsicht. Hedgefondsmanager schließen häufig Wetten auf alles ab, was an den Börsen gehandelt wird, seien es Aktien, Anleihen, Währungen oder Rohstoffe. Die Fonds finanzieren ihre Spekulationen mitunter mit Krediten und versuchen, Preisdifferenzen an verschiedenen Märkten oder Über- oder Unterbewertungen von Finanzanlagen auszunutzen. Sie versuchen also, unabhängig von der Entwicklung der Börsen Gewinne zu erzielen.

Solche sogenannten Single-Hedgefonds dürfen in Deutschland ausschließlich an professionelle und semi-professionelle Anleger verkauft werden, nicht an Verbraucher. Nur sogenannte Dachhedgefonds sind hierzulande zum Vertrieb erlaubt. Das sind Investmentfonds, die mehrere Hedgefonds unter einem Dach bündeln. Diese Konstruktion ist für Anleger allerdings sehr teuer, da zu den Kosten für die einzelnen Fonds noch die Gebühren für den Dachhedgefonds selbst hinzukommen. Hedgefonds sind zudem äußerst riskant. Sie sind kaum reguliert, und die Manager können uneingeschränkt spekulieren. Hier kann der Rat nur lauten: Finger weg!

Der Weg zum Fonds

Um die für Ihre Anlageziele passenden Fonds zu finden, können Sie verschiedene Informationsquellen nutzen. Wenn Sie dann beim Kauf auch die Kosten reduzieren, erhöhen Sie Ihre Renditechancen erheblich.

Informationsquellen nutzen

Bewertungen von Fonds und spezielle Kennzahlen helfen Ihnen, gute von schlechten Fonds zu unterscheiden.

Wie sollen Anleger unter den Tausenden in Deutschland angebotenen Fonds die richtigen finden? Nur wenige Fondsmanager schaffen dauerhaft eine überdurchschnittliche Rendite. Die Gefahr, einen schlecht gemanagten Fonds auszuwählen, ist somit groß.

Rating und Ranking

Hilfestellungen bieten Bewertungen unterschiedlicher Anbieter. Zuvor müssen sich Anleger aber klar darüber sein, in welchem Anlagesegment (zum Beispiel Aktien, Anleihen, Region, Branche) sie investieren wollen, da jedes Bewertungssystem Fonds nur innerhalb des jeweiligen Segments vergleichen kann. So würde es keinen Sinn machen, Aktienfonds Welt hinsichtlich ihrer Qualität mit Aktienfonds Schwellenländer zu vergleichen.

Bei der Bewertung von Fonds unterscheidet man Rankings und Ratings. Bei beiden werden bestimmte Merkmale und Leistungen eines Fonds benotet.

Von einem Ranking spricht man, wenn Investmentfonds hauptsächlich anhand ihrer Performance in der Vergangenheit bewertet und die Ergebnisse dann in einer Rangfolge sortiert werden. Dieses einfache Bewertungsverfahren hat mehrere Nachteile: Anleger wissen nicht, ob eine gute Platzierung eines Fonds lediglich ein Zufallsergebnis oder das Ergebnis

guter Arbeit des Fondsmanagements war. Ob der Fonds also wahrscheinlich auch in Zukunft gute Ergebnisse erzielen wird, ist bei einem reinen Rendite-Ranking nicht ablesbar. Fonds, die in solchen Rankings ganz oben stehen, stürzen häufig irgendwann regelrecht ab, zum Beispiel weil sie ein zu hohes Risiko eingegangen sind.

Ist das Bewertungsergebnis eines Fonds mit einer Wahrscheinlichkeitsaussage über die künftig mögliche Wertentwicklung verbunden, handelt es sich in der Regel um ein Rating. In ein Rating gehen auch qualitative Kriterien ein, wie zum Beispiel die folgenden:

▶ Wie hoch sind Chance-Risiko-Verhältnis, Volatilität und der höchste Verlust der Vergangenheit bei dem jeweiligen Fonds?
▶ Wie hoch sind die Fondskosten?
▶ Wie konsistent sind die Ergebnisse des Fonds in verschiedenen Marktphasen?
▶ Wie erfahren ist das Fondsmanagement?
▶ Wie solide ist der Investmentprozess?
▶ Wie sind Infrastruktur der Fondsgesellschaft und Netz des Fondsmanagements?

Um das Bewertungsergebnis komprimiert darstellen zu können, werden dann in der Regel Punkte, Buchstaben, Zahlen oder Sterne vergeben: Finanztest arbeitet beispielsweise zur Bewertung des Chance-Risiko-Verhältnisses von Fonds mit Punkten. Dabei stehen fünf Punkte für stark überdurchschnittliche, ein Punkt für stark unterdurchschnittlich bewertete Fonds. Die Fondsanalysten von Morningstar arbeiten mit Sternen (fünf Sterne für die besten Fonds) und einer zusätzlichen Gold-, Silber-, Bronze-Bewertung, das Fondsrating der Zeitschrift Euro vergibt ähnlich dem Schulnotensystem Noten von 1 bis 5.

Ein gutes Rating eines Fonds sollte aber nicht das alleinige Auswahlkriterium sein. Sie sollten immer auch prüfen, ob die Strategie des Fonds zu Ihnen passt, ob Sie eher chancenreich oder risikoarm investieren wollen und wie hoch die Kosten des Fonds sind.

66 Ein gutes Rating sollte nicht das alleinige Auswahlkriterium sein.

Die Fondsbewertung der Stiftung Warentest

Finanztest bewertet regelmäßig rund 6000 Investmentfonds – sowohl aktiv gemanagte als auch ETF. Unter www.test.de/fonds können Sie diese Bewertungen gegen eine Gebühr abrufen. Zudem gibt es dort Kennzahlen und Charts zu 18 000 Fonds. Bevor die Finanztest-Experten aber überhaupt Punkte vergeben, müssen die Fonds durch einen mehrstufigen Filter hindurch. Für eine Bewertung kommt ein Fonds nur infrage, wenn er die folgenden Mindestanforderungen erfüllt:

▶ Die jeweilige Fondsgruppe muss genügend groß und homogen sein.
▶ Der Fonds muss mindestens fünf Jahre am Markt sein und es darf in den vergangenen fünf Jahren kein Strategie- oder Indexwechsel erfolgt sein.
▶ Der Anlageschwerpunkt des Fonds darf nicht zu eng gefasst sein. So kann zum Beispiel ein Fonds, der USA ausschließt, keine Bewertung in der Gruppe Aktienfonds Welt erhalten.

Die übrigen Fonds werden auf verschiedene Kriterien hin überprüft. Erfüllt der Fonds eines der folgenden Kriterien nicht, bekommt er null Punkte. Das heißt, er ist für Anleger, die in dieser Fondsgruppe investieren möchten, nicht geeignet:

▶ Das Gesamtvolumen des Fonds muss über 50 Millionen Euro betragen.
▶ Er muss steuerlich transparent sein. Wenn Fondsgesellschaften die erforderlichen Steuerdaten nicht veröffentlichen, erheben die Finanzbehörden für solche Fonds eine pauschale Steuer, was oft sehr teuer für Anleger werden kann.
▶ Der Fonds darf nicht in einer ausländischen Währung abgesichert sein.
▶ Er darf maximal 10 Prozent nicht handelbare Titel im Fondsvermögen halten.
▶ Anleger müssen auch kleinere Summen investieren können. Beträgt die Mindestanlage des Fonds über 5000 Euro, bekommt er null Punkte – es sei denn, er ist an einer deutschen Börse handelbar. ETF

müssen immer an einer deutschen Börse handelbar sein.

Erfüllt er diese Kriterien, wird er auf weitere Punkte hin überprüft.

▶ **Glücks- und Pechrendite**

Für Fonds, die fünf Jahre alt sind, bewerten die Finanztest-Experten das Chance-Risiko-Verhältnis. Um Chancen und Risiken zu berechnen, legen sie die Monatsrenditen der vergangenen fünf Jahre zugrunde. Sie trennen die guten Monate von den schlechten. Aus den Gewinnmonaten, in denen ein Fonds über dem Geldmarktzins 3-Monats-Euribor lag, berechnen sie das Chancemaß – die „Glücksrendite". Sie zeigt Ihnen, welche Rendite ein Anleger erzielt hätte, der nur in Monaten mit positiver Rendite investiert war. Je öfter und je stärker ein Fonds in den vergangenen 60 Monaten im Plus lag, desto höher ist seine Chance. Die Werte aus Verlustmonaten ergeben das Risiko des Fonds – das ist die „Pechrendite". Je höher das Chance-Risiko-Verhältnis, desto besser ist der Fonds grundsätzlich.

Fonds einer Kategorie, wie zum Beispiel „Aktienfonds Europa", „Aktienfonds Schwellenländer" oder „Rentenfonds Euro", werden in einem Chance-Risiko-Diagramm dargestellt. Hier können Sie dann anschaulich sehen, wo ein Fonds hinsichtlich dieser Kennzahlen in seiner Vergleichsgruppe steht.

Entsprechend seines Chance-Risiko-Verhältnisses wird ein Fonds in fünf Klassen eingeteilt. Die besten 10 Prozent einer Fondsgruppe bekommen fünf Punkte, die schlechtesten 10 Prozent erhalten einen Punkt. Erfüllt ein Fonds alle Mindestkriterien, so bekommt er eine Finanztest-Bewertung entsprechend seines Chance-Risiko-Verhältnisses. Die Bewertung der Fonds kann sich von Monat zu Monat ändern und stellt keine Prognose dar.

Zusätzlich zur Finanztest-Punktebewertung vergeben die Fondsanalysten der Stiftung Warentest noch die Bewertung „Dauerhaft gut – marktbreiter ETF". Diese Kennzeichnung erhalten ETF, die einen marktbreiten Index abbilden und zudem die Mindestkriterien von Finanztest erfüllen. Diese Fonds können, müssen aber keine Top-Punktebewertung haben. Weil sie sich immer so entwickeln wie der Marktindex, sind sie als langfristiges Investment gut geeignet.

▶ **Die Finanztest-Risikoklassen**

Ausgehend von der Pechrendite, also der Rendite, die ein Anleger erzielt hätte, der in den vergangenen fünf Jahren nur in Monaten mit negativer Entwicklung investiert gewesen wäre, teilt Finanztest Fonds in zwölf Risikoklassen. Diese helfen Ihnen bei der Wahl der richtigen Depotmischung aus chancenreichen Aktien- und sicheren Rentenfonds. Die sicherste Risikoklasse ist 1, Klasse 12 die riskanteste. Als Anker bei der Einteilung in Risikoklassen dient der Weltaktienindex MSCI World. Er bleibt immer in Stufe 7, auch wenn es an den Märkten turbulenter oder ruhiger zugeht. Alle anderen Fonds werden relativ zum MSCI World eingestuft. Fonds mit Risikoklasse 1 haben dieselbe Pechrendite (Risiko) wie ein Depot aus Tagesgeld und maximal 2,5 Prozent MSCI World, die

Klasse 7 besteht im Mittel aus 100 Prozent MSCI World und Fonds der Risikoklasse 12 sind mehr als doppelt so riskant wie der MSCI World.

Die im Verhältnis zum MSCI World geringsten Risiken haben Geldmarktfonds, Rentenfonds Euroland, die Anleihen kurzer Laufzeiten kaufen sowie die meisten offenen Immobilienfonds. Rentenfonds, die Finanztest als Stabilitätsbaustein für das Pantoffel-Portfolio empfiehlt, liegen in den Klassen 4 und 5. Aktiv gemanagte Aktienfonds Welt verteilen sich überwiegend auf die Klassen 7 bis 9. Fonds aus der Gruppe Aktien Deutschland zählen meist zur Stufe 10. Am riskantesten sind Branchen- und Rohstofffonds, die häufig der Klasse 12 zugeordnet sind .

Die Finanztest-Risikoklassen helfen beim Depotaufbau. Bei einem Depot, das zu 50 Prozent aus einem ETF auf den MSCI World (Klasse 7) und zu 50 Prozent aus einem Rentenfonds Euroland (Klasse 5) besteht, ergibt sich annähernd eine Risikoklasse des Depots von 6. Je nachdem, ob sich die Fonds in verschiedenen Marktphasen gleich oder gegensätzlich entwickeln, kann das tatsächliche Risiko des Depots abweichen. Es kann aber nur geringer, nicht höher sein. Die Tabelle „Die Finanztest Risikoklassen" zeigt, in welchen Risikostufen die Fonds liegen.

▶ **Die Risikoklassen der Fondsbranche**
In den „Wesentlichen Anlegerinformationen" von Fonds finden Anleger lediglich sieben SRRI-Klassen. SRRI steht für synthetic risk and reward indicator, auf deutsch: synthetischer Risiko- und Ertragsindikator. Die SRRI-Risikoklassen haben feste Grenzen. Die Einstufung in eine SRRI-Klasse erfolgt nach der Schwankungsbreite (Volatilität) der Fonds um ihren Mittelwert. Anders als bei den Finanztest-Risikoklassen werden also auch Schwankungen nach oben erfasst. Aktienfonds Welt haben zum Beispiel meist die Klasse 5, können aber in Klasse 6 oder 7 fallen, wenn der Markt unruhig wird. Überdies betrachtet der SRRI den Fonds in Fondswährung, was zu Fehleinschätzungen beim Anleger führen kann. So würde nach SRRI ein Geldmarktfonds US-Dollar als sicher eingestuft. Für einen Anleger, der in Euro investiert, kann aber das Wechselkursrisiko zu einem erheblichen Verlust führen. In der Finanztest-Risikoklasse fallen Geldmarktfonds US-Dollar hingegen in die Klasse 8."

▶ **Weitere Kennzahlen von Finanztest**
Aber auch gute Fonds können sich erheblich unterscheiden. Der eine kann die fünf Punkte erhalten haben, weil er eine hohe Glücksrendite erzielt hat, der andere, weil sein Risiko so ge-

ring war. Ein Blick auf die Bewertungen von „Chance" und „Risiko" hilft Ihnen, den für Sie richtigen Fonds zu finden. Hat ein Fonds fünf Punkte bei „Chance", geht sein Manager eher offensiv zu Werke. Hat der Fonds die fünf Punkte dagegen bei „Risiko" bekommen, ist der Fonds eher defensiv aufgestellt.

Eine weitere Hilfe bei der Auswahl eines Fonds sind dessen Renditen im Vergleich zu seiner Benchmark. In der Fondsdatenbank sehen Sie zum einen grafisch, ob der Fonds über Zeiträume von einem, drei, fünf und zehn Jahren besser oder schlechter als sein Vergleichsindex abgeschnitten hat. Zum anderen können Sie aus der Punktevergabe bei der Rendite ersehen, welchen Rang ein Fonds innerhalb der Fondsgruppe einnimmt.

In der Fondsbewertung finden Sie auch Angaben zum maximalen Verlust eines Fonds. Daran können Sie ablesen, wie stark ein Fonds in den vergangenen fünf Jahren maximal unter einen zuvor erreichten Höchststand gefallen ist.

Ein Indikator dafür, ob ein Fonds eher eigenwillige Konzepte verfolgt, ist die Kennzahl „Marktnähe". Sie wird relativ zum Referenzindex der Fondsgruppe berechnet und gibt an, zu wie viel Prozent die Renditeschwankungen eines Fonds mit dem breitem Markt übereinstimmen. Indexnahe Fonds haben eine hohe Marktnähe, Fonds mit Sonderkonzepten eine geringe. Bei Fonds mit einer Marktnähe unter 70 Prozent sollten Sie besonders genau hinschauen. Solche Fonds sollten Sie nur kaufen, wenn Sie von ihrer Strategie überzeugt sind.

Weitere Fondskennzahlen

Für Anleger, die sich noch eingehender mit der Qualität ihrer Fonds beschäftigen wollen, bieten diverse Fondskennzahlen eine breite „Spielwiese".

▶ **Die Wertentwicklung**
Die Performance oder Wertentwicklung misst die Wertänderung eines Fonds über einen bestimmten Zeitraum. Eine übliche Methode zur Berechnung ist die vom Bundesverband Investment und Asset Management entwickelte BVI-Methode. Diese beruht auf der international anerkannten „time weighted rate of return"-Methode. Auch Finanztest berechnet die Wertentwicklungen nach dieser Methode. Danach ist die Wertentwicklung des Fonds die prozentuale Veränderung zwischen dem angelegten Vermögen zu Beginn und zum Ende des Anlagezeitraumes. Ausschüttungen werden rechnerisch umgehend in neue Fondsanteile investiert, damit sichergestellt ist, dass die Wertentwicklungen ausschüttender und thesaurierender Fonds vergleichbar sind. Alle Kosten auf Fondsebene, also zum Beispiel Management- und Depotbankgebühren, werden berücksichtigt. Die individuellen Kosten des einzelnen Anlegers, zum Beispiel seine individuellen Depotgebühren oder der Ausgabeaufschlag, fließen nicht in die Berechnung ein.

Vergleichen Anleger die Performance des Fonds über einen bestimmten Zeitraum mit anderen Fonds oder dem entsprechenden Index (Benchmark), sehen sie, ob der Fonds einen Mehr- oder Minderertrag (Outperformance oder Underperformance) erzielt hat. Längere Vergleichszeiträume zeigen, ob eine Outperformance auch langfristig erzielt werden konnte.

Eine Kennzahl für die Abweichung der Fondsentwicklung von seinem Vergleichsindex ist der Tracking Error. Je größer diese Kennzahl ist, umso höher ist die Abweichung.

▶ **Risikokennzahlen**

Ein häufig verwendetes Maß für das Gesamtrisiko einer Wertpapieranlage ist die Volatilität. Sie gibt die Schwankung der Wertentwicklung um den Renditemittelwert an und misst Abweichungen über und unter dem Trend. Damit unterscheidet sie sich von der Glücks- und der Pechrendite, die entweder nur die Abweichungen nach oben oder die Abweichungen nach unten messen. Die Glücks- und Pechrendite ist insofern differenzierter, als man daraus erkennen kann, in welche Richtung die Schwankungen höher sind. Je höher die Volatilität (ausgedrückt in Prozent) ist, umso stärker schwankt die Wertentwicklung im Zeitverlauf. Sie bezeichnet also die Unsicherheit, mit der eine erwartete Rendite eintritt. Wenn Anleger vor der Wahl zwischen zwei Fonds mit annähernd gleichen Daten und Renditeerwartungen stehen – die sich aus den Ergebnissen der Vergangenheit ergeben –, sollten sie grundsätzlich den Fonds mit der geringeren Volatilität wählen.

Will sich ein Anleger aber zwischen zwei Fonds entscheiden, von denen der eine zwar eine höhere Rendite erzielt hat, bei dem aber auch die Volatilität höher war, kann er die Sharpe Ratio zu Rate ziehen. Diese setzt die

Die Finanztest – Risikoklassen

Die Risikoklasse eines Fonds gibt an, wie hoch sein Risiko relativ zum Weltaktienindex MSCI World ist. Fonds mit Klasse 1 haben dasselbe Risiko (Pechrendite) wie ein Depot aus Tagesgeld und maximal 2,5 Prozent MSCI World. 100 Prozent MSCI World definieren die Mitte der Klasse 7.

Risiko-klasse	Risiko relativ zum MSCI World (Prozent)		Pechrendite1) Klassenmitte (Prozent p. a.)
	Von ...	Bis ...	
1	0	2,5	−0,1
2	2,5	7,5	−0,4
3	7,5	17,5	−1,1
4	17,5	37,5	−2,4
5	37,5	62,5	−4,4
6	62,5	87,5	−6,6
7	87,5	112,5	−8,7
8	112,5	137,5	−10,9
9	137,5	162,5	−13,0
10	162,5	187,5	−15,0
11	187,5	212,5	−17,1
12	212,5	Unendlich	–

1) Rendite, wenn Anleger in den vergangenen fünf Jahren nur in Verlustmonaten investiert hätten.
Quelle: Thomson Reuters, eigene Berechnungen   Stand: 30.November 2019

Wertentwicklung und die Volatilität eines Fondspreises ins Verhältnis. Im Zähler der Formel für die Sharpe Ratio steht die sogenannte Überschussrendite, die sich aus der Wertentwicklung des Fonds abzüglich der am Geldmarkt erzielbaren risikolosen Rendite ergibt. Beträgt der Geldmarktzins beispielsweise 2 Prozent und hat der Fonds eine Rendite von 10 Prozent erwirtschaftet, beträgt die Überrendite 8 Prozent. Diese Überrendite wird ins Verhältnis zur Volatilität gesetzt. Eine positive Sharpe Ratio zwischen 0 und 1 bedeutet, dass der Fonds zwar eine Überschussrendite erzielen konnte, diese aber nicht dem eingegangenen Risiko entsprach. Werte deutlich über 1 zeigen an, dass gegenüber der Geldmarktanlage eine Mehrrendite erwirtschaftet wurde. Eine negative Sharpe Ratio gibt an, dass der Fonds noch nicht einmal die Geldmarktverzinsung übertreffen konnte. Bei negativen Durchschnittsrenditen kann die Sharpe Ratio nicht für die Fondsauswahl genutzt werden – im Gegensatz zum Chance-Risiko-Verhältnis, wie es die Stiftung Warentest berechnet. Je höher also die Sharpe Ratio, desto besser ist das Verhältnis von Ertrag zu Risiko. Denn ein hoher Wert bedeutet, dass die erhaltene Risikoprämie wesentlich höher ist als das tatsächlich eingegangene Risiko.

Auf die Wertentwicklung eines Fonds haben zwei Faktoren Einfluss: Die allgemeine Marktentwicklung, auf die das Fondsmanagement keinen Einfluss hat – sie wird zum Beispiel durch Änderungen des Marktzinses, politische Ereignisse oder Naturkatastrophen beeinflusst –, sowie die Qualität der Arbeit des Fondsmanagements. Letztere wird durch die Kennzahl Jensen´s Alpha (Alphafaktor) ausgedrückt. Sie sagt aus, wie viel Prozent der Überrendite eines Fonds auf die erfolgreiche Auswahl von Aktien und nicht auf die allgemeine Marktentwicklung zurückzuführen ist. Je höher der Wert von Jensen´s Alpha ist, umso erfolgreicher war der Fondsmanager.

Ein Bestandteil der Berechnung von Jensen´s Alpha ist der Beta-Faktor. Er ist ein Gradmesser, der angibt, wie stark ein Fonds im Vergleich zum Markt, also dem Index, schwankt. Ein Beta größer als 1 zeigt an, dass der Fonds bei Renditeschwankungen des Marktes stärker als der Markt schwankt. Ein Beta kleiner als 1 steht für geringere Schwankungen als der Markt. Bei einem Beta von 1 bewegt sich der Fonds wie der Markt.

Beispiel: Ein Fonds hat einen Beta-Faktor von 1,4. Steigt der Index um 10 Prozent, wird der Fonds im Schnitt um 14 Prozent steigen, fällt der Index um 5 Prozent, wird der Fonds 7 Prozent verlieren.

Anleger können anhand des Betas vergleichen, wie hoch ihr Risiko im Vergleich zum Marktrisiko ist. Wollen Anleger mit ihrem Fonds eine defensive Anlagestrategie verfolgen, empfiehlt sich eher ein Fonds mit einem niedrigen Beta-Faktor. Offensivere Anleger wählen eher Fonds mit hohem Beta.

▶ **Total Expense Ratio und Laufende Kosten (Ongoing Charges)**

Eine Kennzahl, die in den Rechenschaftsberichten eines Fonds darüber informiert, wie hoch dessen interne Kostenbelastung im zurückliegenden Geschäftsjahr war, ist die Total Expense Ratio (TER). Bei ihr werden die Gesamtkosten eines Fonds ins Verhältnis zum Fondsvolumen gesetzt. Achtung: Viele Anleger glauben, hier werden alle Kosten erfasst. Doch das ist nicht so. Sie beinhaltet nicht die Kauf- und Verkaufsspesen, die Anleger bezahlen, oder den Ausgabeaufschlag. Überdies enthält sie in Deutschland auch nicht die auf Fondsebene entstandenen Transaktionskosten für

Käufe/Verkäufe von Wertpapieren. Grundsätzlich gilt: Je niedriger die TER, umso besser.

Die TER wurde mittlerweile durch die neue Kennzahl „Laufende Kosten" (Ongoing Charges) abgelöst. Der Hauptunterschied zur TER ist, dass die Laufenden Kosten bei Dachfonds auch die Kosten der enthaltenen Zielfonds berücksichtigen. Auch gibt es für die Laufenden Kosten eindeutige Vorgaben, während die TER immer ein wenig unterschiedlich berechnet wird. Ansonsten sind die Unterschiede zwischen der TER und den Laufenden Kosten aber gering.

Kosten bei der Fondsanlage

Anleger tragen bei Investmentfonds oft üppige Kosten und schwer erkennbare Gebühren, die ihre Rendite schmälern.

Der Ausgabeaufschlag

Beim Ausgabeaufschlag handelt es sich um eine einmalige Gebühr, die bei jedem Kauf von Fondsanteilen anfällt. Der Ausgabeaufschlag dient hauptsächlich dazu, die Vertriebskosten zu decken. Er ergibt sich aus der Differenz zwischen Ausgabe- und Rücknahmepreis eines Fonds. Bei Aktienfonds beträgt der Ausgabeaufschlag üblicherweise 5 Prozent, bei Rentenfonds meist 3 Prozent und bei offenen Immobilienfonds und Mischfonds 3 bis 5 Prozent.

Laufende Kosten auf Fondsebene

Neben den Kaufkosten fallen weitere Gebühren an, mit denen unter anderem die Fondsgesellschaft, die Depotbank und der Vertrieb bezahlt werden:

▶ **Verwaltungsgebühren:** Sie beinhalten vor allem die Vergütung für die Arbeit des Fondsmanagements. Da Fondsmanager die Wertentwicklung eines Vergleichsmarktes (Index) übertreffen wollen, benötigen sie dafür unter anderem kostenintensive Analysesysteme und einen Stab von Mitarbeitern. Die Verwaltungsgebühren sind daher ein größerer Kostenblock bei der Anlage in aktiv gemanagte Fonds. Sie hängen auch davon ab, in welche Märkte der Fonds investiert und welche Strategie er verfolgt. In diesen Gebühren sind häufig Kosten für Jahresberichte, Druckmaterialien und Werbung enthalten. Sie fallen jährlich an und können bei Aktienfonds über 2 Prozent pro Jahr betragen. Üblich sind 1 bis 2 Prozent. Ein Teil der Verwaltungsgebühren fließt an den Vertrieb. Bei ETF sind die Kosten deutlich niedriger, denn bei ihnen muss keine Managementleistung honoriert werden. Sie liegen oft zwischen 0,15 und 0,5 Prozent.

▶ **Depotbankgebühren:** Dafür, dass sie das Fondsvermögen verwaltet und kontrolliert, stellt die Depotbank dem Fonds jährlich eine Gebühr in Rechnung. Es handelt sich letztlich um die Kosten für die Infrastruktur, die zur Auflage und Verwaltung eines Fonds erforderlich ist. Diese Gebühr beträgt in der Regel 0,1 bis 0,3 Prozent des Fondsvermögens pro Jahr. Die Verwaltungs- und die Depotbankgebühren gehören zu den Kosten, die Eingang in die Gesamtkostenquote (die Laufenden Kosten beziehungsweise die TER) finden.

▶ **Transaktionskosten im Fonds:** Nicht in den Laufenden Kosten beziehungsweise der TER berücksichtigt sind die Gebühren, die bei jedem An- und Verkauf von Wertpapieren für das Fondsvermögen anfallen. Sie sind zwar günstiger als die Gebühren, die ein Privatanleger bei seinen Wertpapiertransaktionen zahlen muss, je nach Handelsintensität des Fondsmanagers können sie aber einen spürbaren Kostenblock darstellen. Fondsgesellschaften veröffentlichen Transaktionskosten nicht systematisch.

Erfolgsgebühren

Häufiger verlangen Fondsgesellschaften Erfolgsgebühren („Performance-Fee"), vor allem bei aktiv gemanagten Aktien- und Mischfonds.

Diese Gebühren fallen in der Regel nur bei Fonds an, die für Privatkunden gedacht sind. Bei institutionellen Anlegern wie Versicherungen oder Vermögensverwaltern können die Fondsgesellschaften hingegen Erfolgsgebühren oft nicht durchsetzen.

Wie Untersuchungen von Finanztest gezeigt haben, sind die Erfolgsgebühren von Aktienfonds meist auf die Interessen des Fondsanbieters zugeschnitten. Ein Zusammenhang zwischen Erfolgsgebühr und Fondsqualität lässt sich in der Regel nicht erkennen.

Im Normalfall müssen die Fonds einen Vergleichsmaßstab übertreffen, den die Anbieter selbst auswählen. Je deutlicher sie ihn schlagen, desto höher ist die Erfolgsgebühr, die die Fondsgesellschaft vom Fondsvermögen einbehält. Der Maßstab für global anlegende Aktienfonds ist meist der MSCI World Index. Diesen Index gibt es allerdings in unterschiedlichen Ausführungen, und somit bleibt Spielraum für die Anbieter. Manche Fonds wählen statt des sogenannten Performanceindex den Preisindex als Maßstab. Damit verschaffen sie sich einen ungehörigen Vorteil, denn im Preisindex sind keine Dividendenerträge enthalten, während der Fonds ja sehr wohl Einnahmen aus Dividenden erzielt. Der Unterschied zwischen Preis- und Performanceindex beträgt beim MSCI World jährlich etwa 2 bis 2,5 Prozentpunkte. Doch es geht noch schlimmer. Wenn eine Fondsgesellschaft jeden positiven Ertrag eines Aktienfonds als Erfolg einstuft, kann für sie kaum noch etwas schiefgehen: In schlechten Börsenjahren erhält die Fondsgesellschaft nichts (muss aber dem Anleger

Kosten bei Fonds

Diese Kosten können einmalig oder regelmäßig direkt beim Anleger und auf Fondsebene entstehen.

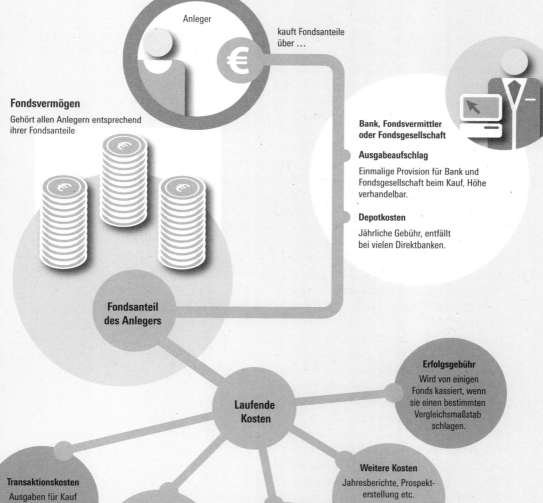

Anleger

kauft Fondsanteile über …

Fondsvermögen

Gehört allen Anlegern entsprechend ihrer Fondsanteile

Bank, Fondsvermittler oder Fondsgesellschaft

Ausgabeaufschlag

Einmalige Provision für Bank und Fondsgesellschaft beim Kauf, Höhe verhandelbar.

Depotkosten

Jährliche Gebühr, entfällt bei vielen Direktbanken.

Fondsanteil des Anlegers

Laufende Kosten

Erfolgsgebühr

Wird von einigen Fonds kassiert, wenn sie einen bestimmten Vergleichsmaßstab schlagen.

Weitere Kosten

Jahresberichte, Prospekterstellung etc.

Bei Dachfonds: Kosten von Zielfonds

Transaktionskosten

Ausgaben für Kauf und Verkauf von Wertpapieren im Fonds

Verwaltungsvergütung

Vergütung des Fondsmanagements

Vertriebskosten

Provision für Banken oder Fondsvermittler

nichts zahlen), in guten erhält sie zuverlässige Extraeinnahmen – unabhängig davon, wie gut der Fonds im Vergleich zum Markt oder zu Mitbewerbern war.

Selbst wenn Fondsgesellschaften einen fairen Vergleichsmaßstab wählen, können sie sich bei der Erfolgsgebühr gesundstoßen, indem sie an den Berechnungsdetails schrauben. Der einfachste Trick ist, dass der Anlageerfolg nicht nach, sondern vor Abzug der Kosten berechnet wird. Das ist aus Sicht des Anlegers inakzeptabel, denn für ihn ist nur der Nettoerfolg entscheidend. Der Unterschied ist erheblich, da die Verwaltungskosten eines Aktienfonds Welt selten unter 1,5 Prozent liegen. Oft sind sie deutlich höher. Diese Berechnungsmethode ist seit Juli 2013 für in Deutschland aufgelegte Fonds nicht mehr zulässig, kommt aber bei einigen ausländischen Fonds noch vor.

Auch durch eine hohe Beteiligungsrate am Erfolg lassen sich die Einnahmen der Fondsgesellschaften auf einfache Art steigern. Normalerweise vereinnahmen sie 10 bis 20 Prozent des Mehrertrags, einige Anbieter verlangen aber sogar ein Viertel bis ein Drittel.

Eine Methode, die für Anleger zumindest etwas weniger unfair ist, ist die High-Watermark-Methode. Die High-Watermark, also der bis dato höchste Stand, ist die Messlatte für eine zukünftige Performancegebühr. Solange der Wert des Fondsanteils unterhalb dieser Marke bleibt und keinen neuen Höchststand erreicht, erhält die Fondsgesellschaft keine Erfolgsvergütung. Erst wenn die alten Höchststände übertroffen werden, kann sie eine performanceabhängige Gebühr verlangen.

Schauen Sie genau hin

Ziehen Sie Fonds mit Erfolgsgebühren nur dann in die engere Wahl, wenn diese eine überzeugende Anlagestrategie oder eine herausragende Wertentwicklung aufweisen können. Finanztest kennzeichnet in seinen Veröffentlichungen alle Fonds mit Erfolgsgebühr durch eine Fußnote. In der Fondsdatenbank unter www.test.de/fonds können Sie Fonds mit Performance-Fee herausfiltern.

So kaufen Sie günstig Fonds

Beim Fondskauf können Sie viel Geld sparen und so Ihre Rendite deutlich verbessern. Wo Sie am besten einkaufen, hängt von Ihren Bedürfnissen und Ihrer Strategie ab.

Um Investmentfonds zu kaufen, brauchen Sie als Privatanleger einen Zwischenhändler, der Ihnen den Zugang zu den Fondsgesellschaften und zu den Börsen eröffnet. Dafür entstehen natürlich Kosten, da der Vermittler – die Hausbank, eine Direktbank oder ein freier Fondsvermittler – etwas verdienen will. Doch je nach Fonds und Kaufquelle können sich die Kosten erheblich unterscheiden.

Aktiv gemanagte Fonds kaufen

Besonders viel lässt sich beim Kauf von aktiv gemanagten Fonds sparen. Denn bei diesen ist ein entscheidender Kostenfaktor der Ausgabeaufschlag. Geht man bei Aktienfonds von einem Ausgabeaufschlag von 5 Prozent aus, lassen sich bei einer Anlagesumme von 10 000 Euro bis zu 500 Euro sparen.

▶ **Kauf bei Filialbanken**
Erteilen Sie Ihrer Hausbank den Auftrag, einen bestimmten Fonds zu kaufen, kauft sie ihn für Sie normalerweise über die Fondsgesellschaft, und der volle Ausgabeaufschlag wird fällig. Sie können dem Bankmitarbeiter aber auch den Auftrag erteilen, den Fonds über die Börse statt über die Fondsgesellschaft zu ordern, sofern der Fonds an der Börse gehandelt wird.

Das ist oft der Fall, denn inzwischen werden die meisten gängigen Fonds an mindestens einer der Regionalbörsen oder an der Frankfurter Wertpapierbörse gehandelt. Als Regionalbörsen gelten die Börsen Berlin, Düsseldorf, Hamburg und Hannover, München sowie Stuttgart. Der Kauf über die Börse kann kostengünstiger sein. Allerdings sehen das nicht alle Banken gern, und manche verweigern die Orderplatzierung an der Börse.

Grundsätzlich sind bei Ihrer Hausbank Rabatte auf den Ausgabeaufschlag oder die Ordergebühr verhandelbar. Sie müssen aber danach fragen. Wenn die Bank sich stur stellt und Ihnen gar nicht entgegenkommt, sollten Sie über einen Bankwechsel nachdenken.

Schichten Sie nur um, wenn es triftige Gründe gibt

Fragen Sie sich bei jeder Empfehlung Ihrer Bank oder Ihres Finanzvermittlers, Ihre Fonds zu verkaufen und dafür andere zu kaufen, ob dahinter wirklich eine Empfehlung in Ihrem Interesse steht. Möglicherweise sollen auch nur neue Ausgabeaufschläge für den Verkäufer generiert werden.

▶ **Bei Direktbanken**

Direktbanken im Internet bieten für viele Fonds Rabatte auf den Ausgabeaufschlag von meist 50 Prozent an. Bei manchen Fonds verzichten sie sogar ganz darauf. Verzichtet die Direktbank nicht vollständig auf den Ausgabeaufschlag, ist es meist für Sie günstiger, den Kauf des Fonds über eine Börse abzuwickeln. Dazu müssen Sie in der Ordermaske der Direktbank als Handelsplatz eine Börse anstatt der Fondsgesellschaft auswählen.

Beispiel: Wenn Sie einen Fonds mit 5 Prozent Ausgabeaufschlag zu 2,5 Prozent erwerben können, bedeutet dies bei einer Anlagesumme von 10 000 Euro einen Ausgabeaufschlag von 250 Euro. Bei einem Kauf über die Börse zahlen Sie je nach Gebührenmodell der Direktbank häufig nur 10 bis 25 Euro, bei höheren Anlagesummen etwas mehr. Bei den preiswertesten Anbietern zahlen Anleger mitunter pauschal nur 5 Euro pro Kauf oder Verkauf, nur wenige Euro Börsenspesen kommen noch dazu. Entscheidend ist auch der Spread – Unterschied zwischen Geld- und Briefkurs (die Hälfte des Spreads muss der Anleger theoretisch ebenfalls bezahlen).

Beim Börsenkauf und späteren -verkauf eines Fonds fallen die Bankspesen zweimal an.

Anleger können aktiv gemanagte Fonds beim Verkauf in der Regel kostenlos an die Fondsgesellschaft zurückgeben. Nur in seltenen Fällen geht das nicht, weil die Bank nicht mit der betreffenden Fondsgesellschaft zusammenarbeitet.

Der große Vorteil von Direktbanken ist überdies, dass die Depotgebühren häufig wegfallen. Anleger können – anders als bei von Fondsvermittlern genutzten Plattformen – nicht nur Fonds, sondern auch andere Wertpapiere wie Aktien und Anleihen im Depot verwahren lassen. Dafür bieten Direktbanken keine persönliche Beratung.

▶ **Gebühren beim Kauf über die Börse**

Neben den Kaufgebühren, die sich nach den Transaktionskosten-Modellen der zwischengeschalteten Bank richten, kommen beim Kauf über die Börse noch die Kosten des jeweiligen Börsenplatzes hinzu. Pro Auftrag liegen die Gebühren meist zwischen 5 und 8 Euro. Die Bank reicht diese in der Regel an den Kunden weiter. Wenige Direktbanken arbeiten mit Pauschalgebühren, um allzu komplizierte Abrechnungen zu vermeiden. Jeder Börsenplatz hat andere Kostenstrukturen, und sie unterscheiden sich oft noch nach Wertpapierarten. Grundsätzlich gilt: Je kleiner der Anlagebetrag, desto stärker schlagen die Börsenkosten prozentual zu Buche.

Neben Bank- und Börsengebühren zahlen Anleger beim Kauf von Fonds noch den sogenannten Spread. Das ist der Unterschied zwischen Kauf- und Verkaufskurs eines Fonds. Ein Käufer zahlt im Allgemeinen etwas mehr, als der Fonds zum Kaufzeitpunkt tatsächlich wert ist. Die Börsen setzen den maximalen Spread auf 1,5 bis 2 Prozent fest. In der Praxis ist die Spanne aber meist viel geringer. Anleger können oft – gerade bei großen Anlagesummen – etwas sparen, wenn sie vor einem Fondskauf die Geld- und Briefkurse an den verschiedenen Börsen vergleichen und sich den aktuell günstigsten Handelsplatz aussuchen.

▶ **Direktgeschäft**

Über die in Berlin ansässige Handelsplattform Tradegate, eine Wertpapierbörse, können Anleger Fonds im Direktgeschäft zu Festpreisen kaufen und haben neben den Bankspesen keine Zusatzkosten. Sie können also ohne Börsenspesen kaufen und verkaufen. Anleger sollten dabei aber stets den Spread im Auge behalten. Wenn dieser deutlich höher ist als im Börsenhandel, zahlen sie im Direkthandel zumeist mehr als im Börsenhandel.

▶ **Freie Fondsvermittler**

Für Anleger, die sich vorwiegend oder ausschließlich für gemanagte Fonds interessieren, sind freie Fondsvermittler im Internet eine gute Alternative. Dort erhalten sie fast alle Fonds ohne Ausgabeaufschlag. Die Vermittler besorgen sich die Fonds direkt bei der Fondsgesellschaft und erhalten von dieser eine jährliche Bestandsprovision auf die Depotbestände. Die Fonds müssen bei einer Fondsbank wie der Augsburger Aktienbank oder Ebase gelagert werden. Die Depotführung bei der Fondsbank kostet meist etwa 20 bis 40 Euro jährlich, es sei denn, Sie haben mittlere fünfstellige Beträge angelegt. In dem Depot bei einer Fondsbank können in der Regel nur Investmentfonds, also aktiv gemanagte Fonds oder ETF, verwahrt werden.

Für aktive Anlagestrategien

Fondsvermittler eignen sich insbesondere für Anleger, die Strategien mit aktiv gemanagten Fonds verfolgen, bei denen sie öfter Fonds kaufen und verkaufen müssen. Dann macht sich der gesparte Ausgabeaufschlag besonders bemerkbar.

ETF kaufen

Anlegern, denen Ausgabeaufschläge und laufende Kosten gemanagter Fonds zu hoch sind, kaufen besser ETF, also börsengehandelte Indexfonds. Auch dafür müssen sie eine Filial- oder Direktbank mit dem Kauf beauftragen. Sie zahlen je nach Bank unterschiedliche Ordergebühren, aber keinen Ausgabeaufschlag. In der Regel sind Direktbanken günstiger. Da der Handel bei ETF rege ist, ist der Unterschied zwischen An- und Verkaufspreis an der Börse, der Spread, meist gering. Anleger, die ETF bei ihrer Hausbank kaufen wollen, müssen manchmal Stehvermögen beweisen, weil Bankangestellte in der Regel viel lieber aktiv gemanagte Fonds mit hohem Ausgabeaufschlag verkaufen wollen als die für Kunden günstigeren ETF.

Wenn Sie ein Depot bei einer Direktbank besitzen, ist der Kauf von Wertpapieren kein Hexenwerk. So gehen Sie Schritt für Schritt vor, wenn Sie einen ETF bei einer Direktbank kaufen:

▶ **1. Fonds auswählen**

Suchen Sie zunächst den ETF aus, in den Sie investieren möchten. Als Basisanlage empfiehlt Finanztest einen ETF, der den Aktienindex MSCI World nachbildet. Für den Kauf benötigen Sie die zwölfstellige Kennnummer Isin, das unverwechselbare Merkmal jedes Wertpapiers. Im Produktfinder Investmentfonds (www.test.de/fonds) finden Sie viele Fonds, die dauerhaft gut sind. Schränken Sie die Suche zunächst auf „Aktienfonds Welt" ein und lassen Sie sich die Ergebnisse anzeigen. Setzen Sie dann den Filter „Fondsart" auf „Dauerhaft gut: marktbreite ETF", und Sie bekommen verschiedene ETF auf den MSCI World Index angezeigt. Loggen Sie sich dann bei Ihrer Direktbank ein und gehen Sie auf die Order-Maske, mit der Sie Wertpapiere für Ihr Depot bei dieser Bank kaufen können. Geben Sie dort die Isin ein, und der entsprechende Fonds wird Ihnen angezeigt.

▶ **2. Börsenplatz festlegen**

Wählen Sie in der Ordermaske Ihrer Bank den Handelsplatz aus. Damit entscheiden Sie, an welcher Börse der Kauf ausgeführt werden soll. Auf den Internetseiten der Direktbanken finden Sie verschiedene Informationen zu dem von Ihnen ausgewählten ETF, zum Beispiel über

▶ den zuletzt an der jeweiligen Börse gehandelten Geld- und Briefkurs (Spread),
▶ das an der jeweiligen Börse gehandelte Gesamtvolumen für den ETF sowie
▶ Handelsplatzgebühren und Courtagen.

Für Käufer ist der Briefkurs entscheidend, für Verkäufer der Geldkurs.

▶ **3. Betrag festlegen**

Beim Börsenkauf können Sie keine Beträge eingeben, sondern müssen sich für eine Stückzahl von Fondsanteilen entscheiden. Kostet ein Fondsanteil beispielsweise 40 Euro (Briefkurs) und Sie wollen 5 000 Euro anlegen, müssen Sie also 125 Stück kaufen. Einige Direktbanken zeigen Ihnen an, wie viele Stücke Sie sich für eine bestimmte Kaufsumme leisten können, oder zeigen die Kaufsumme an, wenn Sie eine Stückzahl angeben.

▶ **4. Limit setzen**

Als Nächstes müssen Sie meist angeben, ob Sie ein Limit vorgeben möchten und welchen Limittyp Sie wählen wollen. Sie sollten beim Börsenkauf stets ein Kurslimit setzen, da sich die Kurse ständig ändern. So können Sie böse Überraschungen beim Kauf- oder Verkaufspreis vermeiden. Bei einem Kauflimit wird die Order nur ausgeführt, wenn der Preis nicht darüber liegt. Orientieren Sie sich am aktuellen Briefkurs und schlagen Sie 0,1 bis 0,3 Prozent des Preises auf, um ein passendes Limit zu bestimmen. Gerade bei Limits ist auch entscheidend, wie lange die Limitorder gültig sein soll. Üblich sind tagesgültige oder bis zum Monatsende (ultimo) gültige Limits. Wenn Sie ein Limit wählen, das weit unter dem aktuellen Kurs liegt, ist es sinnvoll, es so zu wählen, dass es länger gültig ist. Dann hat der Kurs Zeit, sich in die gewünschte Richtung zu entwickeln.

Sparplanergebnisse mit Fonds

Fondsgruppe	20 Jahre (eingezahlt 24 000 Euro)	30 Jahre (eingezahlt 36 000 Euro)
Aktienfonds Deutschland		
Ergebnis in Euro	36.730	87.721
in Prozent p.a.	4,1%	5,4%
Aktienfonds international		
Ergebnis in Euro	36.539	96.150
in Prozent p.a.	4,0%	5,9%
Rentenfonds international mittlere Laufzeit		
Ergebnis in Euro	31.165	66.098
in Prozent p.a.	2,5%	3,8%
Mischfonds Euro		
Ergebnis in Euro	31.195	73.789
in Prozent p.a.	2,5%	4,4%

Einzahlung pro Monat: 100 Euro. Ergebnisse nach BVI-Methode; alle Fondskosten berücksichtigt, inkl. des maximalen Ausgabeaufschlags. Angaben sind Durchschnittswerte der jeweiligen Fondsgruppe in Prozent. Stichtag 31.12.2018. Quelle: BVI

▶ **5. Auftrag freigeben**

Solange Sie noch nicht über eine Transaktionsnummer (TAN) den Kaufauftrag freigegeben haben, kann noch nichts passieren. Nachdem Sie alle Daten in die Ordermaske eingegeben haben, erhalten Sie eine Übersicht darüber zur Kontrolle. Stimmt alles, geben Sie die erforderliche TAN für die geplante Transaktion ein, und der Kaufauftrag wird ausgeführt.

Sparpläne mit Fonds und ETF

Wenn Sie keinen größeren Anlagebetrag zur Verfügung haben oder regelmäßig einen festen Betrag zum Beispiel für die Altersvorsorge anlegen möchten, können Sie dazu Sparpläne einrichten. Damit ist der Erwerb von Fondsanteilen meist ab 50 Euro, mitunter bereits ab 25 Euro pro Monat oder pro Quartal möglich. Am günstigsten sind Sparpläne bei Direktbanken.

Sie bieten oft eine kostenlose Depotführung und hohe Rabatte auf die Ausgabeaufschläge an.

Welche stattlichen Summen Anleger schon mit monatlichen Sparbeträgen von 100 Euro bei einer Spardauer von 20 oder 30 Jahren ansparen können, zeigt die ◢ Tabelle „Sparplanergebnisse mit Fonds".

Auch mit den kostengünstigen ETF können Sie so langfristig sparen. Sparpläne mit ETF gibt es in der Regel aber nur bei Direktbanken und Fondsplattformen. Nicht jeder ETF ist bei allen Online-Brokern sparplanfähig. Im Produktfinder Investmentfonds (www.test.de/fonds) wird unter dem Punkt „Handelbarkeit" auch angezeigt, ob ein Sparplan für einen Fonds oder ETF möglich ist. Die für langfristige Sparpläne besonders empfehlenswerten ETF auf den Weltaktienindex MSCI World oder auf

Es gibt nur wenige Filialbanken, die ETF-Sparpläne anbieten. Derzeit finden Sparer bei der Commerzbank die breiteste Palette. Wenn Sie beim Kauf sparen möchten, sind Sie allerdings bei Direktbanken besser aufgehoben. Einige Banken verlangen eine niedrige prozentuale Gebühr, was für Sparer, die mit kleinen Raten sparen möchten, günstig ist. Wenn Sie höhere Raten sparen möchten, wählen Sie besser ein Angebot, bei dem die Gebühr nicht prozentual, sondern pauschal berechnet wird. Einige Direktbanken bieten auch eine breite Palette kostenloser Sparpläne an. Gute Angebote finden Sie beispielsweise bei comdirect, Consorsbank, flatex, S Broker, onvista bank und DKB. Finanztest untersucht die Kosten von Sparplänen regelmäßig. Die aktuellen Untersuchungen finden Sie mit einer Suche nach „Fondskosten" unter www.test.de.

Auch mit Sparplänen bleiben Sie flexibel, denn diese können Sie jederzeit stoppen oder verändern. Oft wird als Vorteil eines Fonds- oder ETF-Sparplans der sogenannte Cost-Average-Effekt genannt. Darunter versteht man die Nivellierung der Kaufkurse durch die vielen unterschiedlichen Kaufzeitpunkte. Wissenschaftlich nachgewiesen ist er nicht. Kontinuierliche Sparer haben aber einen psychologischen Vorteil: Der Einstiegszeitpunkt erscheint unbedeutend, und sie fühlen sich von zwischenzeitlichen Kurseinbrüchen nicht so stark betroffen.

Rebalancing bei Sparplänen

Auch Sparplan-Anleger sollten regelmäßig überprüfen, ob die Mischung aus Aktien- und festverzinslichen Anlagen in ihrem Depot noch stimmt. Denn Aktien- und Anleihemärkte entwickeln sich unterschiedlich. Steigen zum Beispiel die Aktienmärkte kräftig, können die Aktienfonds plötzlich zum Beispiel 70 statt 50 Prozent ausmachen – und das Risiko ist viel höher als gewollt. Eine Anpassung (Rebalancing) ist dann erforderlich. Wenn der Aktienanteil zu hoch ist, ist es am einfachsten, die Sparrate umzulenken. Dazu müssen Anleger für eine Weile die Zahlungen in den oder die Aktienfonds stoppen. Stattdessen legen sie auch diese Raten festverzinslich an, und zwar so lange, bis Aktienanlagen und festverzinsliche Anlagen wieder den ursprünglich geplanten Anteil des Depots ausmachen. Diese Methode empfiehlt sich, weil sie am einfachsten und am günstigsten ist.

breite Europaindizes wie den MSCI Europe oder den Stoxx 600 Europe werden auf jeden Fall von mehreren Anbietern als Sparplan angeboten.

Sie sollten vor allem bei kleinen Sparbeträgen darauf achten, dass die Kaufgebühren nicht einem Ausgabeaufschlag gleichkommen. Direktbanken bieten aber häufiger Aktionsangebote für ETF-Sparpläne, und Anleger zahlen dann nur die jährliche Verwaltungsgebühr für ETF.

> **ⓘ Thesaurierende Fonds** eignen sich für Ratensparer am besten. Sie sammeln die Erträge im Fondsvermögen an, und Sparer müssen sich um ihre Wiederanlage nicht selbst kümmern. Bei ausschüttenden Fonds können Anleger die Erträge zwar bei einigen Banken automatisch wieder anlegen lassen, allerdings ist das im Regelfall mit Kosten verbunden. Manche Banken bieten eine Wiederanlage der Erträge gar nicht an. Sie sammeln die Ausschüttungen, meist unverzinst, auf dem Verrechnungskonto an.

Statt die Sparraten umzulenken, lassen sich aber auch andere Anpassungsmethoden verwirklichen. So ist es möglich, ein Ungleichgewicht statt in Raten auf einen Schlag auszugleichen. Dazu müssen Anleger einen Teil ihres Sparplanguthabens verkaufen und umschichten. Die beiden Sparpläne selbst laufen unverändert weiter.

Beispiel: Ist der Aktienanteil zu hoch, verkaufen die Anleger einen Teil ihrer Aktienfonds und kaufen dafür in etwa gleichem Umfang Rentenfonds. Für den Verkauf müssen Anleger eine Verkaufsorder an der Börse aufgeben. Vom Erlös kaufen sie Anteile des Rentenfonds, ebenfalls an der Börse. Der Handel über die Börse kostet Geld. Im neuen Fonds kommt an, was nach Kosten übrig bleibt. Zu Beginn der Sparzeit, wenn noch wenig Geld in den Fonds liegt, können solche Orders teuer werden, weil manche Banken Mindestgebühren verlangen.

Finanztest hat untersucht, welche Methode unter Berücksichtigung der Kosten erfolgreicher war. Unterm Strich hat das Anpassen durch einmaliges Umschichten in einem 15-jährigen Untersuchungszeitraum auch nach Kosten die leicht besseren Renditen gebracht. Der Grund ist, dass Anleger beim einmaligen Umschichten den antizyklischen Effekt besser ausnutzen können, als wenn sie die Sparrate umlenken. Ist der Aktienanteil stark gefallen, kaufen sie Aktien nach, und zwar für einen günstigen Preis. Erholen sich die Märkte, steigt das Vermögen umso mehr. Beim Umlenken der Sparrate kann es monatelang dauern, ehe die gewünschte Aufteilung wieder erreicht ist. Anleger sollten mit dem einmaligen Umschichten allerdings erst nach etwa zwei Jahren beginnen, wenn der Betrag hoch genug ist, damit sich eine Börsenorder lohnt.

Wenn Sie ein ⚑ Pantoffel-Portfolio besparen, können Sie den Rechner unter www.test.de/pantoffelrechner nutzen, um auszurechnen, wie viel Sie verkaufen müssen, damit die Mischung wieder stimmt.

Mehr zum Pantoffel-Portfolio siehe „Bequem und günstig anlegen mit Pantoffel-Portfolios", S. 159.

Anlageideen mit Fonds

Je nach Ihren persönlichen Präferenzen, Anlagezielen und dem gewünschtem Aufwand können Sie mit Fonds und ETF verschiedene Anlagestrategien verfolgen. Diese müssen nicht „schwarz oder weiß" sein, also entweder ausschließlich mit ETF oder mit gemanagten Fonds umgesetzt werden. Sie können auch beide Anlageprodukte kombinieren.

Einfache Anlageideen mit ETF

Bequeme Anleger können mit ETF (Indexfonds) einfache, aber langfristig erfolgversprechende Anlageideen umsetzen.

Wenn Sie sich entschieden haben, ein Depot mit Fonds auf- oder auszubauen, müssen Sie sich zunächst über Ihre ⚐ Risikotragfähigkeit und Risikobereitschaft klar sein. Die Risikotragfähigkeit wird insbesondere von Ihrem Anlagehorizont bestimmt. Ergibt sich danach, dass Sie längerfristig anlegen und mit Kursschwankungen leben können, können Sie Ihrem Depot einen größeren Anteil an Aktienanlagen beimischen. Wie hoch die Quote im Einzelnen sein darf, hängt von Ihrer subjektiven Risikobereitschaft und von Ihren sonstigen Geldanlagen ab. Ist Ihre Risikotragfähigkeit geringer oder wollen Sie eher mittel- bis langfristig überwiegend sicher, also mit wenigen Kursschwankungen anlegen, sollte Ihr Depot überwiegend aus festverzinslichen Anlagen bestehen. Das können zum Beispiel Rentenfonds sein, die in Anleihen investieren, die in Euro notiert sind. Natürlich können Sie statt Rentenfonds auch Festgeldanlagen als sicheren Anlagebaustein heranziehen. Dafür eignet sich dann besonders die ⚐ Treppenstrategie, bei der Sie Festgelder mit unterschiedlichen Laufzeiten kaufen.

Sind Sie sich über die für Sie passende Gewichtung der Anlageklassen Aktienanlagen

> Siehe dazu den Abschnitt „Welche Anlagen für welchen Anlegertyp?", S. 28.

und Festverzinsliche im Klaren, können Sie im nächsten Schritt überlegen, wie Sie diese mit Fonds umsetzen können.

Auf marktbreite Aktien-ETF setzen

Anleger, die vor allem eine bequeme und kostengünstige Geldanlage suchen oder die noch nie mit Fonds zu tun hatten, können einfach auf marktbreite ETF setzen. Möchten Sie möglichst bequem nur im Aktienbereich investieren, sollten Sie in einen ETF investieren, der den globalen oder europäischen Aktienmarkt abdeckt, indem er entsprechende Indizes nachbildet. Mit einem ETF auf den MSCI World setzen Sie auf die Wertentwicklung von über 1 600 international bedeutenden Unternehmen. Die ganze Welt umfasst der MSCI World aber trotz seines Namens nicht, sondern nur die sogenannten entwickelten Märkte, also vor allem USA, Westeuropa und Japan. Wollen Sie auch Schwellenländer abdecken, eignet sich ein ETF auf den MSCI AC (All Country) World Index. Alternativ können Sie dem MSCI World ETF auch einen ETF auf den MSCI Emerging Markets beimischen. Anleger, die lieber nur im europäischen Raum anlegen wollen, können dies mit einem ETF auf den MSCI Europe oder den Stoxx Europe 600 tun.

Die Treppenstrategie

So könnte eine Treppenstrategie mit Laufzeiten bis fünf Jahre aussehen: Sie investieren in fünf Anleihen (oder Festgeld) mit einer Laufzeit von einem bis fünf Jahren. Immer wenn eine Anlage ausläuft, kaufen Sie eine neue mit fünfjähriger Laufzeit.

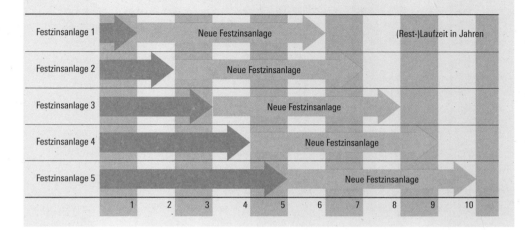

Bequem und günstig anlegen mit Pantoffel-Portfolios

Was Anleger immer beachten sollten, ist, dass die Aufteilung von Aktien- und Zinsanlagen einen größeren Einfluss auf den Verlauf der Geldanlage hat als die Auswahl einzelner Produkte wie ein konkreter Fonds. Für bequeme Anleger hat Finanztest daher die Pantoffel-Portfolio-Strategie entwickelt, die so einfach ist wie Schuhe kaufen.

66 Jedes Pantoffel-Portfolio besteht aus einem sicheren und einem chancenreichen Teil.

Jedes Pantoffel-Portfolio besteht aus einem sicheren und einem chancenreichen Teil. Für den sicheren Teil können Anleger auf Renten-

fonds Euro zurückgreifen, für den chancenreichen Teil stehen mehrere Aktien- und ein Rohstofffonds zur Auswahl. Daraus ergeben sich acht verschiedene Depotmöglichkeiten. Anleger können jeden der acht Pantoffeln in sicherer, ausgewogener oder riskanter Form kaufen – ähnlich wie es Schuhe für schmale oder breite Füße gibt. In den ausgewogenen Pantoffel-Portfolios liegen je zur Hälfte Aktienfonds und Rentenfonds Euro, die riskanten Pantoffel-Portfolios bestehen zu drei Vierteln, die sicheren zu einem Viertel aus Aktienfonds.

Diese Anlagestrategie ist sehr komfortabel. Sie können sie einfach mit ETF umsetzen. Ein ETF für den sicheren Teil ist in allen Pantoffel-Portfolios ein ETF auf den Index iBoxx Euro Sovereigns Eurozone. Sie sollten sich von dem komplizierten Namen nicht abschrecken lassen. Der ETF enthält Staatsanleihen von elf ausgesuchten Ländern der Eurozone. Weitere Indizes, die sich für die Umsetzung der einzel-

Welchen Index für welche Anlageklasse?

Anlageklasse	Index
Staatsanleihen Euroländer	BB Barclays Euro Treasury FTSE MTS Eurozone Government Bond IG (ex-CNO) FTSE MTS Investment Grade Broad All Maturities Markit iBoxx EUR Liquid Sovereigns Capped 1,5–10,5 Markit iBoxx EUR Liquid Sovereigns Diversified Overall Markit iBoxx EUR Sovereigns Eurozone
Rohstoffe	Bloomberg Commodity, Thomson Reuters/CoreCommodity CRB
Aktien Schwellenländer	FTSE Emerging, MSCI Emerging Markets (EM), MSCI EM IMI
Aktien Welt	FTSE All-World, MSCI ACWI IMI (All Country World Investable Market), MSCI All Country World (ACWI), MSCI WorldMSCI World
Aktien Europa	MSCI Europe, Stoxx Europe 600
Deutsche Aktien	DAX, FAZ
Aktien Welt nachhaltige Unternehmen	Dow Jones Sustainability World Enlarged (ex Alcohol, Tobacco, Gambling, Armaments & Firearms and Adult Entertainment), MSCI World Socially Responsible (SRI) 5% Issuer Capped

nen Pantoffel-Portfolios anbieten, finden Sie in der ↗ Tabelle „Welchen Index für welche Anlageklasse?".

▶ **Für jeden Index gibt es ETF verschiedener Anbieter. In unserem Produktfinder Fonds (www.test.de/fonds) können Sie auch über die Indexnamen nach ETF suchen.**

Die acht Pantoffelmodelle

❶ **Der Welt-Pantoffel** ist die Basisanlage unter den Pantoffel-Portfolios. Der chancenreiche Teil besteht aus einem ETF auf den MSCI World. Je nach Risikoeinstellung des Anlegers beträgt der Anteil am Welt-Pantoffel 25 Prozent (sicherer Anlegertyp), 50 Prozent (ausgewogener Typ) oder 75 Prozent (riskanter Typ). Der jeweils verbleibende sichere Anteil des Portfolios wird wie bei allen anderen Pantoffeln mit einem ETF auf einen Rentenindex mit sicheren Euro-Staatsanleihen dargestellt.

❷ **Der Europa-Pantoffel** enthält einen ETF auf den MSCI Europe oder den Stoxx Europe 600. Er ist ebenfalls gut als Einsteigermodell geeignet.

❸ **Der Deutschland-Pantoffel** enthält deutsche Aktien. Er eignet sich für Anleger, die gerne in heimische Unternehmen investieren. Um hier nicht dem Anlagefehler zu unterliegen, zu heimatverbunden und damit regional nicht gestreut anzulegen, ist dieser Pantoffel eher als Beimischung zu sehen.

④ Im **Substanz-Pantoffel** stecken europäische Substanzwerte. Anleger, die ein Faible für Dividendentitel haben und in diese einfach mit kostengünstigen ETF investieren wollen, können diese Variante wählen.

⑤ Im **Wachstums-Pantoffel** stecken europäische Wachstumswerte, dargestellt durch den MSCI Europe Growth Index.

⑥ Der **Tiger-Pantoffel** setzt nicht nur auf Firmen aus Industrienationen, gelistet im MSCI World, sondern auch auf einen Anteil an Schwellenmärkten. Es gibt zwei Arten, ihn zu konstruieren. In der klassischen Variante besteht er aus drei statt aus zwei Fonds, einem ETF auf den MSCI World, einem auf den MSCI Emerging Markets und einem Renten-ETF. Er ist ein wenig komplexer als die Zwei-Fonds-Modelle und daher eher für Fortgeschrittene geeignet. In der Variante für Risikofreudige beträgt der Anteil des MSCI World 60 Prozent, der Rentenanteil 25 Prozent, 15 Prozent entfallen auf den Schwellenländer-ETF. Beim ausgewogenen Typ wäre die Gewichtung 40/50/10, beim sicheren 20/75/5. Allerdings empfiehlt sich für die beiden letztgenannten Varianten das Drei-Fonds-Modell nicht. Die Gebühren, beim Umschichten wären zu hoch (↗ „Pantoffeln brauchen nur wenig Pflege" unten). Vielmehr sollten Anleger hier den Aktienanteil mit einem ETF auf den MSCI All Country World Index bestreiten. In diesem Index sind Schwellenländer zu etwa 10 Prozent beigemischt.

⑦ Im **Rohstoff-Pantoffel** liegen ebenfalls drei Fonds: Außer dem Euro-Renten-ETF enthält er einen ETF auf den MSCI World und einen ETF, der den DJ UBS Commodity Rohstoffindex nachbildet. Die Gewichtungen nach Anlegertyp sind wie beim Tiger-Pantoffel, statt Schwellenländer-ETF kommt hier der Rohstoff-ETF zum Einsatz. Über den Rohstoff-ETF kaufen Anleger sich auch einen kleinen Anteil Gold ins Depot.

⑧ Der **Öko-Pantoffel:** Für Anleger, denen nachhaltige Aspekte wichtig sind, kommt das Öko-Pantoffel-Portfolio in Betracht. Für den nachhaltigen Weltaktienindex können sie zwischen dem Dow Jones Global Sustainability Screened Index wählen, bei dem Unternehmen aus den Bereichen Glücksspiel, Pornografie und Rüstung ausgeschlossen sind, und dem MSCI World Socially Responsible Index, der zusätzlich die Bereiche Agrar-Gentechnik, Atomkraft, Kinderarbeit und Menschenrechtsverletzungen ausschließt. Für den Rentenanteil gibt es keine expliziten Nachhaltigkeits-ETF. Behelfen können sich Anleger mit einem ETF auf Bundesanleihen. Diese werden auch von manchen aktiv gemanagten Ökorentenfonds gehalten – unter anderem wegen des Atomausstiegs Deutschlands. Oder Anleger müssen hier einen aktiv gemanagten Nachhaltigkeitsfonds wählen.

Welcher Pantoffel passt zu Ihnen?

Die verschiedenen Pantoffel-Portfolios von Finanztest bieten unterschiedlichen Anlegertypen die Möglichkeit, mithilfe von ETF ihre Anlagen bequem und rentabel aufzuteilen. Wer es sich einfach machen möchte, ist mit dem Welt-Pantoffel gut bedient. Die Grafik zeigt jeweils die ausgewogene Variante (alle Angaben in Prozent).

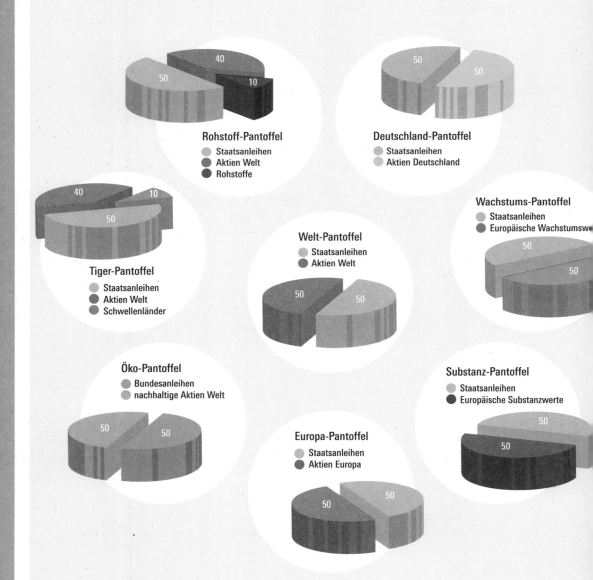

Rohstoff-Pantoffel
- Staatsanleihen
- Aktien Welt
- Rohstoffe

Deutschland-Pantoffel
- Staatsanleihen
- Aktien Deutschland

Wachstums-Pantoffel
- Staatsanleihen
- Europäische Wachstumsw[...]

Tiger-Pantoffel
- Staatsanleihen
- Aktien Welt
- Schwellenländer

Welt-Pantoffel
- Staatsanleihen
- Aktien Welt

Öko-Pantoffel
- Bundesanleihen
- nachhaltige Aktien Welt

Substanz-Pantoffel
- Staatsanleihen
- Europäische Substanzwerte

Europa-Pantoffel
- Staatsanleihen
- Aktien Europa

▶ **Pantoffeln brauchen nur wenig Pflege**
Zu viel Pflege macht Schuhwerk nicht schöner, bei zu wenig Pflege zerfleddert es irgendwann. Ungefähr so ist das auch mit den Pantoffel-Portfolios. Anleger sollten eingreifen, wenn die ursprüngliche Aufteilung nicht mehr stimmt – allerdings müssen sie nicht bei jeder kleinen Abweichung reagieren. Oft anpassen macht Arbeit und kostet Geld.

Die Experten der Stiftung Warentest haben verschiedene Modelle geprüft und festgestellt, dass die Anpassung nach einem Schwellenwert am bequemsten ist. Dabei fasst der Anleger sein Depot so lange nicht an, bis ein Fonds so stark gestiegen oder gefallen ist, dass sein Anteil im Depot eine bestimmte Schwelle überschritten hat. Die Schwelle ist erreicht, wenn der Fonds 20 Prozent von seinem gewünschten Gewicht abweicht.

Anleger müssen ihr Depot dazu aber nicht ständig im Auge behalten. Es genügt, wenn sie ihre Bestände einmal im Jahr überprüfen. Und zusätzlich dann, wenn die Berichte über die Aktienmärkte in den Medien besonders erschütternd oder euphorisch klingen. Dann könnte das Depot aus dem Gleichgewicht geraten sein.

Beispiel: Ein Anleger steckt 10 000 Euro in den Welt-Pantoffel und kauft je zur Hälfte Aktienfonds Welt und Rentenfonds Euro. Die Schwelle ist überschritten, wenn der Anteil eines Fonds über 60 Prozent steigt – oder unter 40 Prozent fällt. Angenommen, nach einem Jahr liegt der Rentenanteil bei 6 000 Euro, der Aktienanteil bei 7 500 Euro. Das Depot ist dann 13 500 Euro

wert. Der Anleger rechnet nun aus, wie viel der Aktienanteil am Gesamtdepot ausmacht. Dafür teilt er 7 500 Euro durch 13 500 Euro. Heraus kommt 0,56 oder 56 Prozent. Das Depot kann so weiterlaufen.
Sollte nach zwei Jahren der Rentenanteil 6 100 Euro und der Aktienanteil 9 900 Euro betragen, sieht die Sache anders aus. Das Depot ist 16 000 Euro wert. Der Anleger teilt den Aktienanteil von 9 900 Euro durch den Depotwert von 16 000 Euro. Heraus kommt 0,62 oder 62 Prozent. Jetzt sollte er etwas tun. Bei hälftiger Aufteilung sollten je 8 000 Euro im Aktien- und im Rentenfonds liegen. Der Anleger verkauft Aktienfondsanteile im Wert von 1 900 Euro und kauft dafür Rentenfondsanteile.

Es ist kein Problem, wenn Anleger nicht sofort bemerken, dass die Gewichte der Fonds sich verschoben haben. Wichtig ist dennoch, sich zumindest ungefähr an die gewählte Anpassungsmethode zu halten. Gerade in fallenden Märkten könnte das dem einen oder anderen schwerfallen – wenn ein Fonds abgestürzt ist, möchte man nicht unbedingt nachkaufen. Doch unterm Strich hat sich ein solch antizyklisches Verhalten bisher meist ausgezahlt.

▶ **Ab welchen Anlagesummen sich ein Pantoffel-Portfolio lohnt**
Sie können mit Ihrem Pantoffel-Portfolio einfach loslegen. Wenn Sie aber die Kosten optimieren möchten, sollten Sie Folgendes beachten: Ab welcher Anlagesumme sich ein Pantoffel-Portfolio für Sie lohnt, hängt davon ab, bei welcher Bank Sie sind und welchen Pantoffel

Sie wählen. Je höhere Mindestgebühren Ihre Bank verlangt, desto größer sollte Ihre Anlagesumme sein.

Beispiel: Berechnet Ihre Filialbank 1 Prozent Transaktionskosten, mindestens aber 25 Euro für jede Order, sollten Sie am besten mindestens 2 500 Euro investieren. Grund ist das Umschichten. Beim ausgewogenen Portfolio müssen Sie anpassen, wenn statt der 50:50-Mischung eine 60:40-Mischung erreicht ist. Sie schichten also 10 Prozent des Anlagebetrags um, im Beispiel 2 500 Euro. 1 Prozent von 2 500 Euro sind 25 Euro – also genau die Mindestkosten.

Bei Direktbanken geht es deutlich preiswerter. Finden Sie eine günstige Bank, können Sie die Mindestanlage entsprechend senken. Am wenigsten Geld benötigen Sie, wenn Sie sich für die ausgewogenen Pantoffeln entscheiden, die nur zwei Fonds enthalten. Wenn Sie ein defensives oder ein offensives Pantoffel-Portfolio bauen, richtet sich das Umschichten nach dem Fonds mit dem geringsten Anteil. Genauso ist es bei einem Drei-Fonds-Pantoffel. Das heißt, die gesamten Anlagesummen werden entsprechend höher. Lassen Sie sich aber von den Zahlenbeispielen nicht verwirren oder abschrecken. Umschichtungen kommen beim Pantoffel sehr selten vor. Wenn Sie also zum Beispiel dreimal in zehn Jahren zu etwas höheren Gebühren umschichten, lohnt sich Ihr Investment immer noch.

▶ Ein Video zum Pantoffel-Portfolio finden Sie unter youtu.be/FnqLLip-0WY. Und unter www.test.de/pantoffelrechner finden Sie einen Rechner, der Ihnen die Gewichtung Ihres Pantoffel-Portfolios erleichtert und Ihnen anzeigt, ob Sie umschichten sollten.

Anlageideen mit aktiven Fonds

Wenn Ihnen die Chance auf eine Rendite oberhalb des Marktniveaus wichtig ist, können Sie versuchen, mit aktiv gemanagten Fonds den Markt zu schlagen.

ETF erzielen naturgemäß immer in etwa die Rendite des zugrunde liegenden Index. Es gibt verschiedene Strategien, mit denen Sie versuchen können, diese Marktrendite zu überbieten. Dazu müssen Sie gezielt aktiv gemanagte Fonds auswählen. Vor der Einzelfondsauswahl sollten Sie immer überlegen, wie Sie Ihr Geld auf sichere und chancenreiche Fondsgruppen aufteilen. Die Experten von Finanztest haben auf der Grundlage ihrer Fonds-Bewertung verschiedene Strategien für aktiv gemanagte Fonds entwickelt.

Marktnahe und -ferne Fonds

Die Marktorientierung eines aktiv gemanagten Fonds gibt Anlegern einen Hinweis auf den Anlagestil des Fondsmanagements. Ein marktnaher Fonds folgt den Vorgaben des Marktes, in dem er laut seinen Anlagerichtlinien investieren darf, relativ eng, orientiert sich also stark am zugrunde liegenden Vergleichsindex. Das Auf und Ab des Marktes spiegelt sich weitgehend in der Wertentwicklung des Fonds wider. Gute marktnahe Fonds schaffen es aber über Jahre, zumindest leicht besser als ihr Vergleichsindex zu sein. Das erreichen sie zum Beispiel dadurch, dass sie bestimmte im Vergleichsindex enthaltene Werte über- oder untergewichten. Oder sie nutzen spezielle Ti-

ming-Strategien – kaufen und verkaufen also zu bestimmten Börsenphasen –, um den breiten Markt zu schlagen.

Manager marktferner Fonds versuchen hingegen, unabhängig von einem Vergleichsindex die besten Werte für ihren Fonds zu finden. Die Ergebnisse dieser Fonds können deutlich von denen marktnaher Fonds abweichen – sowohl in positiver als auch in negativer Hinsicht. Ihr Erfolg ist schwerer berechenbar als der von sehr marktnahen Fonds.

Bei marktfernen Fonds vertrauen Anleger darauf, dass der Fondsmanager Trends richtig erkennt und entsprechend anlegt. Sie müssen hier noch mehr die Erfolge in der Vergangenheit als Hinweis auf die Kompetenz des Fondsmanagements mitberücksichtigen. Liegt es mit seinen Einschätzungen richtig, ist es durchaus möglich, dass der Fonds längerfristig eine Überrendite gegenüber marktnahen Fonds erzielen kann, auch wenn es dabei zu kurzzeitigen Durchhängern kommt. Gerade bei den marktfernen Fonds sollten Sie ein besonderes Augenmerk darauf haben, wie sich der Fonds entwickelt, wenn es zu personellen Änderungen im Fondsmanagement kommt. Denn der Erfolg eines marktfernen Fonds hängt häufig erheblich vom Geschick des jeweiligen Fondsmanagers ab.

Gut zu wissen

Bei der Streitfrage, ob aktives Fondsmanagement seine höheren Gebühren gegenüber der passiven Anlage bei ETF wert ist, ist von Befürwortern passiver Anlagestrategien in jüngster Zeit verstärkt die Kennzahl „Active Share" herangezogen worden. Sie soll ein Maß für das aktive Management eines Fonds sein. Bei dieser Kennzahl werden die jeweiligen Aktien im Portfolio des Fonds mit den Daten des Referenzindex verglichen. Eine große Schnittmenge drückt sich durch einen geringen Active Share aus. Allerdings ist die Kennzahl Active Share insoweit irreführend, als sie nichts über den Aktivitätsgrad des Fondsmanagers aussagt, da sie nur misst, inwieweit ein Portfolio anders als die Benchmark zusammengesetzt ist. Sie sagt nichts darüber aus, wie häufig der Manager die Portfoliozusammensetzung ändert. So würde beispielsweise ein indexfernes Portfolio, das der Fondsmanager über Jahre unverändert lässt, ein hohes Active Share ausweisen, obwohl der Manager überhaupt nicht aktiv gehandelt hat.

66 **Finanztest weist die Marktorientierung von ausgewählten Fonds im Serviceteil der Zeitschrift aus und ausführlich in der Fondsdatenbank (www.test.de/fonds)**

Finanztest weist die Marktorientierung von ausgewählten Fonds im Serviceteil der Zeitschrift aus und ausführlich in der Fondsdatenbank (www.test.de/fonds). Sie wird in Relation zum jeweiligen Referenzindex berechnet. Einen Wert von 100 Prozent haben in der Regel ETF auf den Referenzindex. Je geringer der Prozentsatz der Marktorientierung eines gemanagten Fonds ist, desto marktferner legt der Fondsmanager an, verfolgt also mehr eigene Ideen und Strategien.

Für die Anlageidee „marktnah" suchen sich Anleger aus der Fondsdatenbank die drei am besten bewerteten Fonds mit der höchsten Marktnähe. Die Strategie ähnelt dem Konzept, einen marktbreiten ETF zu kaufen. Da das aktive Management aber höhere Gebühren kostet, vertrauen Anleger bei dieser Strategie darauf, dass das Management dennoch Überrenditen zum Vergleichsindex erzielt, die diese Mehrkosten zumindest wettmachen.

Bei der Anlageidee „marktfern" kaufen Anleger hingegen die drei Top-Fonds mit der geringsten Marktnähe. Dieser Strategie liegt die Idee zugrunde, dass nur Fonds, die anders als der Markt investieren, diesen übertreffen können. Dieser Gedanke ist natürlich richtig, aber Anleger müssen immer bedenken, dass er auch in die andere Richtung gilt: Fonds, die anders als der Markt investieren, können auch (weit) schlechter als dieser abschneiden.

Anlageideen „risikoarm" und „chancenreich"

Auch für die Anlageideen „risikoarm" und „chancenreich" finden Anleger die nötigen Informationen in der Datenbank von Finanztest unter www.test.de/fonds, und zwar in den Chance-Risiko-Diagrammen .

Bei der Anlageidee „risikoarm" suchen sich Anleger drei Fonds aus einer Anlagekategorie, die im Chance-Risiko-Diagramm am weitesten links stehen, die also die geringste Pechrendite ausweisen. Die Pechrendite ist ein Risikomaß. Je öfter und je stärker ein Fonds im fünfjährigen Untersuchungszeitraum im Minus lag, desto höher sein Risiko. Diese Strategie können Anleger auch mit ETF kombinieren. Sie können beispielsweise für ihr Aktiendepot als Basisinvestment einen marktbreiten, weltweiten Aktien-ETF auf den MSCI World Index kaufen und zur Beimischung die drei risikoärmsten aktiv gemanagten Welt-Fonds auswählen.

Die Anlageidee „chancenreich" setzt im Chance-Risiko-Diagramm von Finanztest bei den Fonds an, die sich dort ganz oben befinden, also die höchste Glücksrendite aufweisen. Die ⊅ Glücksrendite ist ein Chancemaß. Je öfter und je stärker ein Fonds im fünfjährigen Untersuchungszeitraum im Plus lag, desto höher ist seine Chance. Da bei der Geldanlage hohe Renditechancen in der Regel mit höheren Verlustrisiken einhergehen, sollten sich Anleger des höheren Risikos dieser Strategie bewusst sein.

Zur „Glücksrendite" siehe „Glücks- und Pechrendite, S. 140.

Einjahres- und Fünfjahressieger

Manche Experten empfehlen, auf die „Einjahressieger" zu setzen. Hinter dieser Anlageidee steht die Börsenweisheit „The trend is your friend", der Trend ist dein Freund. Wer dieser Idee folgt, kauft Fonds, die im Jahr zuvor die beste Rendite hatten. Diese Strategie ist nach der Analyse von Finanztest aber nicht empfehlenswert, denn möglicherweise war es nur Glück, dass der Fondsmanager die richtigen Aktien ausgewählt hat. Zudem kann es sein, dass er zu hohe Risiken eingegangen ist, die später zu hohen Verlusten führen können. Empfehlenswerter als auf Einjahressieger zu setzen wäre es aus Sicht von Finanztest, zumindest die Fünfjahres-Renditesieger zu wählen, da sich hier die Fondsmanager bereits über einen längeren Zeitraum „empfohlen" haben.

Aktiv-passiv-Strategien

Mit Fonds und ETF können Anleger auch komplexere Anlageideen umsetzen.

Oft gibt es bei Anlegern nur schwarz oder weiß: Entweder sie setzen ausschließlich auf ETF, weil die meisten Manager aktiver Fonds es nicht schaffen, langfristig den Marktdurchschnitt zu schlagen. Oder Anleger schwören auf gemanagte Fonds, mit denen sie immerhin die Chance auf höhere Renditen haben, und akzeptieren das Risiko, schlechter als der Markt abschneiden zu können. Aber es gibt bei der Geldanlage auch Zwischentöne. Sie können auch ein Depot aus ETF und aktiv gemanagten Fonds aufbauen.

Die 70/30-Strategie

Die 70/30-Strategie sieht zum Beispiel so aus: Das Kernstück des Aktienanteils im Depot bildet ein marktbreiter ETF, etwa auf den Index MSCI World. Außerdem kaufen Anleger für jeweils 10 Prozent ihres Geldes drei gemanagte Fonds, die sie beispielsweise nach den Strategien „marktnah/marktfern" oder „risikoarm/chancenreich" auswählen. Solche Mix-Depots eignen sich vor allem für Anleger mit zumindest fünfstelligen Anlagesummen. Sind die Anlagesummen geringer, schlagen ansonsten die Kauf- und Verkaufskosten übermäßig zu Buche.

Der Core-Satellite-Ansatz

Ein ähnlicher Ansatz ist die Core-Satellite-Strategie. Dabei wird das Depot in eine breit gestreute Kerninvestition („Core") aufgeteilt, die von mehreren Einzelinvestitionen („Satellites") umgeben ist. Im Kern des Depots befinden sich ETF, die den Großteil des Anlagevermögens ausmachen und dafür sorgen, dass die Wertentwicklung zuverlässig an die Märkte gekoppelt ist. Hier bieten sich beispielsweise ETF auf den MSCI World oder auf den MSCI Europe an.

❝ **Das Verhältnis Core zu Satellite kann ungefähr 80 zu 20 betragen.**

Die Satelliten-Anlagen stellen hingegen nur einen geringen Anteil des Gesamtportfolios dar. Sie sollen für einen Renditeschub sorgen und das i-Tüpfelchen der Strategie bilden. Das Verhältnis Core zu Satellite kann ungefähr 80 zu 20 betragen. Bei den Satelliten können Anleger ihre eigenen Präferenzen und Kenntnisse einbringen: Sie können zum Beispiel mithilfe aktiv gemanagter Fonds Anlageregionen oder Managementstile einbringen, die sich mit ETF

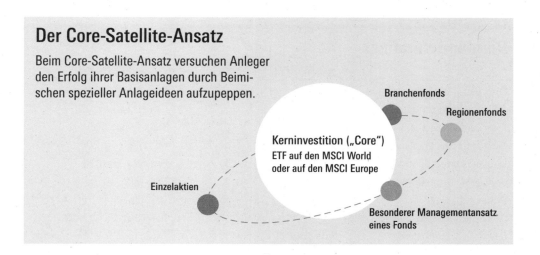

Der Core-Satellite-Ansatz

Beim Core-Satellite-Ansatz versuchen Anleger den Erfolg ihrer Basisanlagen durch Beimischen spezieller Anlageideen aufzupeppen.

Branchenfonds

Regionenfonds

Kerninvestition („Core")
ETF auf den MSCI World
oder auf den MSCI Europe

Einzelaktien

Besonderer Managementansatz eines Fonds

nicht so gut darstellen lassen. Beispielsweise können gute gemanagte Schwellenländerfonds gezielt Aktien von kleineren, wachstumsstarken Unternehmen auswählen, die in den marktbreiten Schwellenländer-ETF noch nicht vertreten sind. Auch spezielle Stockpicking-Strategien, bei denen Fondsmanager gezielt nach günstigen „Perlen" suchen, könnten die Satellites bilden. Sie sind mit ETF nicht umsetzbar.

Selbstverständlich können Sie auch selbst die Satelliten auswählen: Vielleicht kennen Sie sich aufgrund Ihres Berufes in bestimmten Branchen besonders gut aus und kennen vielversprechende Einzelaktien, Anleihen oder auch Rohstoffe, die sich als Satelliten-Anlage eignen? Oder Sie haben einen besonderen Bezug zu einem Land und möchten dieses daher stärker bei Ihren Anlagen vertreten haben. Auch Themen wie Erneuerbare Energien, Wasser oder sogenannte disruptive Innovationen, also Innovationen, die einen neuen Markt generieren und alte Märkte in Frage stellen (zum Beispiel Elektro-Automobile), bieten sich als Satelliten-Anlagen an.

Dividendenindizes

Index	Region/Land	Titel	Basisindex (Titel)
Stoxx Global Select Dividend 100	Welt	100	Stoxx Global (1800)
MSCI Europe High Dividende Yield	Europa	ca. 70	MSCI Europe (ca. 460)
Stoxx Europe Select Dividend 30	Europa	30	Stoxx Europe (600)
MSCI EMU High Dividend Yield	Euroland	ca. 35	MSCI EMU (ca. 240)
Euro Stoxx Select Dividend 30	Euroland	30	Euro Stoxx (ca. 300)
DaxPlus Maximum Dividend	Deutschland	20	Hdax (110)
DivDax	Deutschland	15	Dax (30)
Dow Jones US Select Dividend	USA	100	Dow Jones US (ca. 1 260)
Dow Jones Asia/Pacific Select Dividend 30	Asien/Pazifik	30	Aktien der 5 Dow Jones Indizes für Australien, Hong Kong, Japan, Neuseeland, Singapur

Dividendenstrategie

Unternehmen, die stetig eine hohe Dividende an ihre Eigentümer zahlen, sind oft sehr solide. Mit Dividendenfonds partizipieren Anleger an deren Wertentwicklungen und Ausschüttungen.

Sogenannte Dividendenfonds investieren gezielt in Aktien von Unternehmen, die konstante und hohe Dividendenzahlungen erwarten lassen. Ein Aspekt dabei ist, dass verlässliche Dividendenzahlungen als Qualitätsausweis für solide Aktiengesellschaften gelten, die bereits über mehrere Jahre profitabel arbeiten.

Die Dividendenrendite

Die Höhe der Dividende im Verhältnis zum aktuellen Börsenkurs ergibt eine der wichtigsten Kennzahlen bei der Auswahl von Dividendentiteln: die Dividendenrendite. Schüttet ein Unternehmen zum Beispiel 0,90 Euro bei einem Börsenkurs von 30 Euro aus, beträgt die Dividendenrendite 3 Prozent.

Dividenden sind ein wichtiger Ertragsbestandteil

Der Gesamtertrag eines Anlegers setzt sich aus Kursgewinnen und Dividenden zusammen. Wie sich der durchschnittliche jährliche Gesamtertrag bei verschiedenen Indizes und Laufzeiten in der Vergangenheit verteilte, zeigt diese Grafik.

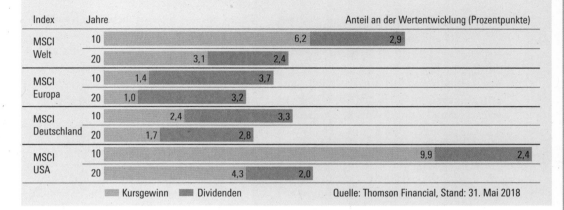

Index	Jahre	Anteil an der Wertentwicklung (Prozentpunkte)	
MSCI Welt	10	6,2	2,9
	20	3,1	2,4
MSCI Europa	10	1,4	3,7
	20	1,0	3,2
MSCI Deutschland	10	2,4	3,3
	20	1,7	2,8
MSCI USA	10	9,9	2,4
	20	4,3	2,0

Kursgewinn ▪ Dividenden · Quelle: Thomson Financial, Stand: 31. Mai 2018

Dividendenfonds gibt es sowohl als aktiv gemanagte Fonds als auch als ETF. Die ETF werden auf verschiedene Indizes angeboten. Bei den meisten Indizes und aktiv gemanagten Fonds ist die Dividendenrendite nicht das einzige Auswahlkriterium. Wichtig ist auch, dass die im Index vertretenen Unternehmen die Dividenden regelmäßig und möglichst in steigender Höhe über mehrere Jahre zahlen. Darauf legen beispielsweise die Indexanbieter MSCI und Stoxx Wert. Nur Aktiengesellschaften, die ihre Dividende über mindestens fünf Jahre erhöhten, haben gute Aussichten, in ihre Indizes zu kommen. Manche Indizes und Fondsmanager berücksichtigen auch, wie eine Dividende finanziert wird, und schließen Unternehmen aus, die die Dividende mangels ausreichender Gewinne aus der Firmensubstanz entnehmen.

Ein zusätzlicher – auf den ersten Blick widersinniger – Filter kann sein, Unternehmen mit besonders hohen Dividendenrenditen nicht in einen Fonds aufzunehmen. Doch der Hintergrund erschließt sich, wenn man sich die Formel für die Berechnung der Dividendenrendite klarmacht: „im letzten Jahr gezahlte Dividende geteilt durch den aktuellen Börsenkurs". Daraus folgt, dass Unternehmen, deren Börsenkurs abgestürzt ist, höhere Dividendenrenditen ausweisen. Fällt in unserem Beispiel der Börsenkurs des Unternehmens auf 20 Euro, erhöht sich die Dividendenrendite auf (0,90 Euro : 20 Euro =) 4,5 Prozent, obwohl das Unternehmen zukünftig womöglich eine geringere oder sogar keine Dividende mehr zahlen kann.

Nur als Ergänzung geeignet

Dividenden tragen einen erheblichen Teil zu den Erträgen von Aktien bei. Seit Ende des Jahres 1969 stammt beim Weltaktienindex MSCI World mehr als ein Drittel des Wertzuwachses aus Dividenden, der Rest aus Kurssteigerungen. Der naheliegende Schluss, nur auf dividendenstarke Aktien zu setzen, greift dennoch zu kurz. Anleger erhalten auf diese Weise ein einseitiges Depot, in dem sich bestimmte Branchen und Länder ballen.

Dividendenfonds sind deshalb kein vollwertiger Ersatz für klassische Aktien- oder Indexfonds Welt, sondern nur eine Ergänzung für ein breit aufgestelltes Fondsdepot. Was für globale Dividendenindizes gilt, trifft auf regionale noch stärker zu. Der deutsche Dividendenindex DivDax halbiert die ohnehin nur mäßige Streuung des Dax von 30 auf 15 Werte, wodurch sich eine geringere Risikostreuung ergibt.

Manche Anleger sehen Dividendenfonds als eine Art Allheilmittel in Zeiten niedriger Zinsen. Vor dieser Einschätzung warnen wir jedoch ausdrücklich. Trotz häufig verlockend hoher Dividenden sind Dividendenfonds keine Alternative zu sicheren Zinsanlagen wie etwa Festgeldern. Sie eignen sich für erfahrene Anleger, die das Geld langfristig entbehren und Verluste verschmerzen können.

Auf eine breite Streuung achten

Bevorzugen Sie international und europäisch anlegende Dividendenfonds. Sie bieten eine breitere Risikostreuung und haben mehr Auswahlkriterien als die Fonds auf deutsche Dividendenindizes.

Ein regelmäßiger Check ist wichtig

Untersuchungen von Finanztest haben gezeigt, dass die Qualität gemanagter Fonds häufig nachlassen kann. Sie benötigen deshalb mehr Pflege als ETF.

Anleger sollten ihre gemanagten Fonds regelmäßig prüfen. Denn häufig können sie ihre Qualität nicht halten. So konnten beispielsweise nur 70 Prozent der Aktienfonds Europa, die zu einem Stichtag die höchste Bewertung aufwiesen, diese noch nach einem Jahr halten. Bei Weltfonds waren es nur rund 50 Prozent. Bei den am schlechtesten bewerteten Fonds war das Rating hingegen stabiler. Nach einem Jahr sahen 86 Prozent der Europafonds und 74 Prozent der Weltfonds nicht besser aus oder sie wurden nicht mehr bewertet, weil sie zu klein, mit anderen Fonds verschmolzen oder aufgelöst wurden.

Check in fünf Schritten: Wie gut ist mein Fonds?

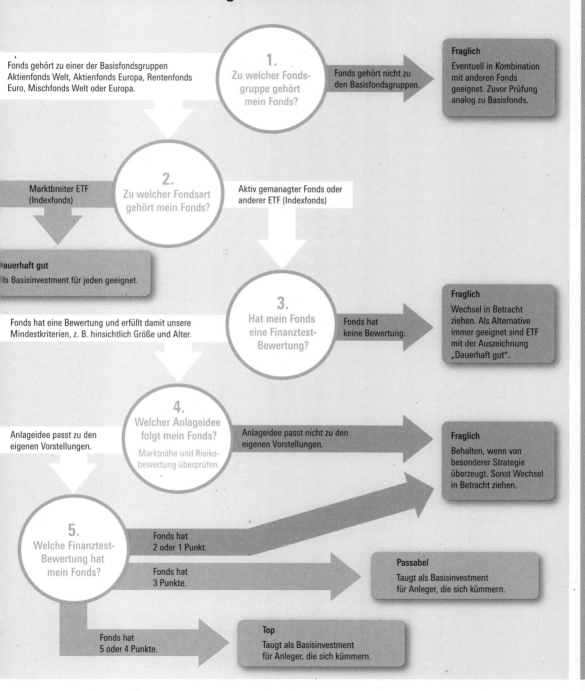

Fonds gehört zu einer der Basisfondsgruppen Aktienfonds Welt, Aktienfonds Europa, Rentenfonds Euro, Mischfonds Welt oder Europa.

1. Zu welcher Fondsgruppe gehört mein Fonds?

Fonds gehört nicht zu den Basisfondsgruppen.

Fraglich
Eventuell in Kombination mit anderen Fonds geeignet. Zuvor Prüfung analog zu Basisfonds.

Marktbreiter ETF (Indexfonds)

2. Zu welcher Fondsart gehört mein Fonds?

Aktiv gemanagter Fonds oder anderer ETF (Indexfonds)

Dauerhaft gut
Als Basisinvestment für jeden geeignet.

Fonds hat eine Bewertung und erfüllt damit unsere Mindestkriterien, z. B. hinsichtlich Größe und Alter.

3. Hat mein Fonds eine Finanztest-Bewertung?

Fonds hat keine Bewertung.

Fraglich
Wechsel in Betracht ziehen. Als Alternative immer geeignet sind ETF mit der Auszeichnung „Dauerhaft gut".

Anlageidee passt zu den eigenen Vorstellungen.

4. Welcher Anlageidee folgt mein Fonds?
Marktnähe und Risikobewertung überprüfen.

Anlageidee passt nicht zu den eigenen Vorstellungen.

Fraglich
Behalten, wenn von besonderer Strategie überzeugt. Sonst Wechsel in Betracht ziehen.

5. Welche Finanztest-Bewertung hat mein Fonds?

Fonds hat 2 oder 1 Punkt.

Fonds hat 3 Punkte.

Passabel
Taugt als Basisinvestment für Anleger, die sich kümmern.

Fonds hat 5 oder 4 Punkte.

Top
Taugt als Basisinvestment für Anleger, die sich kümmern.

So prüfen Sie Ihre Fonds

Empfehlenswert ist, dass Sie ein- bis zweimal im Jahr schauen, ob der einst von Ihnen gekaufte Top-Fonds immer noch zu den erfolgreichen gehört. So gehen Sie dabei vor:

1. Überprüfen Sie zunächst, ob Ihr Mix aus sicheren Zinsanlagen und aktienbasierten Investments noch zu Ihrer Risikoeinstellung passt. Vielleicht hat sich Ihre Lebenssituation verändert und macht eine Neugewichtung erforderlich. Ist beispielsweise absehbar, dass Sie in naher Zukunft auf eine feste Geldsumme oder regelmäßige Erträge angewiesen sind, kann eine Reduzierung der Aktienquote geboten sein.

2. Prüfen Sie weiter, ob Sie auch breit streuende Fonds wie Aktienfonds Welt als Fundament Ihrer Aktienfondsanlagen besitzen. Länder- und Branchenfonds allein bringen oft keine ausreichende Risikostreuung und sind nur zur Beimischung geeignet.

3. Stimmt die grundsätzliche Gewichtung, können Sie ans Prüfen der konkreten Fonds gehen. Gehen Sie entsprechend der ⬈ Grafik „Check in fünf Schritten" vor und nutzen Sie die Fondsdatenbank der Stiftung Warentest (www.test.de/fonds) zur Beurteilung Ihrer Fonds.

Siehe Grafik „Check in fünf Schritten" auf S. 173.

Besteht Ihr Depot aus einem oder mehreren marktbreiten ETF, die in der Fondsdatenbank oder in den monatlich erscheinenden Finanz-test-Ausgaben als „dauerhaft gut" beurteilt werden, müssen Sie nicht weiter aktiv werden. Bei diesen ETF ändert sich die Qualität grundsätzlich nicht. Sie bilden einfach ihren Index nach.

Bei aktiv gemanagten Fonds oder nicht marktbreiten ETF geben Sie Isin in das Suchfeld der Fondsdatenbank ein, um sie zu überprüfen. Kontrollieren Sie dann, ob der Fonds eine Finanztest-Bewertung hat. Voraussetzung einer Bewertung ist, dass der Fonds bestimmte ⬈ Mindestkriterien erfüllt. Dazu gehört beispielsweise, dass er mindestens fünf Jahre am Markt ist und sein Fondsvolumen nicht kleiner als 50 Millionen Euro ist. Bei Fonds, die nicht bewertet sind, sollten Sie prüfen, ob diese im Vergleich zu ihrer Benchmark eine zumindest vergleichbare Wertentwicklung erreicht haben. Ansonsten ziehen Sie einen Wechsel in Betracht.

Mehr zu den Finanztest-Kriterien siehe S. 139.

Bei Fonds mit einer Bewertung können Sie zunächst prüfen, ob Sie der Anlagestrategie des Fonds weiterhin folgen. Informationen dazu finden Sie in der Fondsdatenbank unter dem Punkt „Strategiebeschreibung". Das Chance-Risiko-Profil sowie die Marktnähe des Fonds helfen Ihnen bei der Risikoeinschätzung Ihres Fonds.

Ist der Fonds in der Finanztest-Bewertung mit vier oder fünf Punkten ausgezeichnet, müssen Sie nicht tätig werden. Fünf Punkte erhalten die 10 Prozent Besten der Fondsgruppe, vier Punkte gibt es für die nächsten 25 Prozent, die also immer noch eine überdurchschnittliche Leistung erbringen.

Fonds mit drei Punkten sind durchschnittlich, Sie sollten sie weiterhin bei Ihren regelmäßigen Checks beobachten. Rutschen diese weiter ab und bekommen nur noch zwei oder einen Punkt, wird es Zeit, an einen Verkauf zu denken. Behalten Sie diese Fonds nur, wenn Sie von ihrer Strategie weiterhin überzeugt sind. Dann ist es aber auch besonders wichtig, solche Fonds regelmäßig zu überprüfen.

Sie können Ihre Fonds im „Fondsbeobachter" der Fondsdatenbank abspeichern. Das erleichtert Ihnen die regelmäßige Überprüfung. Auch können Sie interessante Fonds oder ETF, die Sie selbst nicht besitzen, hier abspeichern. Dann können Sie diese regelmäßig mit Ihren Fonds vergleichen.

Lieber rechtzeitig verkaufen

Scheuen Sie nicht davor zurück, Fonds zu verkaufen, die schlechte Leistungen bringen. Viele Anleger machen den Fehler, aus Angst vor Verlusten so lange an einem Fonds festzuhalten, bis sie ihren Einstandspreis wieder erreicht haben. Mit besseren Fonds wäre dieses Ziel aber viel schneller erreicht.

Wenn Ihnen die regelmäßige Überprüfung von gemanagten Fonds zu viel Aufwand ist, sollten Sie in marktbreite ETF umschichten. Bei diesen erzielen Sie immer die Rendite des Index. Nicht mehr, aber auch nicht weniger.

❝ Wenn Ihnen die regelmäßige Überprüfung von gemanagten Fonds zu viel Aufwand ist, sollten Sie in marktbreite ETF umschichten.

Hilfe

Fachbegriffe erklärt

Abgeltungsteuer: Kapitalerträge, das heißt, Gewinne aus Wertpapierverkäufen sowie Zinsen und Dividenden, die oberhalb eines Sparerpauschbetrags von 801 Euro für Singles und 1 602 Euro für Verheiratete liegen, werden pauschal mit 25 Prozent besteuert. Hinzu kommen der Solidaritätszuschlag und gegebenenfalls Kirchensteuer.

Aktie: Aktien sind Wertpapiere. Sie verbriefen Anteile an Unternehmen und sind meistens mit einem Stimmrecht verbunden, das auf der jährlichen Hauptversammlung ausgeübt wird. Aktionäre sind die Eigentümer von Aktiengesellschaften. Aktien großer Firmen sind meistens an einer Börse gelistet und können dort gehandelt werden.

Aktiv gemanagter Fonds: Fondsmanager wählen die Titel im Fonds aus, in die sie das Geld der Anleger investieren. Sie orientieren sich dabei mehr oder weniger eng an einem Index. Je nachdem, wie sie bei der Auswahl der Titel vorgehen, spricht man zum Beispiel von Growth- oder Value-Ansatz. Siehe auch: Passiv gemanagter Fonds.

Anleihe: Verzinsliche Schuldverschreibung mit meist fester Laufzeit. Anleihen werden von Einrichtungen der öffentlichen Hand (Bund, Länder, Gemeinden), Unternehmen oder Banken herausgegeben und an der Börse gehandelt. Die Zinshöhe ist abhängig von der Laufzeit und Kreditwürdigkeit des Herausgebers (Emittent). Der Emittent ist verpflichtet, dem Gläubiger (Anleger) zum Laufzeitende den Nominalwert, also den bei Emission der

Anleihe verbrieften Betrag, zurückzuzahlen. Wird die Anleihe während der Laufzeit verkauft, kann der Kurswert vom Nominalwert abweichen, Anleger können also einen Kursgewinn oder -verlust erzielen.

Asset Allocation: Die prozentuale Aufteilung der Geldanlagen eines Anlegers in Anlageklassen und Anlagemärkte.

Assetklasse: Asset ist das englische Wort für Vermögenswert. Aktien sind eine Asset- oder Anlageklasse, Anleihen eine andere. Dazu kommen zum Beispiel noch Immobilien oder Rohstoffe. Je nach Definition können die einzelnen Klassen weiter unterteilt werden, zum Beispiel Aktien in Werte großer, mittlerer und kleiner Unternehmen oder Anleihen in Staats- und Unternehmenspapiere.

Ausgabeaufschlag: Differenz zwischen Ausgabe- und Rücknahmepreis eines Fonds. Je nach Kaufquelle gibt es auf den Ausgabeaufschlag einen Rabatt oder der Aufschlag entfällt komplett. Der Ausgabeaufschlag ist eine Vergütung für den Vertrieb.

Ausschüttender Fonds: Ein ausschüttender Fonds zahlt Erträge aus Wertpapieren wie Zinsen oder Dividenden regelmäßig an die Anleger aus. Anders verfahren thesaurierende Fonds.

Basiswert: Als Basiswert, englisch underlying, bezeichnet man ein Wertpapier, auf das sich ein Derivat bezieht. Als Basiswerte können außer Wertpapieren wie Aktien und Anleihen auch Rohstoffe, Indizes, Währungen oder Zinssätze dienen.

Benchmark: Maßstab, um die Leistung von Fonds zu messen. Meist wird dazu ein Index herangezogen, der die Marktentwicklung widerspiegelt, wie zum Beispiel der Dax oder der Weltaktienindex MSCI World.

Blue Chips: Blue Chips ist die Bezeichnung für Aktien von großen Unternehmen mit tendenziell hoher Bonität und Ertragskraft, auch Standardwerte genannt.

Börse: Die Börse ist ein Marktplatz für den Handel von Wertpapieren. Früher waren es Menschen, die schnell Angebot und Nachfrage erfassen und einen Preis festsetzen mussten, um möglichst viele Käufer und Verkäufer zusammenzubringen. Heute wird der Großteil der Aktiengeschäfte nicht mehr von Börsenhändlern, sondern automatisch von Computern abgewickelt. Anleihen werden immer noch häufig direkt zwischen zwei Parteien, zum Beispiel einer Bank und einer Fondsgesellschaft, und damit nicht über eine Börse gehandelt.

Bond: Englisch für Anleihe.

Bonität: Die Bonität bezeichnet die Kreditwürdigkeit eines Unternehmens, eines Staates oder auch eines Bankkunden. Gute Bonität bedeutet hohe Kreditwürdigkeit.

Bottom-up-Analyse: Ein Fondsmanager oder Aktienanalyst untersucht zunächst die einzelnen Unternehmen ausführlich, bevor er deren gesamtwirtschaftliches Umfeld betrachtet. Er geht also „von unten nach oben vor". Oft geht die Bottom-up-Analyse mit dem Value-Ansatz einher.

Briefkurs: Preis, zu dem Verkäufer bereit sind, Wertpapiere zu verkaufen. Der Briefkurs liegt immer über dem Geldkurs.

Dachfonds: Fonds, der nicht direkt in Aktien, Anleihen oder Immobilien investiert, sondern in andere Fonds – etwa in mehrere Aktienfonds oder auch in Aktien- und Rentenfonds.

Dax: Der deutsche Aktienindex, abgekürzt Dax, ist der Leitindex der Deutschen Börse. Er enthält die 30 wichtigsten Aktiengesellschaften Deutschlands. Sein offizieller Start war am 1. Juli 1988.

Dax-Werte: Aktien, die im Leitindex der Deutschen Börse (Dax) gelistet sind.

Depot: Wertpapiere, etwa Aktien, Anleihen und Fonds, werden in einem Depot verwahrt. Es ist eine Art Konto, auf dem Zu- und Abgänge verbucht werden. Die Depotstelle – eine Bank oder Investmentgesellschaft – kümmert sich darum, dass Geld aus Verkäufen oder Ausschüttungen dem Girokonto gutgeschrieben oder wieder angelegt wird; sie schickt an den Anleger regelmäßig Abrechnungen über alle Buchungen sowie einen Depotauszug. Für diesen Service verlangt sie meist Depotgebühren.

Derivat: Derivate sind Wertpapiere, deren Wertentwicklung von der Wertentwicklung anderer Wertpapiere wie Aktien oder Anleihen abhängt, der sogenannten Basiswerte. Derivate sind zum Beispiel Zertifikate, Futures, Optionen oder Swaps.

Diversifikation: Streuung von Geldanlagen auf mehrere Anlageklassen wie zum Beispiel Aktien, Festzinsanlagen, Immobilien, Rohstoffe mit dem Ziel, das Risiko zu reduzieren.

Dividende: Der Anteil am Gewinn einer Aktiengesellschaft (AG), der pro Aktie an den Anleger ausgeschüttet wird. Die Höhe der Dividende wird auf der Hauptversammlung der AG festgelegt.

Dividendenrendite: Kennzahl zur Bewertung von Aktien. Die Dividendenrendite ergibt sich, wenn man die Höhe der Dividende durch den aktuellen Aktienkurs dividiert.

Drawdown: Auch maximum drawdown. Englische Bezeichnung für den maximalen Verlust.

Duration: Englisch für Dauer. Die Duration beschreibt, wie lange das Geld in einer Anleihe oder einem Rentenfonds im Schnitt gebunden ist. Sie ist kürzer als die Restlaufzeit der Anleihen, weil der Anleger während der Laufzeit Zinsen bekommt. Je länger die Duration, desto empfindlicher reagieren Anleihen und Rentenfonds auf Zinsänderungen.

Eigenkapital: Kapital, das aus eigenen finanziellen Mitteln aufgebracht wird (zum Beispiel Bank- und Bausparguthaben, Wertpapierguthaben, Wert des eigenen Grundstücks).

Emerging Markets (Schwellenländer): Staaten, die den Stand eines Entwicklungslandes verlassen haben und sich auf der Schwelle zu einer bedeutsamen industrialisierten Volkswirtschaft befinden. Dazu zählen zum Beispiel die Türkei, China, Südkorea oder Brasilien.

Emittent: Der Herausgeber eines Wertpapiers, zum Beispiel einer Anleihe oder eines Zertifikats.

Emittentenrisiko: Gefahr, dass sich die Kreditwürdigkeit des Herausgebers einer Schuldverschreibung (Anleihe,

Zertifikat) verschlechtert oder er pleitegeht. Dies kann zum (teilweisen) Ausfall von Zinszahlungen und im Pleitefall zum Totalverlust führen.

Erfolgsgebühren: Fondsgebühren, die abhängig davon sind, wie gut der Manager gewirtschaftet hat.

Ertragsverwendung: Ein thesaurierender Fonds behält Erträge wie Dividenden oder Zinsen im Fondsvermögen. Ausschüttende Fonds zahlen ihre Erträge regelmäßig an Anleger aus.

ETC: Abkürzung für Exchange Traded Commodity.

ETF: Abkürzung für Exchange Traded Funds.

Euribor: Abkürzung für Euro Interbank Offered Rate. Der Euribor gibt an, zu welchem Zinssatz sich Banken im Euroraum gegenseitig kurzfristig Geld ausleihen. Er wird für verschiedene Laufzeiten berechnet und veröffentlicht.

Exchange Traded Commodity: Abgekürzt ETC. Börsengehandelte Wertpapiere, mit denen Anleger auf Rohstoffe setzen können. Im Unterschied zu ETF handelt es sich bei ETC nicht um Fonds, sondern um Schuldverschreibungen. Das heißt, das Geld der Anleger ist bei einer Insolvenz des Emittenten nicht durch ein Sondervermögen geschützt.

Exchange Traded Funds: Abgekürzt ETF. Börsengehandelte Fonds. In der Regel bilden ETF einen Index ab. Es handelt sich um börsengehandelte Indexfonds. Für ETF gelten im Vergleich zu anderen Fonds höhere Anforderungen an den Börsenhandel. Ein oder mehrere sogenannte Market Maker müssen an der Börse für bestimmte Ordergrößen verbindliche An- und Verkaufskurse stellen. Das – zusammen mit weiteren Regeln – soll gewährleisten, dass ETF so liquide und präzise bewertet wie möglich an der Börse gehandelt werden können.

Fonds (Investmentfonds): Eine Fondsgesellschaft (Kapitalverwaltungsgesellschaft) sammelt Geld der Anleger und bündelt es in einem Sondervermögen, dem Investmentfonds. Ein Fondsmanager entscheidet, in welche Werte entsprechend der Strategie des Fonds angelegt wird. In Betracht kommen vor allem Investitionen in Aktien (Aktienfonds), festverzinsliche Wertpapiere (Rentenfonds), beides (Mischfonds), Geldmarktinstrumente (Geldmarktfonds), Immobilien (offene Immobilienfonds) und andere Investmentfonds (Dachfonds).

Fondsanteil: Das Vermögen eines Investmentfonds wird in kleine Fondsanteile gestückelt – gewissermaßen die kleinsten handelbaren Einheiten des Fondsvermögens. Bei Fondssparplänen können allerdings auch Bruchteile gehandelt werden.

Fondsgesellschaft: Offiziell heißen Fondsgesellschaften Kapitalverwaltungsgesellschaften, früher Kapitalanlagegesellschaften.

Fondsmanager: Fondsmanager verwalten das Vermögen der Anleger eines Fonds und entscheiden, oft gemeinsam mit Analysten aus ihrem Team, welche Wertpapiere sie kaufen oder verkaufen.

Fondsvermögen: Wert eines Investmentfonds, das heißt, die Summe aller Vermögensgegenstände und Forderungen, die dem Fonds gehören, abzüglich der Verbindlichkeiten.

Freistellungsauftrag: Anleger können ihrer Investmentgesellschaft oder Bank einen Freistellungsauftrag erteilen (Alleinstehende: bis 801 Euro, Ehepaare: bis 1 602 Euro). Dann werden bis zu dieser Summe keine Steuern von den jährlichen Erträgen – etwa Zinsen, Dividenden und realisierte Wertsteigerungen bei Wertpapieren – abgezogen. Der Betrag kann auch auf mehrere Banken verteilt werden.

Futures: Futures sind börsengehandelte und standardisierte Terminkontrakte. Sie beziehen sich auf einen Basiswert. Mit Futures können sich Unternehmen etwa gegen Preis- oder Wechselkursänderungen absichern. Finanzinvestoren nutzen Futures zum Beispiel, um auf fallende oder steigende Kurse zu spekulieren.

Geldkurs: Preis, zu dem Käufer bereit sind, Wertpapiere zu erwerben. Der Geldkurs liegt immer unter dem Briefkurs.

Geschlossener Fonds: Geschlossene Fonds werden nicht an der Börse gehandelt. Es handelt sich meist um unternehmerische Beteiligungen, bei denen der Käufer Mitunternehmer (in der Regel Kommanditist) mit allen Chancen und Risiken wird. Wenn sich an dem Fonds genügend Anleger (Mitunternehmer) beteiligt haben, um in ein geplantes Investitionsgut zu investieren, wird er geschlossen, es werden also keine weiteren Mitunternehmer mehr aufgenommen. Investitionsgüter für geschlossene Fonds können neben Immobilien unter anderem auch Schiffe (Schiffsfonds), Flugzeuge oder Windkraftanlagen sein. Während der Beteiligungsdauer von in der Regel sieben und mehr Jahren ist ein Verkauf der Beteiligung meist kaum möglich.

Growth-Ansatz: Beim Growth-Ansatz wählt der Fondsmanager oder Aktienanleger Unternehmen, von denen er eine besondere Wachstumsdynamik erwartet, sogenannte Wachstumswerte.

Handelsspanne: Siehe Spread.

Hebel, gehebelt: Eine Geldanlage ist gehebelt, wenn sie stärker steigt oder stärker fällt als ihr Basiswert.

Hedged: Hedged, abgesichert, steht oft als Namenszusatz bei Fonds mit Währungsabsicherung. Ein Fonds, der zum Beispiel US-Anleihen kauft, das Dollar-Risiko aber in Euro absichert, trägt den Namenszusatz „Euro hedged".

Hedgefonds: Hedge heißt auf Deutsch absichern. Heute benutzt aber nur ein kleiner Teil von Hedgefonds Absicherungen, die der Gattung den Namen gaben. Einige sind sehr riskant. Im Unterschied zu normalen Investmentfonds benutzen sie oft einen größeren Hebel, können nicht täglich gehandelt werden, verwenden eventuell in großem Maße Leerverkäufe oder dürfen in Vermögensgegenstände wie nicht börsennotierte Firmen, Rohstoffe oder Immobilien investieren. Sie gelten als eigene Anlageklasse.

High-Yield-Fonds: Yield ist die englische Bezeichnung für Ertrag, high yield bedeutet hohe Erträge. High-Yield-Fonds sind Rentenfonds, die in Hochzinsanleihen investieren. Allerdings bieten sie nicht nur höhere Ertragsmöglichkeiten, sondern bergen entsprechend auch höhere Risiken.

Hochzinsanleihe: Anleihen mit hohen Zinsen als Ausgleich für die schlechtere Bonität des Herausgebers. Siehe auch High-Yield-Fonds.

Immobilienfonds: Siehe Offene Immobilienfonds.

Index: In einem Index werden bestimmte ausgewählte Basiswerte zusammengefasst und deren Wertentwicklung über einen bestimmten Zeitraum dargestellt. Der Index dient als eine Art Marktbarometer. Paradebeispiel ist der Deutsche Aktienindex Dax. Er ist das Marktbarometer für den deutschen Aktienmarkt.

Indexfonds: Fonds, der einen Index abbildet. Da so aktive Managemententscheidungen überflüssig werden, nennt man Indexfonds auch passive Fonds. Zu den bekanntesten Indexfonds zählen ETF (börsengehandelte Indexfonds), wobei nicht alle ETF Indexfonds sind. Dennoch werden die beiden Begriffe meist synonym verwendet.

Indexzertifikat: Eine Schuldverschreibung, deren Wertentwicklung von der Entwicklung eines Index abhängt. Anders als bei einem ETF, der sich auf einen Index bezieht, handelt es sich bei Indexzertifikaten nicht um Sondervermögen und es besteht ein Emittentenrisiko, also das Risiko eines Totalverlusts, wenn der Herausgeber pleitegeht.

Investmentfonds: Siehe Fonds.

Investment Grade: Bezeichnung für Anleihen mit guter Bonität beziehungsweise gutem Rating. Der Investment Grade umfasst die Noten AAA, AA, A und BBB (nach der Definition der Ratingagentur Standard & Poor's).

Isin: Abkürzung für International Securities Identification Number. International gültige zwölfstellige Kennnummer für Wertpapiere.

Junk Bonds: Englische Bezeichnung für Ramschanleihen, also Anleihen mit schlechter Bonität.

Kapitalverwaltungsgesellschaft: Eine Kapitalverwaltungsgesellschaft (KVG) – auch Fondsgesellschaft genannt – verwaltet die Fonds für die Anleger.

KGV: Abkürzung für Kurs-Gewinn-Verhältnis. Kennzahl zur Bewertung von Aktien. Man erhält es, indem man den aktuellen Kurs einer Aktie durch den erwarteten Jahresüberschuss je Aktie teilt.

KIID: Abkürzung für Key Investors Information Document. Auch KID genannt, Key Investors Document. Siehe auch Wesentliche Anlegerinformationen.

Korrelation: Die Korrelation misst die Beziehung, die die Wertentwicklungen zweier verschiedener Anlagen (zum Beispiel Gold und Aktien) haben. Liegt keine gemeinsame Entwicklung zwischen beiden Werten vor, ergibt sich eine Korrelation von 0. Bei einem Korrelationsgrad von 1 entwickeln sich beide Werte gleich, bei minus 1 gegenläufig.

Kupon: Der Kupon bezeichnet die Nominalverzinsung einer Anleihe und wird in Prozent ausgedrückt.

Kursindex: Siehe Preisindex.

Laufende Kosten: Die laufenden Kosten (englisch Ongoing Charges) werden in den Wesentlichen Anlegerinformationen ausgewiesen. Dazu zählen die Vergütung für das Management, die Kosten für die Geschäftsführung oder den Wirtschaftsprüfer sowie Betriebskosten. Handelskosten für den Kauf oder Verkauf der Wertpapiere sind nicht enthalten. Auch Erfolgsgebühren gehören nicht dazu. Die laufenden Kosten berücksichtigen im Unterschied zur Kennzahl TER bei Dachfonds die laufenden Kosten der enthaltenen Zielfonds.

Leerverkauf: Verkauf von Wertpapieren, die einem nicht gehören. Dazu leiht sich der Leerverkäufer meist gegen eine Leihgebühr die Wertpapiere, zum Beispiel von Fondsgesellschaften oder Versicherungen. Das Ziel ist, die Wertpapiere später, wenn der Kurs gefallen ist, billiger zurückzukaufen und an den Verleiher zurückzugeben.

Limit: Zusatzangabe bei einer Wertpapierorder, dass nur zu einem bestimmten Preis gekauft oder verkauft werden soll.

Liquidität: Fähigkeit, Zahlungsverpflichtungen kurzfristig erfüllen zu können.

Long: Englische Bezeichnung für eine Käuferposition. Wer „long" geht, kauft Wertpapiere in Erwartung steigender Kurse.

Market Maker: Professionelle Börsenhändler, die für bestimmte Wertpapiere kontinuierlich verbindliche Kauf- und Verkaufspreise stellen und damit eine ausreichende Marktliquidität (Handelbarkeit) sicherstellen.

Marktkapitalisierung: Die Marktkapitalisierung zeigt den Börsenwert von Aktiengesellschaften. Sie berechnet sich aus der Anzahl der ausgegebenen Aktien multipliziert mit dem Börsenkurs. Davon abgeleitet wird auch der Streubesitz.

Marktnähe: Die Marktnähe zeigt, wie stark die Entwicklung eines Investmentfonds vom Marktgeschehen beeinflusst war. Am größten ist die Marktorientierung bei marktbreiten ETF (Indexfonds). Je geringer die Marktorientierung, desto mehr eigene Ideen und Strategien verfolgt der Manager des Fonds.

Maximaler Verlust: Er bezeichnet den größten Kursverlust eines Fonds in einem bestimmten Zeitraum.

Mid Caps: Aktien von mittelgroßen Unternehmen. Für Mid Caps gibt es eigene Fonds und Indizes.

Mikrofinanzfonds: Investmentfonds, die den Mikrofinanzinstituten (MFI) meist über Schuldverschreibungen Geld zur Verfügung stellen, für die die MFI Zinsen zahlen. Mit dem Kapital können die MFI wiederum Mikrokredite an Kleinstgewerbetreibende meist in Schwellen- und Entwicklungsländern vergeben.

Mischfonds: Fonds, die in Aktien und Anleihen investieren.

MSCI World: Index der Firma MSCI, der aus über 1600 Werten besteht. MSCI ist ein bekannter amerikanischer Indexanbieter. Viele ETF, die weltweit investieren, bilden den MSCI World ab.

Nennwert: Der Wert, auf den eine Anleihe lautet, auch Nennbetrag oder Nominalwert genannt. Am Ende der Laufzeit zahlt der Anleiheherausgeber den Nennwert an die Anleger zurück.

Nettoinventarwert: Anderer Begriff für Fondsvermögen. Das sind die Wertpapiere des Fonds abzüglich seiner Verbindlichkeiten. Manchmal steht Nettoinventarwert auch gleichbedeutend für Anteilswert.

Nominalwert: Siehe Nennwert.

Nominalzins: Zins, der auf den Nennwert einer Anleihe gezahlt wird. Mit Nominalverzinsung bezeichnet man allgemein die Verzinsung vor Abzug von Steuern und Inflation.

Offene Immobilienfonds: Offene Immobilienfonds investieren in Immobilien (meist gewerbliche). Sie legen außerdem einen Teil des Geldes flüssig an, damit Anleger, die ihre Anteile verkaufen, ausgezahlt werden können. Im Unterschied dazu sind geschlossene Immobilienfonds keine Investmentfonds, sondern unternehmerische Beteiligungen.

Optionen: Spekulative Finanzinstrumente, mit denen Anleger auf steigende oder fallende Kurse zum Beispiel von Aktien, Indizes oder Rohstoffen setzen können. Gewinne oder Verluste steigen dabei überproportional zum Basiswert.

Passiv gemanagter Fonds: Fonds, der kein aktives Management betreibt, sondern – passiv – einen Index abbildet. Siehe auch Indexfonds bzw. ETF.

Performance-Index: Ein Performance-Index misst nicht nur Kursbewegungen, sondern berücksichtigt alle Erträge die die Papiere im Index erwirtschaften, also Dividenden oder Zinsen. Der Dax ist zum Beispiel ein Performance-Index.

Pfandbrief: Festverzinsliches Wertpapier, das zusätzlich abgesichert ist, zum Beispiel mit einer Hypothek.

Portfolio: Bezeichnung für den Gesamtbestand an Geldanlagen eines Anlegers. Ein breit gestreutes Portfolio beinhaltet eine Mischung aus Aktien, Anleihen, Immobilien, Rohstoffen und liquiden Geldanlagen.

Preisindex: Bei einem Preisindex wird im Gegensatz zu einem Performanceindex lediglich die Kursentwicklung von Aktien- oder Rentenpapieren wiedergegeben. Sie wird nicht um Zins- und Dividendenzahlungen korrigiert. Die meisten bekannten Indizes (z.B. Dow Jones, Nikkei 225) werden als Preisindex dargestellt.

Quellensteuer: Steuer, die direkt an der Quelle abgezogen wird, zum Beispiel auf Dividendenzahlungen im Ausland.

Rating: Bei Zinsanlagen ist ein Rating eine Einschätzung der Kreditwürdigkeit des Herausgebers (Emittent).

Ratingagentur: Unternehmen, das Wertpapiere wie zum Beispiel Anleihen und deren Herausgeber bewertet.

Realzins: Nominalzins nach Abzug der Inflation.

Rendite: Die Wertentwicklung einer Anlage in einem bestimmten Zeitraum. Sie wird in der Regel für ein Jahr berechnet.

Renten: Anderer Ausdruck für Anleihe.

Rücknahmepreis: Der Rücknahmepreis entspricht üblicherweise dem Anteilwert eines Fonds. Der Anteilwert ergibt sich aus dem Fondsvermögen dividiert durch die Anzahl der ausgegebenen Fondsanteile. Manche Fondsgesellschaften erheben einen Rücknahmeabschlag, wenn Anleger ihre Fondsanteile zurückgeben. Dann liegt der Rücknahmepreis unter dem Anteilwert.

Schuldverschreibung: Anderer Begriff für Anleihe.

Schwellenländer: Siehe Emerging Markets.

Short: Englische Bezeichnung für eine Verkäuferposition. Wer „short" geht, kauft Wertpapiere per Leerverkauf oder per Derivat in Erwartung fallender Kurse.

Small Caps: Aktien kleiner Unternehmen. Für Small Caps gibt es eigene Fonds und Indizes.

Sondervermögen: Investmentfonds werden typischerweise als Sondervermögen aufgelegt. Die Vermögensgegenstände des Sondervermögens werden von einer Kapitalverwaltungsgesellschaft verwaltet und von einer von ihr unabhängigen Verwahrstelle verwahrt, der Depotbank. Die Kapitalverwaltungsgesellschaft verwaltet das Sondervermögen treuhänderisch für die Anleger und getrennt von ihrem eigenen Vermögen. Der Anleger ist dadurch bei einer Insolvenz der Kapitalverwaltungsgesellschaft vor dem Verlust seiner Fondsanteile geschützt.

Spread: Handelsspanne bei börsennotierten Wertpapieren. Der Spread ist der Unterschied zwischen dem An- und dem Verkaufskurs. Ein geringer Spread zeigt an, dass ein Papier häufig gehandelt wird, was für Anleger günstig ist.

Staatsanleihen: Anleihen, die von Staaten herausgegeben werden.

Stop-Loss-Limit: Auftrag an die Bank, bei der der Anleger sein Depot führt, eine Aktie automatisch zu verkaufen, sobald ein bestimmter Kurs unterschritten wird.

Substanzwerte: Aktien von Unternehmen mit guter Marktstellung, die weiterhin ein stabiles Geschäft versprechen. Siehe auch: Value-Ansatz.

Swap: Ein Swap ist ein Tauschgeschäft. Ein Swap-ETF enthält beliebige Wertpapiere und tauscht deren Wertentwicklung gegen die des Index, den er abbilden will. Tauschpartner ist meist die Mutterbank des Fondsanbieters. Bekannt sind Swaps zum Beispiel auch für den Tausch fester gegen variable Zinsen.

TER: Abkürzung für Total Expense Ratio, deutsch: Gesamtkostenquote. Sie zeigt, welche Kosten bei einem Investmentfonds jährlich zusätzlich zum Ausgabeaufschlag anfallen. Die TER enthält Verwaltungsgebühren, wie für die Fondsgeschäftsführung, Wirtschaftsprüfer und Betriebskosten, jedoch ohne Transaktionskosten für den Kauf und Verkauf von Wertpapieren. Auch erfolgsabhängige Gebühren sind nicht enthalten. Die TER ist mittlerweile durch die Kennzahl der laufenden Kosten abgelöst worden.

Terminkontrakt: Verabredung, ein Geschäft in Zukunft abzuschließen zu einem jetzt schon festgelegten Preis.

Thesaurierende Fonds: Thesaurierende Fonds zahlen im Gegensatz zu ausschüttenden Fonds die laufenden Erträge der im Fonds enthaltenen Werte nicht an die Anleger aus, sondern legen sie im Fondsvermögen an, sodass sich das Fondsvermögen erhöht.

Top-down-Analyse: Ein Fondsmanager oder Aktieninvestor analysiert für die Unternehmensauswahl das wirtschaftliche Umfeld der Regionen und Branchen.

Unternehmensanleihen: Anleihen, die Unternehmen herausgeben.

Value-Ansatz: Ein Fondsmanager oder Aktieninvestor bevorzugt werthaltige Unternehmen mit guter Marktstellung, die weiterhin ein stabiles Geschäft versprechen. Er setzt auf sogenannte Substanzwerte.

Vergleichsindex: Siehe Benchmark.

Verwaltungsgebühren: Gebühren für das Management eines Fonds.

Volatilität: Statistisches Maß für Marktschwankungen. Die Volatilität zeigt an, welche Wertschwankungen ein Wertpapier, insbesondere eine Aktie, über einen bestimmten Zeitraum aufweist. Je stärker und häufiger die Wertschwankungen, desto höher ist die Volatilität und damit auch das Risiko.

Wachstumswerte: Unternehmen mit besonderer Wachstumsdynamik. Siehe Growth-Ansatz.

Währungsabsicherung: Absicherung einer Anlage gegen Wechselkursrisiken. Währungsgesicherte Fonds erkennt man oft an dem Zusatz „hedged".

Wertpapier: Urkunde, die ein Vermögensrecht verbrieft. Dazu gehören zum Beispiel Aktien, Anleihen, Schecks und Wechsel.

Wertpapierdepot: Siehe Depot.

Wertpapierkennnummer: In Deutschland gebräuchliche sechsstellige Kennzahl für Wertpapiere. Siehe auch Isin.

Wertpapierleihe: Fonds verleihen Wertpapiere gegen Gebühr an Investoren, die spekulieren oder Absicherungsgeschäfte betreiben. Die Fonds wollen dadurch Zusatzerträge erwirtschaften. Sowohl ETF als auch aktiv gemanagte Fonds können Leihgeschäfte betreiben.

Wesentliche Anlegerinformationen: Die Wesentlichen Anlegerinformationen (WAI) sollen den Anleger bei Investmentfonds auf zwei Seiten über die wichtigsten Details wie Ziele und Anlagepolitik, Risiko und Ertragsprofil, Kosten und die frühere Wertentwicklung des Fonds aufklären. Die WAI werden von den Fondsgesellschaften erstellt. Der englische Begriff ist KIID.

WKN: Abkürzung für Wertpapierkennnummer.

Yield: Englisch für Ertrag.

Zertifikat: Ein Zertifikat ist rechtlich gesehen eine Schuldverschreibung (Anleihe). Ihre Wertentwicklung hängt von der Entwicklung eines Basiswerts ab. Bekannte Beispiele sind Indexzertifikate oder Hebelzertifikate.

Zins: Der Zins einer Anleihe setzt sich aus mehreren Bestandteilen zusammen. Je länger die Laufzeit der Anleihe, desto höher ist er. Der Zins würdigt zudem das Risiko, dass Anleger ihr Geld nicht wiederbekommen. Je unzuverlässiger der Herausgeber, desto höher ist er. Und er schafft einen Ausgleich für die Inflation, die allgemein für die Laufzeit angenommen wird. Je höher die Inflationserwartungen, desto höher der Zins.

Zinsänderungsrisiko: Wenn sich am Markt die Zinsen ändern, verändert sich auch der Preis der umlaufenden Anleihen. Steigen die Zinsen, sinkt ihr Kurs. Der Effekt ist umso stärker, je länger eine Anleihe noch läuft. Sinkt der Zins, ist der Effekt genau umgekehrt.

Zinskupon: Siehe Kupon.

Stichwortverzeichnis

2., aktualisierte Auflage
© 2019 Stiftung Warentest, Berlin

Stiftung Warentest
Lützowplatz 11–13
10785 Berlin
Telefon 0 30/26 31–0
Fax 0 30/26 31–25 25
www.test.de
email@stiftung-warentest.de

USt-IdNr.: DE136725570

Vorstand: Hubertus Primus
Weitere Mitglieder der Geschäftsleitung:
Dr. Holger Brackemann, Daniel Gläser

Programmleitung: Niclas Dewitz

Autoren: Stephanie Kühn, Markus Kühn
Projektleitung/Lektorat: Ursula Rieth
Mitarbeit: Merit Niemeitz

Korrektorat: Hartmut Schönfuß
Fachliche Unterstützung: Karin Baur, Simeon Gentscheff. Außerdem: Roland Aulitzky, Tom Krüger, Stephan Kühnlenz, Yann Stoffel
Titelentwurf: Josephine Rank, Berlin
Layout: Martina Römer
Grafik, Satz: Anne-Katrin Körbi
Illustrationen: Martina Römer
Bildnachweis: www.iconfinder.de/Titel, istock/U4
Infografiken/Diagramme: Martina Römer, René Reichelt

Produktion: Vera Göring
Verlagsherstellung: Rita Brosius (Ltg.), Romy Alig, Susanne Beeh
Litho: tiff.any, Berlin
Druck: Rasch Druckerei und Verlag GmbH & Co. KG, Bramsche

ISBN: 978-3-7471-0113-1

Wir haben für dieses Buch 100 % Recyclingpapier und mineralölfreie Druckfarben verwendet. Stiftung Warentest druckt ausschließlich in Deutschland, weil hier hohe Umweltstandards gelten und kurze Transportwege für geringe CO_2-Emissionen sorgen. Auch die Weiterverarbeitung erfolgt ausschließlich in Deutschland.